O CRIADOR DE SONHOS

O CRIADOR DE SONHOS

Sérgio Atieh

© Publicado em 2012 pela Editora Isis Ltda.

Supervisor geral: Gustavo L. Caballero
Revisão de textos: Ana Maria Crocci
Diagramação e Capa: Décio Lopes

CIP-Brasil. Catalogação na Fonte
Sindicato Nacional dos Editores de Livros, RJ

Atieh, Sérgio

Sérgio Atieh / O Criador de Sonhos – São Paulo: Editora Isis, 2012. – 1ª Edição

ISBN 978-85-8189-011-1

1. Literatura Brasileira 2. Literatura Infanto-Juvenil I. Título.

Proibida a reprodução total ou parcial desta obra, de qualquer forma ou por qualquer meio seja eletrônico ou mecânico, inclusive por meio de processos xerográficos, incluindo ainda o uso da internet sem a permissão expressa da Editora Isis, na pessoa de seu editor (Lei nº 9.610, de 19.02.1998).

Direitos exclusivos reservados para Editora Isis

Este livro foi devidamente cadastrado na Biblioteca Nacional sob o nº de registro: 544.478, livro: 1.036, folha: 239.

EDITORA ISIS LTDA
www.editoraisis.com.br
contato@editoraisis.com.br

Agradecimento:
Ana Maria Crocci

Índice

Capítulo 1	Os três sonhos	9
Capítulo 2	Meu carimbo	23
Capítulo 3	Uma estranha	31
Capitulo 4	Nu em pelo	51
Capítulo 5	Eu sou diferente	80
Capítulo 6	Quase um Homem	101
Capítulo 7	Mais que um pai	135
Capítulo 8	Sem controle	158
Capítulo 9	Previsível	184
Capítulo 10	Amigo do meu inimigo	224
Capítulo 11	É ela, não eu	266
Capítulo 12	A morte ou alguma metáfora?	291

★ Capítulo 1 ★

Os três sonhos

Pelo menos, agora tenho certeza... Talvez... Pelo menos do que acho... No primeiro segundo em que eu morrer, logo no primeiro instante, terei um estalo, muito mais instintivo do que qualquer outra coisa, deixando claro se houve algum sentido no que fiz ou pensei, então, para mim, a morte deverá completar a vida.

Nisso é o que acredito e quero descobrir. Para ser mais nítido a respeito do que espero que ocorra, falo daqueles sentimentos e sensações que acompanham qualquer um, consciente ou inconscientemente, nos mais diversos instantes da vida. Mas tenho noção que talvez esteja imaginando demais e que talvez eu só veja a morte dessa maneira porque guiei minhas ações, por muitos anos, por meio de sensações.

Não posso fazer segredos. Até o final deste livro, provavelmente, estarei morto, mas não sei se essa confissão criará qualquer empatia por mim ou por esta história, mas pelo menos assim, creio, terei algum conforto em imaginar que não estarei trilhando esse caminho sozinho.

Durante anos, meus pensamentos foram escravos da noite. Até o dia em que Júlia me procurou, e aí eu entendi que um segredo como o meu não poderia ficar tanto tempo guardado.

Se não fiz questão de contar, não sei como ela, de alguma forma, descobriu. Lembro-me perfeitamente das palavras dela quando perguntei por que chegou até mim:

"Tudo o que temos, sempre chega a um lugar, bate em alguém precisando daquilo que o compreende e recolhe. Preciso esquecer-me de tudo."

Logo pensei: "Como pode alguém me procurar, sem dizer de onde é e nem o porquê, pedindo-me algo que apenas meus sonhos 'guiados' proporcionaram para mim?" Emudeci. Não questionei. Provavelmente deveria ser um pedido genérico, jogado ao vento, mas tratando-se dos meus 'dons', era curioso partir de alguém que acabava de conhecer. Talvez por isso, não havia lhe perguntado de cara de onde vinha, pois tinha receio de saber sua resposta. Tinha noção do quanto tudo caminhava de forma estranha, tratando-se dos meus sonhos. Creio ser fácil entender esse ponto de vista, sei o quão difícil é acreditar que alguém seja capaz de fazer o que digo.

Mirei o chão, de início, não a encarei, estava embaraçado, como se ela pudesse saber de mais algum segredo meu muito bem escondido. Subi a vista para seus lábios a fim de não parecer prepotente por evitar olhá-la. Eles eram lindos, nem saberia como descrevê-los. Meu impulso imediato foi olhar em seus olhos e notei, em um instante mágico, que ela fazia meu tipo – *e como fazia*. Não poderia, de forma alguma, imaginá-los tão perfeitos; em nenhum dos meus sonhos – no seu sentido literal. Como você deve imaginar, não foram poucas as vezes que usei desse artifício onírico para devaneios amorosos.

Em instantes, aquela quase quietude dissipou-se:

– Afinal, o que você tem de tão diferente, Gabriel?

– Hum... Como assim? – respondi ainda atônito.

– Eu queria saber, puxa!

E eu desde cedo soube.

Por isso, devo fazer uma pequena retrospectiva:

Esta história começa com um sonho, daqueles quando adormecemos, não os que ocorrem num desejo racional:

"Estava eu caminhando por uma praia com uma pesada roupa de frio. A forte arrebentação não deixava a areia, larga e extensa, seca em nenhum ponto. O tempo cinzento, como a superfície lunar, parecia anteceder um temporal, na verdade, quase sentia em meu rosto as gotas finas, típicas da chuva à beira mar. Foi quando ao longe, bem distante, avistei uma criança brincando, solitária. Quanto mais eu me aproximava, maior era minha curiosidade para descobrir o que ela fazia. O tempo passou rápido, assim como quando desejamos descobrir algo em um sonho, e percebi como a criança segurava um balde, enchia-o com água do mar e jogava-a na areia. Enquanto eu me aproximava, creio que, por uma ou duas vezes, a criança corria com imensa dificuldade, cambaleando por conta do peso da água salobra, para despejá-la longe da praia.. Logo entendi o que ela pretendia: aquela criança queria esvaziar a água da praia. Lembro-me, perfeitamente, da sensação. Não achei engraçado e nem bonito, apenas senti uma imensa amargura, seguida de um peso no peito. Logo, me vi no corpo de um homem velho, porém na época do sonho eu tinha apenas sete anos de idade. Ao encarar a criança da praia, vi ou senti (pois raramente lembrava, até então, dos rostos das pessoas nos sonhos), que ela era eu mesmo, só que mais nova, talvez com seus três ou quatro anos... Resolvi ser cúmplice daquela cena e questionar, mesmo já sabendo da resposta, o que a versão mais nova de mim estava fazendo. Nitidamente senti o desejo de

mostrar o quanto aquela amargura fez de mim alguém pronto para acabar com os desejos de alguém. A 'criança' respondeu com agressividade infantil: "Estou esvaziando a praia"... Então, minha versão mais velha, aquela que me personificava no sonho, disse de maneira pedante: "Para esvaziar a praia você precisará esvaziar o mar." Mas o 'garoto' não deu nenhuma atenção, o que me deixou furioso. Num tom de voz agressivo, eu insisti grosseiramente: "Você nunca irá conseguir esvaziar o mar!", e o 'garoto' respondeu-me com extrema eloquência: "E você nunca irá conhecer os segredos de Deus."

E até aquele sonho, eu imaginava ter o direito de saber. Desejava dia e noite, pedia a Deus, quase como se fosse natural, descobrir como tudo, como todas as coisas funcionavam e se encaixavam. Imaginava que, um dia, saberia como eram as estrelas, os segredos da vida, da morte, de como fazer e funcionar tudo à minha volta. Dizia isso para a minha mãe, e ela me falava para pedir a Deus a realização desse desejo quando rezasse, antes de dormir. Acabei associando esse meu anseio com os sonhos.

Acordei com a sensação de querer ir ao banheiro, sentindo um enorme estranhamento, como se tivesse saído de outro mundo. Tentei identificar um barulho contínuo, um forte som vindo além do corredor, levantei-me para checar e vi a torneira do banheiro totalmente aberta. Verifiquei o quarto dos meus pais e depois o dos meus irmãos e todos dormiam profundamente. Então, tive uma certeza inquestionável, alguém havia deixado a torneira aberta para deixar claro para mim: "Estive aqui. Aquele sonho não foi fruto do acaso ou de qualquer outro acontecimento que se possa diminuir como faz com sua razão."

A partir daí, não sei ao certo como, nem o porquê, comecei a desejar ardentemente construir meus próprios sonhos, a ponto de conseguir, muitos anos depois, imaginá-los ao longo do dia e 'concretizá-los' durante o sono. Planejava tudo: quando e como eles ocorreriam, criando novos lugares e situações. Eram sensações e paisagens incríveis porque eu as sentia assim, mas sempre elas ficavam no limite da minha imaginação.

A segunda semente desses 'sonhos construídos' conto agora. Já a terceira, deixo para bem mais adiante. Certo dia, briguei com um garoto na escola, na verdade, bati muito nele, e ninguém entendeu o porquê da minha reação, principalmente por sempre ter sido um menino muito tranquilo. Paradoxalmente, para uma criança normal que foi provocada, senti enorme vergonha.

Cheguei em casa com raiva daqueles que riram do garoto, raiva de mim e muito medo. Eu queria sumir, esconder-me, não encarar mais ninguém. Porém, o que marcou este episódio foi outro sonho, muito intenso, ocorrido naquela mesma noite:

"Sinto alguém passando bem próximo de mim, tento me afastar, mas não dá tempo, essa pessoa raspa levemente no meu braço esquerdo. Ela parece muito apressada, mesmo assim, sinto que tinha por mim uma indiferença cega, pois nem sequer me olhou ou tentou desviar seu caminho. Depois de observar aquela figura apressada afastando-se, volto a olhar para frente e tenho uma sensação inquietante, estou incapacitado de enxergar claramente. Mas não era culpa dos meus olhos, da luz ou da falta dela. Era do meu desejo, um desejo frouxo e fingido, que produzia uma visão distorcida e ofuscada das coisas.

Estava muito abafado, não se sentia nenhum sopro de vento, nenhuma folha se movia, procurei uma sombra de árvore, mas apesar de estar numa densa floresta, não sentia qualquer alívio. Foi quando ouvi vários ruídos primitivos ecoando em minha direção. Me dirigi seguindo aqueles sons para entender sua origem, mas quando avistei alguns homens, não tive coragem de questioná-los, senti vergonha por não ser capaz de descobrir aquele mistério sozinho. Então, vindo por trás de mim, acompanhando meus passos, uma voz começou a explicar a minha ignorância. Pensei repetidas vezes em me virar e ver quem era, mas aquela voz era tão familiar e acolhedora, que em pouco tempo, mesmo soando cada vez mais distante e sonolenta, meu desejo e curiosidade foram diminuindo e todo som daquele lugar pareceu silenciar-se, tudo parecia convergir para aquela voz. Eu só ouvia, não pensava; as palavras não faziam nenhum sentido, mas o ruído por si só acariciava meus ouvidos, como num canto sedutor que desaparece no zumbido indefinido de um sonho. Tive uma sensação tão calma e distante, parecia viajar no tempo, rumo aos primórdios de um mundo não conquistado e misterioso, que clamava para ser decifrado. Desde o início, algo naquele ambiente me observava, aquela voz e as árvores fariam qualquer um sentir-se pequeno.

A escuridão veio quase no mesmo instante de quando pensei em procurar quem me espreitava, logo nada vi e nada senti. Na noite que se alastrava, fechei meus olhos e comecei a tremer, pois temi, muito mais do que algo que pudesse ver, não existir nada a ser visto".

Ao acordar desse sonho, passei por duas fases distintas: de início, procurei desfazer aquele labirinto, e eu o fiz com enorme sonolência, quase inconscientemente. Apenas alguns instantes depois, quando todas as teias já se perdiam em minha mente, tive a nítida percepção da minha existência física.

Ao longo dos anos, quando eu voltava a ter esse mesmo sonho – e não foram poucas as vezes- essas duas fases também sempre se repetiram e só naqueles pequenos momentos, lembrava-me das sensações, depois elas sumiam até senti-las novamente, criando algo muito estranho, pois apenas no próprio sonho parecia já conhecer aquele lugar tão curioso, como se guardasse lembranças por lá. Isso me marcou muito, eu não queria mais ter um sonho e esquecer-me dele, por isso fiz tudo para criar os meus.

"Bem-aventurados os limpos de coração, pois eles verão a Deus."

Nenhuma frase pode ser mais genial do que esta, faz todo sentido. Não são os sábios, mas os ingênuos que têm o privilégio de sentir algo sublime. Tudo entra e sai com mais facilidade no coração daquele que não racionaliza tanto, e é muito mais simples aceitar a derrota, ou mesmo alegrar-se com total desprendimento. Quando finalmente consegui criar meus sonhos, quanto mais o tempo passava, mais difícil era algum deles me satisfazer, a ponto de, após uma crise amorosa, não haver mais nenhum que me agradasse, ou melhor, faltou um, apenas um único sonho que até hoje não consegui realizar: O sonho com o fim.

Realizarei esse meu sonho um dia? Conseguirei materializá-lo, se nunca fui capaz de visualizá-lo com minha imaginação? Para mim, isso não mais parecia possível. Nem os sonhos "normais" habitavam mais minhas noites. Não sei se apenas não me recordo de nenhum, ou se eles me abandonaram, por alguma espécie de vingança cósmica, a partir do momento em que comecei a manipulá-los. Mas aí aparece Júlia, e os sonhos voltam com tudo em minha vida:

– Quem é você, afinal? – questionei a quem, naquela altura, era uma estranha.

– Importa mesmo saber?

– Claro, não acha? Você aparece aqui na minha casa como se me conhecesse.

– Eu sou a Júlia, e pelo que ouvi falar, só você poderá me ajudar.

– Ajudar...? Ouviu falar?

– Sim, sempre ouvi: 'O Gabriel é diferente', quero saber como.

– Ouviu de quem? Quem?

– Ah... você é diferente. Quero saber como. – repetiu como se concordasse com os 'tais ditos'.

Não quis insistir na questão, estava curioso:

– Por quê?

– Porque eu quero. – disse Júlia, decidida.

Esperei algo mais na frase, ou ao menos algo para suavizar seu tom taxativo, mas nada veio.

– Como sabe meu nome, Júlia?

– Ai, ai, não faça drama! Será que é tão ruim ter-me em sua porta? – respondeu sem qualquer modéstia.

Ela tinha razão e eu estava atônito, acuado: – Mas por que acha que conseguirei ajudá-la? – questionei quase gaguejando, com voz baixa.

Ela não respondeu, apenas abriu um pouco mais os olhos para me encarar, como se soubesse algo de mim.

– O que você quer que eu faça, Júlia?

– Eu não sei Gabriel, você é quem deve me dizer.

– Que papo de louco ! – balancei a cabeça negativamente.

– Tem razão, é melhor eu ir... – e virou o corpo lentamente, enquanto me olhava de rabo de olho, nitidamente, me chantageando.

– Tudo bem, tudo bem! – ela parou. – Mas é muito complexo, e não sei se funciona com outra pessoa, só tentei comigo mesmo.

Júlia, finalmente, esboçou menos austeridade, baixando o olhar e a cabeça. Deu dois passos à esquerda e questionou num tom bem menos taxativo:

– Complexo?

– Você sabe de qual assunto estamos tratando aqui?

Júlia não sorria, não esboçava nenhuma reação, deixando cair minha estima velozmente. Hoje, fico imaginando mil coisas que poderiam ter sido ditas naquele momento e fico rindo sozinho com as possíveis respostas dela. Idealizei outros tantos caminhos a serem seguidos pelo nosso relacionamento, caso eu proferisse essas centenas de frases e conversas imaginadas agora.

– Sei o tamanho do seu coração, você não poupa esforços para ajudar alguém, Gabriel. – Então, ela apontou para uma corrente dourada pendurada em seu pescoço. Era bem curta, a ponto de eu precisar me inclinar bem próximo aos seus lábios para examiná-la. Havia um pingente em forma de cruz, com uma pedra de uma cor diferente em cada uma das quatro pontas e centro. Na hora, quis muito ser um especialista em joias ou bijuterias para emitir um comentário inteligente, mas não tinha nenhum conhecimento, na verdade, nem disso e nem de qualquer outro assunto, seja de bijuteria, roupas ou mesmo de perfumes e cheiros femininos, tal como o Al Pacino naquele filme.

Tentei não demonstrar muito interesse ao examinar a corrente, muito menos olhar para nada em seu corpo que não fosse a joia em si, mas logo senti um cheiro incrível vindo de sua pele, um convite para olhar e desejá-la. Enquanto eu lutava para me concentrar apenas no objeto brilhante em seu pescoço, Júlia me explicava o seu valor:

– Peguei de uma moça que eu matei num acidente. Na verdade, a mãe dela me deu, para eu nunca mais me esquecer do que eu havia causado. Ela disse a palavra "matei" de uma forma tão direta, que percebi naquele instante o quanto não ter papas na língua era uma característica marcante sua.

Várias questões vieram à minha cabeça durante sua fala, mas eu estava mais preocupado em esconder meu encanto por aquela mulher:

– Quer falar disso? – questionei querendo não aparentar muito interesse.

– Claro. – Sem titubear: – Aconteceu há quase dois anos. Estava com minha amiga Amanda, voltando de um churrasco. Era domingo, início da noite. Eu dirigia, quando vimos um cara muito bonito, querendo atravessar a rua. Diminui a velocidade para lhe dar passagem, então, reparamos que do seu lado esquerdo estava uma garota, provavelmente sua namorada. Encostei um pouco o carro à direita da rua e fiz um sinal, dando-lhes passagem. Na verdade, eu queria mesmo era medi-la bem. Mas não olhei para trás ao fazer essa 'gentileza', então, um carro veio e me ultrapassou, com isso, não reparei na Luciana e no Marcio, o casal que acabava de passar na frente da minha caminhonete, e acabei lançando a garota para longe. Nunca esquecerei aquela cena. Ela foi jogada como se fosse um pedaço de carne, e, mesmo assim, sobreviveu por quatro dias."

Fiquei em silêncio, não a encarei e tentei achar alguma palavra para soar educado, mas não amistoso demais, pois ela não tinha sido nada comigo até aquele momento:

– Por que a mãe não culpou quem a atropelou?

– O sujeito contou tudo.

– Mesmo assim... – calei-me antes de terminar a frase, não quis parecer insensível, mesmo percebendo como a história não se encaixava. – Desculpe-me, mas onde posso ajudar? Continuo sem entender.

– Antes de sua morte, na verdade, uns dois dias antes do acidente, eu tive um sonho ruim em que eu estava dentro da minha casa com meus pais. Eu e meu pai tínhamos acordado cedo; eu o ajudei a fazer o serviço da casa, minha mãe ainda dormia. Limpamos os quartos, a cozinha, os vidros, tudo. Foi quando ouvi um barulho em seu quarto. Perguntei ao meu pai o que poderia ser: 'Não é nada' disse ele, enquanto fechava a porta do corredor e dizia para não entrarmos mais lá. Fiquei desesperada. Como iria deixar minha mãe lá, sozinha? Ele ignorou, nem olhou para mim, me pediu para fazer o almoço, e o barulho foi aumentando e se repetindo, e meu pai fazia de tudo, para, cada vez mais, isolar aquele som, até que eu vi entrando em casa, um homem com duas facas na mão. Meu pai puxou-me pela mão e corremos para fora. Eu quis voltar para buscar minha mãe, contudo ele não deixou.

– Mas sua mãe está viva?

– Está sim, Gabriel, mas você deve ter entendido; logo depois desse sonho ruim, aconteceu o acidente... Deve haver alguma conexão nisso.

– Conexão? – estava confuso. – Se você errou num sonho ao abandonar a sua mãe, por que seria castigada? Além disso, o sonho poderia ter inúmeros significados, ou mesmo nenhum.

– Não sei se significa algo, não sei de nada, mas eu me lembro do sonho sempre, entende? Por que ao pensar no acidente, esse sonho ruim me vem simultaneamente?

– Você quer enfrentá-lo? Derrotá-lo, o que quer?

– Como assim? – franziu a testa.

– Esse tal homem das facas.

– Por que pergunta isso? – questionou com uma feição curiosa e assustada.

– Como chegou até mim? Quem é você afinal?

– Diga-me primeiro por que perguntou aquilo

– Não sei por que eu diria a você, nem a conheço... – falei num tom ameno, quase servil.

– Eu achei você. Respondi sua pergunta?

– Tudo bem. – suspirei, demonstrando não querer continuar com aquele questionamento.

– Por que falou de enfrentar? Derrotar?

– Não posso enrolá-la, não é? – ri nervosamente.

– Acho que não quer. – falou mexendo nos cabelos, como se soubesse de seu charme.

– Eu nunca tentei fazer com outras pessoas, mas talvez eu possa fazê-la encontrar esse sujeito de novo.

– Sério? – olhou-me fascinada, a ponto de eu suspeitar alguém acreditar tão facilmente em algo tão maluco.

– Sério. Quer dar um pau nele? Posso tentar ajeitar um encontro. – Não tinha certeza se era capaz de fazer o que falava, mas queria impressioná-la.

– Não entendi.

– Eu não insisti em saber como chegou até mim, agora não vou explicar nada.

Ela respondeu um pouco contrariada:

– Tudo bem, vou responder sua pergunta: não, não quero bater no homem com facas, eu quero ver o que ele fez, como chegou até nós e de onde veio. Eu quero ver o que aconteceu com a minha mãe.

– Mas eu também não sei, Júlia. Nem tenho como saber.

– O que pode fazer afinal? Estou boiando."

– Imagine eu!"

– Você precisa dizer alguma coisa."

– Ops... Eu lhe disse! Quer ou não quer?"

– Mas você pode fazer com que eu veja? Caso possa, este é o meu desejo. – Falou tentando disfarçar a estranheza do assunto.

– Vou tentar. – Respondi secamente.

Ela fez um instante de silêncio, expirou mexendo levemente os ombros e indagou-me: – Quem mais você amou na vida, Gabriel?"

Não respondi. Logo veio à minha cabeça a Adriana.

– Se não sabe, pense em quem mais você perdoou, eu perdoei muito meu pai, muito."

Não sei se ela estava correta, eu não perdoei Adriana, e nunca a perdoarei, logo, talvez, nem a tivesse amado.

– Olha Júlia, quando eu tinha nove anos, meu cachorro morreu e logo depois, meus pais se separaram. Em pouco tempo, minha vida virou de pernas para o ar. Comecei a beber, fumar, a me drogar, sair com diferentes mulheres das quais nem procurava saber os nomes. Aí, fiz dez anos de idade....

Ela finalmente sorriu:

– Que susto! É uma piada, não é? Pensei que você fosse inofensivo ou um fofo encabulado, no entanto, percebi ser ao menos alguma coisa.

– Então sou 'alguma coisa'? – respondi rindo alto. – Olha Júlia, você foi muito grossa, sabia? Mas vou lhe contar um segredo que descobri há pouco tempo.

Júlia mordeu os lábios e balbuciou algo, tentando disfarçar o interesse. Logo, eu completei minha frase:

– Eu gostei de você.

– Eu sinto que gostou, Gabriel.

– Durma aqui hoje, Júlia. Você terá um sonho.

– Como assim?

– Confie em mim.

Júlia desviou o olhar, como se algo lhe incomodasse:

– Mas eu só tenho sonhos ruins, Gabriel.

★ Capítulo 2 ★

Meu carimbo

"Adriana

Não sou e nem nunca fui de chorar nos ombros de ninguém, muito menos de inventar historinhas. Sei o quanto escrever para você é perda de tempo, mas do que ouvi, só posso rir, e infelizmente, matar a promessa de não mais dirigir a palavra à sua sábia pessoa.

Ao contrário de você, não confio no que os outros me dizem, sem que me seja dito diretamente. Porém, tudo bate bem com suas ideias, e caso seja verdade, quatro 'pérolas' me chamaram a atenção:

1. *"Gabriel é mentiroso."*

Quem é você para falar do meu caráter? Lave sua boca suja ao falar de mim. Eu só construí coisas boas, ergui, trouxe amor e união durante minha vida, inclusive na sua preciosa casa. E você, o que construiu? E sou eu o mentiroso? Você pode enganar a todos, mas não a mim, Adriana.

Continue se iludindo, pois isso lhe faz sentir-se melhor e superior. Verdade é diferente de rancor. Por favor, esqueça que namorou comigo, não diga a ninguém, você não me mereceu um segundo.

Ao telefone, gritou não me amar mais há um ano, tempo que abdiquei de tudo para ajudá-la a realizar os seus sonhos. Mas enquanto estávamos juntos, repetiu mil vezes que me amava e jurou amor eterno. Tem mentira maior que essa?

Não me compare a você. Você nunca me mereceu.

2. *"Gabriel surtou depois que comecei a namorar." (Como você é humilde, hein?)*

Não tenha dúvidas, nunca pensei com mais clareza e nunca tudo ficou tão nítido em meu coração. Mas para você, é fácil colocar a culpa em mim, ser arrogante e fraca, pois não suporta deixar de ser o centro das atenções. Você tem consciência do ser humano desprezível que é, não sou eu quem precisa dizer. Você deita todos os dias na cama e sabe da sua cabecinha e dos seus pensamentinhos, porém tenta vender outra imagem.

3. *"Gabriel vivia com cara feia."*

Confiei no seu caráter cegamente e você deixou as facilidades subirem sua cabeça. Confiei no seu amor, sabedoria e julgaram-me pela minha 'cara feia'.

Eu dei a outra face dezenas de vezes a você. Agora dou as costas e respondo no ponto merecido, falando a verdade.

Quem é você para falar do meu caráter? A garotinha que disse: "odeie-me e esqueça-me." "Ninguém deve nada a você, só nos ajudou por minha causa." Nossa! Parabéns! Como você é humilde!

Quem ama de verdade, quem é amigo, diz a verdade, não diz o que o outro quer ouvir, senão nunca as coisas mudam. Você sabe muito bem onde sua vida iria chegar, mas parece ter se esquecido, pelo que percebi naquela ceninha patética no seu quintal em que fui humilhado.

4. *"Gabriel nunca me mereceu."*

Pena que você não achava isso lá no começo, não é? Eu teria evitado perder tanto tempo da minha vida com você. Mas para você foi ótimo ter alguém que 'não a merecia', além de tudo isso, sem mim você não teria conhecido o atual 'amor da sua vida', afinal de contas, segundo seus princípios mancos, Deus orientou-me a fazer tudo para que chegasse nesse dia.

Continue fingindo que fez o bem, iludindo-se que "surtei", pois eu sei, e você sabe também quem é a Adriana de verdade: o que fez está guardado no seu íntimo, e você sabe muito bem o que é Gabriel"

Não há roteirista para discussões. Na triste verdade, para nenhum momento da vida. É uma pena... Queria carregar um comigo para os meus encontros com Adriana. Quantas vezes me vi gesticulando, ensaiando conversas imaginárias, com dedo em riste para o vento. Tudo porque no momento em que eu precisei de uma frase solene, de uma mísera palavra marcante e inteligente, apenas encaixava minha mão no queixo, com o crédito dos meus pequenos óculos grossos, torcendo para ela pensar que eu não quis dividir algo brilhante que se passava dentro da minha cabeça.

Definitivamente não consigo falar decentemente, prefiro fazer isso por escrito. Mas faço contrariado, desenhando todas as letras no papel, e para minha revolta, como dá para imaginar, tudo fica mais fácil.

Olho para as palavras tranquilamente, com tempo, meditando sobre o efeito delas. Tenho que admitir: minha mente é incapaz de fazer rascunhos olhando para um belo rosto, é covardia, imploro por um papel. Deve ser para isso que servem as letras, aí deve estar a verdadeira razão de terem sido feitas, elas foram criadas para curar o eterno atraso dos argumentos. As palavras no papel sempre foram o maior símbolo da dor de cotovelo causado por quem se expressa melhor. E diga-me, meu bom Deus: como ter bons argumentos diante de um belo par de olhos?

Sempre imaginei que escrevendo eu conseguiria fazer as palavras dançarem, brilharem nos pensamentos alheios, até cantar. Durante muito tempo, não cansei de reler este e-mail. Algo sorria intensamente dentro de mim, imaginando ela sentir o meu desprezo, linha após linha. Mas, infelizmente, não tinha ideia se isso havia acontecido, pois, como era de se imaginar, ela não me respondeu. Mesmo após seis anos de intensa convivência, Adriana havia sumido como pó desde o nosso conturbado término, como se subitamente houvéssemos nos tornado estranhos.

Sempre achei as pessoas ciumentas, além de inseguras, extremamente maliciosas, pois os pensamentos que levam ao ciúme requerem uma carga enorme de valores inerentes ao seu entendimento e ao seu modo de ver o mundo. Isso sempre me deixou extremamente desconfiado em relação à Adriana, e, talvez, tenha sido a semente de tudo ter terminado. Nunca entendi de onde ela tirava ideias tão esdrúxulas de traição, certa hora, eu me convenci ser do veneninho de dentro dela mesma.

Quando conheci Adriana, ela tinha uma beleza duradoura, típica das poucas mulheres de olhar confiante. Andava ereta e com a cabeça erguida, sempre com um sorriso cheio de brilho, parecendo ter oitenta dentes muitíssimos brancos. Sempre rodeada de amigos, observá-la soava como estar perdendo algo importante, pois todos orbitavam à sua volta. O mais engraçado foi que antes de ela puxar assunto comigo, casualmente numa roda de colegas da faculdade, eu nunca a tinha notado, talvez porque seu estilo de beleza não brilhava ao longe. Mas, após a troca de algumas poucas palavras, todos eram tomados por uma imensa simpatia, fruto do seu enorme carisma e charme.

Existem mulheres lindas, ótimas para serem observadas e exibidas como troféu pelos homens com baixa estima. E há mulheres de imenso encanto, iguais à Adriana, poucas, mas existem: quanto mais as conhecemos, mais gostamos delas. Até quando espirram conseguem nos fazer sorrir. Como não podia ter me perdido naquele seu enorme sorriso?

Em pouco tempo, nossa sintonia foi imensa, coisa de cinema. Vivíamos juntos, todos os nossos assuntos batiam, estudávamos, comíamos, íamos ao cinema, reclamávamos da vida. Nossa parceria era quase perfeita. Toda noite na faculdade, alguém me perguntava: "Você viu a Adriana?" Quando a encontrava, Adriana também trazia consigo vários recados para mim, prova do quanto os outros percebiam a nossa ligação.

Naquela época, eu tinha vinte anos, ela, uns oito meses menos. Apesar de ter alguns 'casos', eu não namorava e nenhuma mulher sequer fazia sombra do que a Adriana significava para mim. Mas ela dizia ter um namorado, certamente um sujeito muito estranho, pois raramente falava ou dizia ter feito algo com ele. Adriana raramente o citava, nem ao menos vi o sujeito no aniversário dela, no qual, estranhamente para alguém tão popular, havia apenas três amigos, eu entre eles.

Imaginar quais eram as suas intenções com relação a mim passou a me torturar quando comecei a perceber o quanto nossa ligação era especial. Muitos dizem: "Se hoje, com minha experiência eu tivesse o corpinho e a aparência de anos atrás, não deixaria escapar tantas chances." Tudo é questão de *time*, não é mesmo? Passado um determinado momento, fica quase impossível sair do campo da amizade. Mas, eu pensava na época: "Se ela namora, como irei tentar algo com ela e depois ter alguma confiança?" No meu coração, Adriana era especial e tudo precisaria acontecer com naturalidade.

Tive várias oportunidades de tentar 'algo mais', no entanto, ao cultivar aquele princípio, uma quase certeza racional me corroía, sempre deixava passar todas as chances. Com o tempo, sentia estar afundando-me dentro de uma amizade que já há muito não me satisfazia, mas tinha grande medo de arriscar e perdê-la. O pior momento, sem dúvida, foi quando percebi o exato ponto em que, para ela, eu me transformei num amigo, a não ser que algo muito sério acontecesse para criar uma reviravolta:

Numa sexta-feira, saí do trabalho mais cedo, por volta das 18h30min. Era período de férias, mês de julho. Liguei meu telefone e havia uma mensagem de voz da Adriana: "Gabriel, estarei na livraria da Paulista para assistir à palestra do nosso querido autor bigodudo de quem lhe falei, será das 16 às 18h. Certamente, não é um bom horário para você, mas quem sabe você faça uma forcinha por mim! Beijos e até lá." Eu já não podia encontrá-la a tempo, mas resolvi tentar.

Ao contrário de qualquer dia normal, não havia trânsito e cheguei em poucos minutos. Fui em direção ao prédio, lentamente, olhando para os lados para ver se a encontrava. Foi quando uma estranhíssima sensação tomou conta de todo meu corpo: *aquilo já tinha me acontecido*. Muito mais que uma lembrança, ou mesmo um *déjà vu,* eu havia sentido os mesmos cheiros, visto os mesmos cenários e cores. Dei-me conta:

eu havia construído um sonho idêntico. As luzes brilhavam de maneira familiar, sentia todos os sons como amigos íntimos. À frente da porta da livraria, olhei fixamente para o segurança esperando ele me dizer algo, como se o mundo todo tivesse percebido a magia do momento, e ele não me decepcionou:

– Todos já saíram da palestra senhor."

Saí de lá devagar, mas com um rumo certo, *eu sabia para onde ir.* Caminhei alguns metros, na mesma quadra do prédio pela avenida, com uma sensação mágica. As luzes pareciam apagadas, os sons estavam abafados, sentia pequenas luzes piscando diante dos meus olhos, tal como aquelas quando estamos com os olhos abertos no escuro. Então, como se um holofote iluminasse uma mulher: vi Adriana, sentada num daqueles bares com mesas na calçada. Ela estava linda, linda, linda... E sorriu para mim. Seus olhos também sorriam com um brilho devastador. O tempo parou, meu peito pesou. Ela vestia uma blusa vermelha, brincos prateados com pingentes compridos que pareciam uma estrela cadente, sombra nos olhos, também prateada. Parecia mais alta, usando um sapato preto de salto. Seus lábios fugiam à regra, tinham uma cor natural, como se gritassem 'não preciso de nada para me destacar'.

Admito, aquela cena me afetou, porque eu havia 'trapaceado' várias vezes e construído sonhos com Adriana e, como um bom sonhador realista, meus sonhos também o eram. Entrei em parafuso... "Como agir se já criei um sonho idêntico a este momento?" Fiquei olhando para aquela mulher, paralisado, esperando ela sentir algo, perceber o momento ímpar, me abraçar, dizer algo especial, sublime, mas não; ela falou – Oi."

Não me perguntem como, mas coisas estranhas realmente acontecem. Agora, e quando acontecem e *nada ocorre?* A partir daquele instante, meu relacionamento com Adriana nunca mais foi o mesmo. Sim, chegamos a namorar, por anos, mas nunca a química foi a mesma, desde então. Talvez, essa ilusão de esperar algo duradouro e mágico a partir da experiência de um grande momento, fez com que eu não o valorizasse por si só.

Quanto a todo charme da Adriana, ela acabou se transformando, ao longo do tempo, numa pessoa opaca e sem nenhuma personalidade. Como isso aconteceu, não sei dizer ao certo. O que realmente teria mudado? Ela? Meu olhar? Eu? Não sei dizer, talvez nunca saiba, mas algo eu sei: aquele e-mail de desabafo não poderia me satisfazer, algo a mais deveria acontecer para todo aquele nó em meu peito finalmente se desfazer.

★ Capítulo 3 ★

Uma estranha

E desde o dia daquela estranhíssima e inesperada visita, nunca mais vi Júlia. Imaginava, dia após dia, quando ela reapareceria para perseguir novamente o tal 'homem das facas'. Essa curiosidade em revê-la serviu para me mostrar como meu ideais eram fortes logo morri de medo de lhe parecer fraco. Bastou uma mulher como a Júlia demonstrar certo desinteresse por mim e logo abri o meu maior segredo, guardado havia anos na gaveta, como se fosse a receita secreta do cafezinho da firma da esquina.

No dia seguinte ao nosso 'encontro', eu liguei e como ela não atendeu, resolvi a contragosto deixar um recado em sua caixa postal:

– Bom dia! Aqui estou nesta não tão bela manhã para lhe oferecer um caloroso cumprimento, tão logo pegue o seu telefone! Senão será um café da manhã na MINHA cama, lembre-se, ao menos é 'alguma coisa'! Bom dia! GROSSA! Beijos do ALGUMA COISA. – Ri sozinho com meu recado, mas não a conhecia o suficiente para saber se ela iria rir também.

Essa dúvida, com o passar os dias, cresceu em minha mente,,pois Júlia desapareceu da mesma forma súbita como havia aparecido. Mesmo depois de todo meu esforço para criar seu sonho (na verdade um 'sonho ruim' como ela curiosamente chamava) com o 'homem das facas'. Queria saber se o tal 'sonho ruim' havia funcionado para ela, se ela havia 'gostado', esses pensamentos estavam me corroendo. Também devo admitir que, no fundo, eu esperava algum gesto de interesse por mim, mas nem de longe tive qualquer indício.

Mais uma vez, veio a dúvida: como pode algo, tão especial, acontecer e eu estar aqui sozinho? Ela não apareceu da mesma forma como as tais amizades comuns, surgiu do nada, na minha porta, falando de um sonho que martelava sua cabeça. Como não poderia imaginar uma ligação mais forte? Convenço-me, cada vez mais, com o passar do tempo, que as amizades criadas ao longo da vida têm muito mais causas geográficas ou de determinadas circunstâncias locais, do que qualquer outra motivação. Por isso, não são duradouras após a separação, seja do ambiente de trabalho, de estudo, da vizinhança; estamos sempre de passagem, não é o tempo que passa, somos nós que passamos e a maioria dos amigos e lembranças ficam pelo caminho.

Dez dias já haviam se passado, era domingo e fui andar sem qualquer rumo pré-definido. O dia estava muito maçante. Queria ver a luz do sol e sentir a brisa vespertina. Já começava a escurecer e lembrei-me de um domingo parecido que havia passado com a Adriana, em sua casa. Ela chegou a esconder minhas roupas para eu não sair e ser obrigado a ficar em sua companhia. Então, mostrei o sol entrando pela janela e eu a convenci que precisava andar um pouco. Sorri sozinho, com certa amargura. Apesar de tudo, era duro admitir: tivemos bons momentos juntos.

Sentei numa praça, a noite anunciava ser linda, e, de forma suave, uma brisa um pouco mais forte bateu, revolvendo meus cabelos e balançando as folhagens das árvores. O céu parecia fechar-se rapidamente, enquanto o vento arrepiava minha pele, dando uma sensação melancólica de final de tarde, como se uma festa da qual eu não tivesse participado estivesse terminando. Isso me lembrou, fazia alguns anos, quando eu, meus pais e irmãos, num raro momento familiar, estávamos admirando o pôr do sol numa praça. Enquanto o sol ia sumindo na entrada da noite, tive um sentimento dolorido de que aquele momento iria passar, apagando-se no infinito, e não voltaria na manhã seguinte.

Sentado no banco, passei a reparar numa moça aparentando uns vinte e poucos anos. Ela vinha andando pela rua, em direção à praça. Estava elegante, com uma roupa típica de alguém que ia para um encontro ou festa mais despojada: um vestido cinza escuro, de tamanho intermediário, um pouco acima dos joelhos, cabelos umedecidos, passavam uma impressão de limpeza e a sensação de se sentir um perfume no ar. Enquanto ela se aproximava, reparei que exibia um ligeiro sorriso escapando pelos lábios. Mirei o chão e tentei voltar aos meus pensamentos, mas eles haviam se perdido totalmente. Forcei, mas não consegui mais lembrar por onde minha cabeça andava antes de vê-la. Voltei minha atenção para aquela moça que vinha em minha direção, sem ainda notar que eu a observava.

Ela, aparentemente, estava feliz, mexendo os lábios como se falasse consigo mesmo ou ensaiasse um discurso. Sempre achei esses gestos fascinantes e um retrato do meu maior problema: "Como é possível eu não conseguir andar assim, tão levemente e com o sorriso solto?" Eu juro, mesmo duvidando de qualquer manifestação de alegria exagerada, eu me senti impressionado com aquela cena.

Ela era magra, mas se percebiam os seus quadris largos. Os cabelos presos e os lábios finos exaltavam a noção de vivacidade dos seus olhos, que em nada lembravam o reflexo magoado de quem mirava seus pensamentos. Admito, ver uma pessoa assim me afetava, pois nos últimos tempos, temia sair de casa e encontrar uma mulher atraente, obrigando-me a sair da minha zona de conforto e, ao menos, imaginar um modo de tentar puxar assunto.

Finalmente ela reparou em mim, baixei a cabeça para dissimular. Quando a percebi mais próxima, olhei novamente, dessa vez, diretamente em seus olhos para ver se ela retribuía o interesse, e ela o fez para o meu pavor; mais de perto, sua expressão parecia totalmente mudada, era mais baixa e parecia mais velha do que havia imaginado quando a observei com mais atenção de longe. Não tomei nenhuma atitude, e ela, naturalmente, seguiu seu caminho sem olhar para trás.

Minutos depois, meus pensamentos se assentaram e mudaram de rumo, resolvi então continuar minha caminhada. Poucas quadras e alguns minutos depois, encontrei novamente aquela mulher. Por sorte, aliviando minha curiosidade, ela estava em frente a uma casa, conversando e gesticulando nervosamente com um homem. Pude reparar bem nele, pois estava quase de frente para mim. Seus lábios grosseiros ajudavam a conservar um contínuo sorriso atrevido, irônico. Um certo 'olhar de paisagem' denunciava as linhas mais grosseiras do restante do rosto, extremamente pálido, criando uma imagem de cansaço e impaciência. Ele tinha uma alta estatura, cabelos escuros e barba cerrada, que davam uma impressão muito esquisita, parecia um homem relutante em ser internado, preferindo morrer perto da família, a passar seus momentos finais num leito de hospital.

Ao passar do lado do suposto casal, vi a moça sacudir os ombros, dar um passo arrancando chumaços da grama onde estavam enterrados seus saltos, e ouvi suas palavras antes de seguir adiante, andando dois passos atrás de mim.

– Você é quem sabe. – Involuntariamente, olhei para o 'moribundo' e o vi seguindo em sentido contrário ao nosso.

– Está vendo? Bem que eu poderia ter imaginado! – Ela disse e depois riu nervosamente. Então, percebi que dirigia sua voz para mim. Eu me fiz de desentendido, como se quisesse esconder o quanto ela havia chamado minha atenção.

– Estou falando com você. Eu o conheço? – falou apressando o último passo e ficando um pouco à minha frente para poder me encarar.

– Não saberia de onde. – respondi interessado e, ao mesmo tempo, em dúvida, talvez ela tivesse alisado os cabelos, usado algum produto da moda dos últimos anos, alterando sua aparência que a tornou como todas as outras, com um rosto menos marcante.

– Você me olhou diferente, eu percebi.

– Senhora...

– Cíntia. – interrompeu-me.

– Cíntia...

– E você tem nome, anjo? – interrompeu-me novamente.

– Gabriel, como sabe?

– Eu o chamei de anjo, não disse que você tinha nome de anjo.

– Ah, foi coincidência. – riu.

– Você me olhou de uma maneira muito diferente lá na praça. Eu me senti tão esquisita, com um peso no peito, nem sei por que estou falando isso a um estranho. – pronunciou com um ar irresoluto e revelador da sua desesperança em ser compreendida.

– Não olhei não.

– Desculpe-me, então.

– Olha, Cíntia, coisas muito estranhas acontecem comigo. – falei antes de ela dar meia-volta: – O que disse, por incrível que pareça, não me surpreende nem um pouco. – comentei com um ar pensativo, com os olhos fitando coisa alguma. Definitivamente, tudo andava muito sobrenatural naqueles dias para mim.

– Comigo também! – respondeu, puxando levemente minha camisa, na altura do cotovelo.

– Mesmo?

– Sei como me olhou.

– Eu olhei para você, oras, assim como você olhou para mim.

– Foi estranho, isso não é estranho para você?...

– Não, nem um pouco.

– Desculpe, mas... – Ela parecia frágil.

– Mas o quê?

– Você deve estar me achando louca de ficar puxando assunto assim na rua.

– Olha, aconteceu algo parecido comigo esses dias.

– Você estava na praça também?

– Não, não. Foi bem diferente. – respondi meio acanhado.

– Tudo bem, Cíntia, que mal há em nos conhecermos, não é? Eu não sou um cara chato, sou sério, até uso óculos, sabia? Eu também não fumo, não bebo e nem uso drogas. – Passou, por um minuto em minha cabeça, a ideia de que deveria tornar aquele momento menos pesado e convidá-la para fazer algo menos maçante.

– Sério? – respondeu sem demonstrar muita empolgação, como se levasse um baque por receber uma resposta com um rumo tão diferente do esperado.

– Olhe, fique tranquila, eu não li sua mente, viu? Eu só sei daquele objeto guardado em seu armário que você observa toda noite. – disse levantando a sobrancelha e fazendo cara de cínico.

– Bobo. – riu amarelo. – Você está brincando comigo, não é? – Para minha surpresa, lágrimas pesadas escorriam pelo seu rosto muito corado.

– Esqueça isso, Cíntia.

Ela não respondeu, apenas levantou a cabeça, percebendo ser inútil esconder o choro.

Andávamos lado a lado pela calçada, eu mais próximo do meio fio, então, fiz um sinal com o braço direito indicando a minha intenção de atravessar a rua.

– Aonde você vai? – questionou meio desconfiada.

– Não sei, apenas tem menos cocô de cachorro naquele outro lado. – menti, pois sabia onde queria levá-la, queria conversar com mais tranquilidade.

– Como você sabe? Não vi nenhum cocô. – respondeu com um pé atrás.

– Eu não passeei hoje com meu cachorro daquele lado. – falei com um tom bem irônico, enquanto a encarava e fazia careta com o intuito de ela perceber a minha brincadeira.

– Você mora por aqui, então?

– Sim... Mais ou menos. – Enquanto terminava a frase, eu a segurei para não atravessar a rua.

– Por que fez isso, dava tempo de atravessar!

– Não dava não, veja. – indiquei um carro passando lentamente na nossa frente. – Sua ingrata, salvei sua vida e não me agradece! Já prometi nunca dizer o que há no seu armário, agora salvei sua vida... Já me deve duas! Mas tudo bem, minha missão era aparecer naquela praça, garantir sua segurança para um dia você ter um filho, que descobrirá a cura do câncer ou acabará com a fome do mundo, ou sei lá, será o destruidor do Universo.

– Nossa, quanta criatividade, hein? Mas quem sabe eu possa fazer tudo isso? – Esboçou um sorriso. Você está indo para a Praça Pôr do Sol?

– Sim, conhece?

– Você gosta de praças, não é? – questionou enquanto indicava com a cabeça já conhecer o lugar.

– Adoro, pois em praças sempre tenho a chance de ler os pensamentos de pessoas diferentes.

– Então não sou a primeira.

– Não fique próxima ao meio fio, Cíntia, troque de lugar comigo. – Sugeri, já indo mais próximo da rua.

– Por que, está com medo de eu ser atropelada?

– Claro que não! Você não sabe? – fiz cara de estupefato. – Nenhuma mulher pode andar com um homem no lado mais próximo da rua. É como se esse homem a estivesse oferecendo.

– Não sabia dessa. Você inventou agora?

– Não, não... isso é etiqueta, senhorita. Não vai me dizer que seu namorado nunca lhe disse isso! – Eu queria provocá-la e saber o que havia acontecido há pouco sem precisar perguntar diretamente.

Ela pensou, por dois instantes, enquanto chegávamos ao ponto mais alto da praça: – Ele não é mais meu namorado.

Procurei um lugar limpo de terra no chão para podermos sentar em frente ao pôr do sol. Então, ouvi uma música muito familiar: era o toque do telefone de Cíntia, com o *hard rock* do AC DC.

Ela pegou a bolsa e começou a procurar com impaciência seu telefone, tentando seguir os sons ou o brilho da luz do aparelho. Tirou um par de óculos de grau, depois outro, de sol, um livro (de péssimo gosto, por sinal), um estojo de maquiagem, um pacote de lenço, outro telefone celular, um protetor solar, uma cartela de remédio quase vazia e, finalmente, achou seu aparelho, a propósito, pink. Eu juro que, instintivamente, coloquei as mãos em meus bolsos e pensei como conseguia andar só com meu documento e alguns trocados. Senti-me um índio nu deparando com as vestes pesadas de um explorador europeu.

– Hum, falou no diabo, aparece o rabo! – exclamou com a voz embargada, antes de atender ao telefone.

– Alô. – disse de forma quase inaudível.

Olhei em direção ao outro lado para disfarçar, não queria dar a impressão de estar ouvindo a conversa, mas fiquei curioso e prestei atenção. A seguir, foram minutos de cochichos e murmúrios entre alguns soluços disfarçados.

– Não quero mais saber, estou ocupada agora, Renato. – Consegui ouvir quando ela disse com um tom raivoso: – Como assim, seu nome não é Renato? Como quer que eu o chame?

Imaginei que o tal Renato era chamado por algum apelido carinhoso, tal como pitel, nenén, chuchu, mozão ou morimbundinho, e ele não gostou de ser chamado pelo nome. Não pude deixar de imaginar um casal brega e irritante na fila do cinema, fazendo juras de amor com apelidos irritantes.

– Tchau, Renato...Tchau, não quero ser mal-educada! – Seu tom de voz foi se elevando cada vez mais, não sendo necessário eu levantar as orelhas. – Não posso mais falar, tudo bem? Tchau!

Continuei olhando para o outro lado, fingindo não ter percebido ela ter desligado o telefone. Quando vi um sorveteiro subindo a rua, tinha até a frase na ponta da língua para dissimular melhor.

– Desculpe-me. – Cíntia quebrou o silêncio.

– Quer um sorvete? – tentei disfarçar.

– Não sei, Gabriel. – respondeu séria.

– Você paga. Vi um montão de bugigangas na sua bolsa, deve ter também uns cem mil dólares aí.

– É uma bolsa grande. Espero nunca cair de moda.

– Vamos tomar um, então? Isto é um sim?

– Obrigada, mas não estou no clima.

– Deixe disso, Cíntia, para se tomar um sorvete não é necessário estar no clima.

– Não quero não, quero... eu queria mesmo... era... ahhh! – esbravejou, ficando com a mesma expressão de minutos atrás: rosto avermelhado e lágrimas grossas queimando o rosto.

– Quer falar sobre isso? Ou prefere me dizer se você sempre puxa assunto com estranhos nas praças? – Ela não entrou na brincadeira, pois sua expressão permaneceu fechada, então continuei antes de ela responder: – Olha, tem muito sujeito perigoso por aí, sorte sua ter olhado para mim. Mais uma coisa... – olhei fixamente em seus olhos que fugiam para esconder as lágrimas. – Vou ficar aqui, mesmo com você chorando, mas prometa-me não puxar assunto com mais ninguém enquanto estiver ao meu lado. Sou um frequentador assíduo de praças como bem você percebeu, logo todos por aqui me conhecem. Vai pegar muito mal, por exemplo, com aquele sorveteiro, ele vai deixar de me dar desconto, ninguém perdoa homens que fazem uma bela mulher chorar.

– Mas, você não me fez chorar.

– E quem vai achar isso se não fui capaz de fazê-la sorrir?

Ela esboçou um belo sorriso: – Você é muito fofo, sabia? – disse colocando a mão acanhadamente em meu braço direito, para logo afastá-lo e permanecer com seu olhar distante.

– Fofo, não! Por favor! Nunca diga isso para um homem.

Ela não quis perguntar a razão do meu pedido, mas ser chamado de fofo depois de a Júlia ter dito o mesmo para mim, era um mau sinal.

– Vamos ver o pôr-do-sol? Quantas vezes temos essa chance? – tentei puxar um assunto diferente.

– Pôr do sol? – fez cara de desdém, como seu eu falasse algo fútil. – É que eu queria muito dar o troco, sabe? Ele, tantas vezes, me machucou. Não sei o que vejo nele. Minha família não entende também. Nós já terminamos duas vezes, mas sempre eu o aceito de volta.

– Vai ver Cíntia que ele a quer de volta porque sempre acha o mesmo defeito em todas as outras mulheres.

– E qual seria? Ele enxerga o quanto elas não são bobas como eu para aguentar suas grosserias?

– Não, nenhuma delas é você. É um defeito grave, incorrigível, devemos concordar. – Ela sorriu e novamente me encarou, dessa vez de uma maneira muito carinhosa. – Não vou lhe chamar de fofo.

– Relaxa, estou acostumado, outro dia, passei pela zona vermelha da Rua Augusta, e todas as moças puras de lá me chamaram assim, só porque eu dizia – boa noite, senhoritas. – Mas, mudando de assunto, diga-me, quantos anos você tem?

– Mudando bem de assunto, né! – pareceu não ter gostado da pergunta. – Tenho trinta e dois... – . encarou-me séria.

– Não acredito! Sua vida foi fácil, hein? Você nunca deve ter trabalhado, sequer lavado louça. Tem cara de dezoito, garotinha! – exagerei um pouco; certamente, ela parecia ter, no máximo, vinte e seis, vinte e sete anos de idade.

– Obrigada. – sorriu com timidez. – Mas... ah.... – respirando fundo e enxugando as lágrimas de um rosto todo borrado de maquiagem. – Vou lhe falar, Gabriel, não sei por que estou falando com você.

– Nossa!!! Quanta gentileza!

– Não, desculpe-me! Deixe-me continuar, Gabriel. – riu. – Mas quando eu o vi naquela praça, eu senti algo tão estranho.

– É a terceira vez que diz isso! Não é um bom sinal! – balancei a cabeça negativamente.

– Você me olhou de uma forma tão... – pareceu arrepender-se do que iria dizer. – Parecia me olhar como se me conhecesse.

– Olha, não tenho nenhum filho por aí. – tentei mudar o tom da conversa, apesar de esperar por mais um momento *Além da Imaginação*. – Tenho certeza de que não a conheço – . ri.

– Desculpe-me por tudo isso Gabriel, você deve estar tendo uma péssima imagem de mim.

– Tudo bem. – então, não resisti e passou pela minha cabeça acudi-la da minha maneira 'diferente': – Mas posso lhe ajudar.

– Por isso você me olhou com tanta atenção?

– Ué, as pessoas se olham, não é normal?

– Você é diferente, não sei explicar, eu me sinto... nua.

Imaginei dizer algo malicioso, mas desisti:

– Puxa, acabou de me elogiar! Eu apenas olhei para você, tentando saber o que pensava. Não sei se você é assim, mas nunca se viu na rua imaginando o que os outros pensam ou irão fazer? Ou mesmo neste momento em que estamos nos conhecendo, nunca se sentiu atiçada a descobrir a história de vida da outra pessoa? Quem não pensa assim é muito infeliz, pois vê o mundo girando apenas em torno de si e acaba meio louco.

– Eu entendo o que quer dizer, perfeitamente. – Não senti firmeza de que realmente ela havia entendido ou mesmo se interessado em minhas palavras.

– Sério? – Ela balançou a cabeça afirmativamente.

– Mas como pode me ajudar, afinal?

Fiquei com medo de abrir meu segredo novamente. Resolvi contar algo mais íntimo, para sentir um pouco mais do seu caráter e para ela se sentir mais à vontade depois do que havia testemunhado. Mas a cada palavra pronunciada, tinha a nítida sensação de estar agindo mal em me abrir com ela. Poderia ser apenas cisma minha, mas as pessoas não perdoam determinadas perguntas e histórias, ainda mais quando vêm de um quase desconhecido:

– Sabe Cíntia, talvez você não entenda o que vou lhe contar e o que isso tem a ver com o que estamos falando, mas eu me lembro quando eu tinha treze anos, eu era apaixonado por uma garota na escola, chamada Maíra. A melhor amiga dela me pediu em namoro e todos da escola ficaram sabendo, pois ela fez questão de contar para eu me sentir pressionado. Quando souberam da minha negativa, chamaram-me de todos os nomes menos simpáticos. Pra piorar, após ser rejeitada, essa mocinha espalhou para todos que estava apenas brincando comigo. Não era verdade; eu e a Maíra sabíamos disso, entende? O ano foi passando e aumentava cada vez mais aquela atração mútua, aprofundada pelos segredos compartilhados entre nós: ela tinha conhecimento de que a amiga tinha falado sério e nós sentíamos o quanto nos gostávamos. O ano letivo terminou e eu não havia nem chegado perto de me declarar para ela. Então chegou o dia da divulgação das notas finais, sabe? Eu tinha certeza, havia passado, mas não poderia perder a chance de vê-la antes das férias, eu não poderia ficar dois meses sem encontrá-la.

O problema foi o seguinte, nem todo mundo apareceu, e eu fiquei mais de três horas subindo e descendo as escadarias da escola, indo e voltando por todos os cantos com um amigo para encontrá-la e, nada... Então desisti, o desânimo transpareceu em meu rosto... Eu nunca tinha comprado uma água na cantina da escola, Cíntia, meus pais não me davam dinheiro, mas nesse dia, resolvi me 'dar esse direito' para amenizar a decepção, de alguma maneira, Dá para entender isso, não é? Estava de frente ao meu amigo, esperando receber o que eu tinha comprado, quando vi o rosto dele se transformando, como se tivesse visto uma fada, uma sereia, a loira do tchan. – ri. – Era a Maíra; ela me cutucou no ombro, e quando me virei, me abraçou antes que eu pensasse qualquer coisa:

– Onde você estava?! Eu estava lhe procurando Gabriel, não poderia sair sem me despedir de você. – Essas foram suas exatas palavras e eu percebo hoje o quanto fui burro por não ter entendido o que ela quis dizer com "*me despedir*". A cena foi tão incrível, nem me dei conta da situação. Conversamos por uns bons minutos, ela até me fez um pedido, de um jeito bem irônico: 'Vai *cuidar* ou não de nossa amiga em comum?' Então, pegou carona com outros colegas da escola num Fusca branco e foi-se embora. Depois das férias, descobri que ela havia mudado de escola. Após algum tempo, com enorme timidez, perguntei aqui e acolá, e soube também que havia se mudado de cidade. Depois de muitas idas e voltas, a verdade é que nunca mais a vi. Depois de muitos anos, encontrei-me com ela pela internet, mas já estava casada."

– Mas, por que tamanha timidez? Não havia ninguém pra você pegar o telefone dela, sei lá?

– Aí onde está a pior parte, Cíntia. Bem sabe como vocês mulheres são vingativas, não é? – ri. – Um ano depois, minha visão em relação à amiga da Maíra, a Estela, mudou. Não iria namorá-la, mas meus hormônios já tinham aflorado. Fiquei sabendo que a Maíra viria a São Paulo e iria visitá-la, e eu estava disposto a falar com ela, mesmo se precisasse deixar tudo claro para Estela; então, chegou a festa junina anual da escola, nesse dia, estava eu com o mesmo amigo do dia na cantina, e a Estela veio falar comigo, repetindo a pergunta de um ano atrás. Fiquei empolgado na hora, mas pedi um tempo para pensar, achei estranho, ela ficou um ano me ignorando, inventando mentiras. O que ela queria mesmo era me enganar, provar para os outros que o que foi dito um ano atrás, não era verdade. Ela queria ouvir o meu sim ao namoro, para poder dizer: 'é brincadeira' e poder me humilhar na frente de todos. Pensando nisso, agora eu vejo o quanto essa menina era babaca, pois, além de tudo, eu a vi escondida beijando um skatista. Pouco tempo depois, começou a quadrilha, na qual ela dançava e eu e toda a turma estávamos assistindo. Ao terminar a música, ela veio direto em minha direção. Estela encarou-me, fez pose e perguntou se eu a achava bonita e se queria namorá-la. Como eu estava com muita bronca, respondi na lata: "não". Todos ouviram e riram, aí sim, ela nunca mais falou comigo e perdi a chance de reencontrar Maíra. Alguns anos depois, já adultos, reencontrei Estela numa academia, mas ela fingiu não se lembrar de mim, mesmo com essa minha carinha marcante."

– Quando olhamos para trás, temos vontade de mudar muitas coisas, né? Não acredito muito em pessoas que dizem não se arrepender de nada. – disse Cíntia, parecendo já estar recuperada.

– Verdade. Quanto mais o tempo passa, mais vemos o quanto os clichês fazem sentido, seja porque são verdadeiros ou porque ajudam a não prolongar as conversas. Mas neste caso, o clichê de que vale mais a pena errar do que não fazer nada é discutível, arrependo-me de muitas besteiras feitas.

– Querer voltar e mudar o passado também é um clichê, ótimo por sinal.

– Quando eu era mais novo, fazia questão de mostrar maturidade, prolongando pensamentos e filosofando 'a la botequim'. Não sei se esses tais clichês são sinais de maturidade ou preguiça; falar coisas banais é o destino de todos nós.

– Eu concordo, Gabriel. – disse pensativa. – Mas não sei se entendi muito bem a razão de ter contado toda essa história.

Pela forma como nosso encontro se desenrolava, eu tinha esperança de ela ter gostado de me abrir e ter-lhe contado um segredo, mas percebi o quanto aquilo não fazia sentido mesmo.

– Nada suplanta nossas lembranças, Cíntia. Nunca acreditei nessas coisas, mas talvez tudo tenha algum sentido. Você disse que a olhei diferente, mas minha motivação maior foi a curiosidade em conhecê-la e aqui estamos.

– Sim, aqui estamos. Mas ainda estou confusa, me desculpe, deve ser o nervosismo mesmo.

– Não posso ajudá-la se não se abrir. Eu já contei um segredinho!

Ela me olhou um pouco hesitante:

– Eu queria muito... pra ser sincera, queria que ele sofresse como eu sofri. Queria muito esquecer tudo.

– Faria sentido se eu dissesse: posso ajudar?

– Você já disse isso. – disse com certa agressividade. – O jeito como fala, não sei... me assusta, Gabriel.

– Você não entendeu, eu não vou matar ninguém. – respondeu fazendo troça.

– É...? – balbuciou. – Eu sei disso, eu sei. Mas você fala com uma segurança...

– O que faço, não é bem de *verdaaade*, mas é como se fosse.

– Não entendo, pode ser mais claro, por favor. – disse com certa irritação.

– Eu comecei a falar, agora vou terminar. – Ela não respondeu, apenas me fitou com certa impaciência. – Olha, pode parecer algo de louco, mas você acharia bacana mudar as próprias lembranças ou mesmo a forma de enxergá-las?

– Nunca pensei nisso. – fez uma careta.

– Então pense: se você pudesse ir a qualquer lugar, fazer qualquer coisa, ter uma realidade alternativa? – disse temeroso de ela me achar lelé.

– Sabe de uma coisa, Gabriel? – Fez cara de papo sério. – É estranho você dizer isso, mais estranho é isso não me assustar... Me desculpe, mas você é um estranho.

– Eu sei. – respondi querendo mostrar naturalidade.

– Diga Gabriel, o que realmente quer dizer com tudo isso?

Ela não foi nada gentil, logo quis ir direto ao assunto:

– Eu posso fazer você sonhar.

– Sonhar?

– Sim, sonhar, o que você quiser.

– Eu acredito em você. – afirmou na lata, como se tivesse ouvido algo banal.

– Você acredita?

Ela virou a cabeça para o outro lado, deixando de me encarar:

– Você falou em mudar as lembranças, como um sonho faria isso?

– Por que não faria?

– Tem razão, parece fascinante. – pareceu irônica. – Mas não vejo vantagem nisso.

– Não, mesmo?

– Não.

Ficou claro, ela não havia acreditado em mim.

– Eu falo sério...

– Você pode fazer qualquer pessoa sonhar? – me interrompeu.

– Sim. Acho que sim...

– Qualquer sonho?

– Você não está acreditando Cíntia?

– E com ele, pode fazer? – questionou ignorando minha dúvida.

– Como assim, Cíntia? – percebi na hora como aquela questão trazia uma ideia assombrosa.

– Fazer ele sonhar. Sonhar fazendo ele se arrepender, seria ótimo se realmente pudesse, nunca havia pensado nisso. – Agora havia ficado claro como ela falava comigo sem acreditar em mim. Era um preço justo por minha pressa.

– Pra alguém que repetiu tantas vezes o quanto me achou diferente, está demorando para acreditar. – respondi sem me abalar.

– Não me importa Gabriel, me desculpe. – pareceu atônita. – Eu queria qualquer coisa... por mim. Mas eu queria mesmo era fazer ele sentir, sabe? – esbravejou com raiva, como se ele fosse um subalterno e tivesse feito algo muito errado. Sem qualquer sutileza, ela me propôs algo que meu lado negro sempre me cutucou: eu poderia usar meus sonhos para mudar a cabeça das pessoas que, de alguma forma, tinham me prejudicado?

– Não sou bruxo, feiticeiro ou nada afim, além disso, seria bom se nos conhecêssemos melhor, não acha?

Ela parecia alheia àquilo, com olhar perdido:

– Desculpe Gabriel, não quis dizer que não foi bom conhecê-lo... me desculpe de verdade, tudo isso foi um erro. Acho melhor eu ir para casa. – Ela levantou-se abruptamente e seguiu sem se despedir.

Enquanto eu a olhava se afastando, senti uma enorme decepção, no entanto, não fui atrás dela. Quando decidi virar o rosto para frente e curtir o fim melancólico daquele encontro, vi seu vulto tomando o caminho de volta. Ela me olhou decidida como se houvesse ensaiado a fala:

– Já não acha muito eu acreditar em você? – fiquei em silêncio. – Jura mesmo não estar se aproveitando da situação?

– Nun....

Interrompeu-me: – E quem disse que o que a gente passa no dia a dia também não é subjetivo, sujeito a interpretações? Não sei ao certo o que você pode fazer, mas uma coisa eu sei, não quero que nada permaneça como está, se realmente diz a verdade, por favor, faça ele entender como eu me sinto!

– E como você se sente?

– Eu sei.... Ele pisou muito em mim... Não sou santa também, eu o levei ao céu... Ao inferno também, admito, mas eu dei tudo de mim.

– Não sei se estou entendendo, Cíntia.

– Você vai mentir para mim ou dizer o que faz?

– Eu já disse – . respondi assustado.

– Não sei, não sei de nada, mas você está me deixando nervosa!

– Eu crio sonhos, de verdade. Acredita?

– Como assim?

– Faço você dormir e sonhar.

– Então, você pode fazê-lo sonhar, sentir qualquer coisa também, você mesmo disse!

– Por que eu faria isso?

– Por favor, faça isso!

– Então, acredita?

– Não sei a razão, mas acredito em você.

– Isso não faz sentido.

– Eu quero acreditar, puxa! – quase gritou, já muito nervosa. – Agora entende?

– Sente-se Cíntia, por favor, vamos conversar. – Estava arrependido de ter contado.

– Se pode, faça, por favor...

– Me desculpe, isso não é certo, não posso fazer.

– Não é certo? Como assim, não é certo? O que é certo? Eu nem sei o que você vai fazer.

– Não é certo, porque não posso drogar alguém e fazer algo contra a vontade dessa pessoa, se isso não é errado, então, o que é?

Ela se calou um pouco, como se tentasse entender as consequências do seu pedido.

– Você vai mudar de ideia?

– Não sei. – Eu não sabia de nada àquela altura.

– Então está mentindo.

Cíntia levantou-se, deu alguns passos à minha volta e cravou decidida:

– Pode fazer comigo, então? Quero descobrir se o que diz é verdade.

★ Capítulo 4 ★

Nu em pelo

Domingo à noite. Oito horas. Certa depressão. Musiquinha do Fantástico soando em algum lugar, ou talvez esteja apenas retida em minha memória. A TV, há tempos, virou um eletrodoméstico bonito, um enfeite de parede. Sim, isso soa arrogante, como se eu fosse bom demais para a imagem, mas está longe de ser verdade. Ligo a TV, já na cama, para adormecer com algum som ao fundo. Apenas quem vive só sabe o quanto agir desta forma ajuda a não se sentir tão solitário.

Enrolei o máximo possível para tentar cair no sono. Nem tinha coragem de tentar recordar quais eram os problemas. Minha mente já está treinada para não entrar nos pormenores. É incrível, como muitas vezes, duvidamos ser capazes de enfrentar tudo de novo. Existem em nossas vidas, momentos de desespero e de tristeza tão profundos, que chorar chega a ser um luxo. Nesses instantes, sempre me vejo em meu quarto, adicionando mentalmente pensamentos agradáveis, sejam eles felizes ou paradoxalmente tristes.

A noite avança rápido, como em nenhum outro momento. Passam-se três horas, o sono não aparece, e a certeza do enorme cansaço no dia seguinte só torna minha agonia maior; não posso me dar ao luxo de esperar adormecer. Procuro posições confortáveis, pensamentos não inquietantes ou fantasiar algo apaziguante. Mas nada funciona. Adormecer significa perder a consciência e ao acordar ter outro mundo cheio de pesos, decisões e responsabilidades pela frente, muito mais físicas do que mentais, afinal de contas, sair da cama significa ir atrás dos problemas e enfrentar uma maratona de tarefas repetitivas.

Ficar sozinho com os meus pensamentos sem entreter a mente nessas noites é muito duro, ainda mais depois de tantos anos criando meus enredos durante o dia para visualizá-los no sono. Era muito mais fácil quando eu tinha aqueles sonhos, mas há muito tempo, não há mais nenhum sonho para me iludir, ou melhor, apenas um poderia interessar-me, mas conformei-me, justamente por não ser capaz de criá-lo. A verdade é que todo desejo é sempre triste por natureza.

Acordar cinco da manhã, após sonos tão agitados, incapazes de reparar as forças, torna qualquer rotina uma sina. Despertava de mau humor, me olhava no espelho e via apenas pele e osso por carregar nas costas tanta baixa autoestima. Vivia como uma tartaruga dentro da carapuça, e ao ouvir meu telefone ou a campainha tocar, sentia enorme pavor. Não sei se isso é normal, nem para sujeitos com uma ideia fixa como eu.

O que me resta? As fantasias tolas da minha mente, aquelas que mudaram ao longo do tempo. Antes, usava-as quando eu criava meus sonhos, agora, nem em pensamentos conseguem trazer muito fascínio. A última foi me transformar num homem capaz de resolver todos os grandes problemas do mundo: desde o significado do Universo, passando pelo fim do Aquecimento Global até a resolução do mistério do sumiço repetitivo das canetas Bic. As anteriores? Retrocedendo, consigo me lembrar de ser alguém capaz de ler a mente das mulheres e todas as variações possíveis desse ato, ser um famoso jogador de futebol, e realizando, já adulto, meu desejo juvenil de socar aquele moleque pentelho que sempre roubava a minha bola.

Experimentei todos essas fantasias, uma a uma com enormes requintes de heroísmo e grande verossimilhança. Mas sempre fui brincando comigo mesmo. Conseguiria eu usar minha imaginação para criar sonhos para outra pessoa? Não sei, pois até aquele ponto, minhas tentativas pareciam não ter dado muito resultado: a Júlia não me procurou mais, a Cíntia desapareceu, e o Pedro, conforme mostrarei a seguir, me perguntou se com ele tudo poderia ser diferente de mim.

Mas naquela noite, muito, muito tarde, ouvi gritos vindos da rua; na verdade, foram algumas poucas palavras e muitos palavrões, era o Pedro me chamando no modo típico dos grandes amigos:

– Gabil! Sou eu, seu porra! Acorde, seu viadinho!

Abri os olhos, levantei-me da cama e me espreguicei calmamente, curtindo esticar os braços e o pescoço. Tinha esperança que a demora o convencesse a ir embora. "O que esse cara faz nesse horário, em frente à minha casa? – Fui ao banheiro lavar o rosto e demorei um bom tempo por lá, só então, fui olhar pela janela. Pedro ainda estava à minha espera, de costas para mim, com as mãos no bolso, chutando uma pedra da calçada para a rua.

– E aí, seu cretino! – gritei alto para tentar disfarçar o som de travesseiro da minha voz.

– Fala Gabil! – (Ele me chamava assim, só para me irritar).
– Acordei você, cara? – perguntou Pedro de cabeça erguida e com a mão esticada sobre as sobrancelhas para proteger os olhos da luz do poste da rua e poder me enxergar pela janela do sobrado.

– Não! Eu estava esperando você, manezão! Eu sabia que viria me visitar meia-noite.

– Desculpe cara, mas tive que vir, estou há dois dias sem dormir.

– Peraí, vou abrir para você.

Enquanto descia as escadas, passou pela minha cabeça, finalmente, dividir com ele meu segredo, afinal, se duas pessoas quase estranhas já tinham ciência, meu melhor amigo também poderia saber. Porém, logo mudei de ideia, não por ele ter pisado na bola comigo ou não ser digno de confiança, mas pelo fato de a nossa amizade ter muito mais a ver com as circunstâncias da vida e da natureza dos nossos comportamentos, do que por qualquer afinidade. Além disso, santo de casa não faz milagre. Tive experiências suficientes que me mostraram que nem os amigos, nem os familiares enxergam em nós algo especial.

– Vamos subir pro meu quarto. – disse eu, ao abrir a porta com um tom de voz bem mais amistoso, enquanto estendia a mão e fazia questão de cumprimentá-lo firmemente, para reforçar a impressão de que eu estava desperto.

Ao chegarmos no quarto, Pedro logo começou a falar:

– Gabriel... estou desde sexta pensando no que fazer. – A fisionomia dele alterou-se profundamente, enquanto sentava-se na cadeira na frente do meu computador.

Fiquei em silêncio, aguardando ele decidir dizer o que se passava.

– Agora que finalmente cheguei aqui, não sei como dizer, – apertou os lábios enquanto suas pernas mexiam-se nervosamente. Alguns instantes de silêncio, Pedro pegou sem pedir, ou perceber, o controle remoto da TV, e começou a zapear pelos canais, aparentemente, sem prestar atenção na programação.

Mas quando passou rapidamente por um canal com cenas eróticas, conclui que sua situação não era tão grave a ponto de tirar seu senso de constrangimento.

Tentei puxar assunto para não ter uma longa noite perdida em pensamentos difusos, e sem que ninguém abrisse as aspas do diálogo.

– Pode falar cara, relaxe, lembre-se, já aturei tudo de você, sabe o quanto eu sempre o influenciei. Antes de mim, você só ouvia *músicos* como Bello, Pizzicato Five e Hanson´s.

– Hahahahaha. Até parece ô, sempre fui seu mestre, senhor de todas suas ideias.

– Esqueceu, então, quando fui até o cabeleireiro da sua mãe e tirei você da cadeira, segundos antes de ele alisar os seus cabelos, pelo seu trauma de ser chamado de Caverninha? Depois disso, resolveu raspar tudo, desde a cabeça até, segundo reza a lenda, as pernas, o cóccix e embaixo do braço. Além disso, fui eu quem apresentou sua primeira e única namorada, antes disso, eu não tinha certeza sobre qual era a verdadeira natureza de sua sexualidade.

– Talvez esteja falando de você mesmo. – respondeu sem empolgação.

– Sei, sei. Vou deixar você acreditar nisso, afinal de contas, provar o quanto você é mané torna-se tão impossível quanto tentar lembrar de ter visto alguém desconhecido. – Adorava confundi-lo com questões esdrúxulas, mas ele parecia não prestar atenção.

– Entendi. – sorriu amarelo, certamente sem escutar o que eu havia dito. Então, ele me fitou com um ar singular, como se tivesse pensado algo importante.

– Fiz besteira cara. Não consigo parar de pensar...

– O que você tem afinal? Queria por acaso perder a memória? – perguntei com humor.

– Até que sim, ter todos cuidando de mim, esquecer todas as besteiras feitas...

– Vichi... pelo jeito o negócio é grave, você descobriu que seu namorado é gay?

– Estou mal, cara, sério.

– Não exagere.

– Não é exagero Gabriel, seria ótimo esquecer tudo.

– Acha mesmo? Imagine a seguinte sensação: tente não se lembrar da sua família. – Ele deixou de olhar a tela e fitou-me com atenção. – Pense bem, como disse e você não prestou atenção: basta imaginar alguém desconhecido, consegue lembrar-se desse alguém? Duvido, cara.

– Gabriel, sempre achei você meio bruxo, mas agora, tenho certeza. – fez silêncio, parecendo tomar coragem para prosseguir: – Você quer dar uma volta pra conversar? Preciso respirar um pouco, sabe? – desabafou Pedro desencostando-se levemente da cadeira, demonstrando vontade de se levantar, mas parecia acanhado em tomar essa atitude antes de mim.

– Você precisa mesmo sair? – questionei com voz débil, enquanto me levantava em direção à porta. Queria deixar implícito meu contragosto em atender o seu pedido.

Mesmo já sendo começo de madrugada, ele pareceu não se importar, e acabamos saindo pelas ruas escuras e vazias. De início, trocamos impressões típicas da noite e do tempo. Sentia-me estranho, eu ia e voltava do trabalho de carro e chegava a passar dias sem sair de casa e andar a pé. Uma brisa mais forte me fez reparar na falta de árvores e no tom cinzento e pouco acolhedor da minha vizinhança.

Olhei para a Lua, o que há muito não fazia, e reparei-a erguendo-se levemente sobre as nuvens, emitindo um brilho branco doentio, com uma luz acanhada e pálida. Estava frio e eu me incomodava ao ver meu amigo só de camisa polo e jeans; não conseguia me concentrar ao observá-lo daquela maneira. Isso me fez reparar bem nele, e percebi quanto o tempo havia passado para Pedro, ele agora tinha aparência cansada de um homem. Conversava com ele regularmente por meios de comunicação distintos, mas não o via há uns dois anos. Ele estava com aspecto de um empregado de banco meticuloso, com cabelos ralos e um rosto comum, daqueles difíceis de serem fixados quando não se trata de algum conhecido. Talvez, por isso, inconscientemente, eu tenha lhe perguntado como seria perder a memória, dando-lhe como exemplo imaginar algum estranho. Anos criando sonhos deram a mim, surtos de ideias e de imaginação difíceis de serem explicados.

Ao longo dos anos de amizade, minha impressão era de que ele nunca estava satisfeito com as nossas conversas, qualquer que fosse o conteúdo: o fim do mundo, a temperatura no final de semana, projetos futuros ou meus problemas. Pedro parecia sempre inquieto, com uma expressão indiferente, típica de quem apenas espera sua vez para falar. Definitivamente, ele não era um sujeito com empatia, daqueles que se procurava com prazer para papear, ou na esperança de um bom conselho quando se está com um dilema.

Por muito tempo, ele não foi um amigo dos mais chegados. Acabamos nos aproximando mais pela resistência, ao longo do tempo, não pela afinidade. Penso ser o único sujeito que o procurava com alguma regularidade, assim como ele a mim. Sempre fizemos questão de lembrar um do aniversário do outro, e como o dele era oito meses antes do meu, a iniciativa de manter esse costume e, assim creio, a amizade, sempre coube a mim.

Algumas vezes, me pegava pensando no motivo de ele ter permanecido meu amigo, enquanto outras amizades, tão mais próximas e com tantas afinidades, acabaram sucumbindo, ou com o tempo, ou com as esposas, ou com o excesso de trabalho. Seria exagero dizer que tínhamos apenas um ao outro como amigos, mas, certamente, compartilhávamos de uma relutante fidelidade, mesmo com aquela tácita consciência mútua de que não combinávamos muito.

Durante muito tempo, ele foi um sujeito meio pedante, daqueles que só falavam e se gabavam de como era bom sair com várias mulheres. Sempre tive a firme sensação de, quando ele me procurava naqueles intermináveis e quase monólogos, que a sua vida era previsível e vazia, bem ao contrário do que tentava demonstrar. Amigos debatendo 'assuntos de homens', como futebol, carros, aplicações financeiras, ou como colocar as mulheres 'na linha', sempre me davam sono. Estou longe de ser um feminista, mas o problema dessas 'conversas' é que são previsíveis, entediantes, circulares. Se você já teve uma, saberá o enredo das outras centenas.

Mas isso mudou bastante quando ele começou a namorar. Ao contrário do comum, acabamos nos aproximando mais, talvez, por eu ter lhe apresentado Cristiane, uma grande amiga da Adriana, e assim, passamos a frequentar os mesmos programas, festas e reuniões. Admito, muitas vezes, reparava no modo como Pedro e Cristiane se tratavam, mesmo ao telefone, e percebia o quanto Adriana era fria comigo. O fato de o seu namoro ter durado bem menos em comparação ao meu não serviu de consolo para essa impressão. Ele teve a coragem, que eu demorei a demonstrar, de enfrentar uma separação com quem já não mais dava certo ao lado dele.

No entanto, ele também tinha grandes qualidades: era um sujeito extremamente bem disposto, topava ir ao cinema ou caçar pulgas em cachorros com o mesmo entusiasmo. Não era ligado a bens materiais, dava ou emprestava seus pertences sem realmente se importar, e frequentemente, era o anfitrião dos encontros com os amigos, invariavelmente com muita fartura e bom trato. Além disso, conseguia assombrar a todos com uma imensa capacidade de guardar detalhes de conversas, mesmo que essas tivessem ocorrido muitos e muitos anos atrás, por isso, falar com Pedro exigia sempre um bom exercício de memória. Ele morava sozinho desde os seus dezoito anos de idade, me lembro bem o quanto duvidei do seu sucesso, pois havia saído de casa sem nenhuma ajuda da mãe. Já o pai, ele não via há muitos anos, e pouco comentava a seu respeito. Quando o fazia, era de forma aparentemente natural e sem grandes traumas. Pedro havia conseguido um relativo sucesso como corretor imobiliário, nunca reclamava de falta de dinheiro e sempre viajava para os mais diversos lugares.

– Não vou perder de novo, Gabriel, não vou perder. – disse Pedro com uma certeza que quase atingia a arrogância.

– Não vai perder?

– Você sabe, me desligar, deixar o resto da minha vida sair do comando.

– Não podemos controlar quase nada, por isso está sofrendo assim. – encarei-o modestamente para amenizar minhas palavras.

– Eu vou me dar bem sim! Sabe por quê? Porque já perdi, Gabriel, e eu sei como é. – exclamou como se tivesse decorado uma frase de um livro de autoajuda.

– Vai me dizer o que está ocorrendo? Assim você me deixa preocupado.

– Por que me contou aquela história de perder a memória? – 'respondeu' com uma pergunta.

Pedro dava ares de imensa aflição por algum tipo incomum de terror supersticioso. Não pude ignorar sua melancólica esperança por uma resposta definitiva, seja lá do quê. Fiquei um tempo em silêncio, imaginando uma frase amiga, mas não conseguia imaginar nada naquela altura da fria madrugada.

– Você me conhece cara, não dramatize... perguntei para você pensar algo diferente, não foi nada demais.

– Não é verdade. Você sabe muito bem. Há muito tempo, você esconde algo, você acha que nunca percebi? Todo mundo sempre notou, Gabriel. E agora, você diz para mim algo sobre esquecimento? Eu nem lhe contei o quanto eu queria esquecer, puxa... Não fuja. Fiquei dois dias querendo vir aqui, criando coragem para dizer isso, agora, você não pode mais negar. – disse, inicialmente, com uma voz firme e intimidadora, terminando num tom débil e hesitante.

Nunca o tinha visto dessa forma, jamais ele tinha aberto tanto os seus sentimentos sem que fosse de 'causos contados', ou seja, histórias de sua vida em que eu tinha que tirar o 'molho' de como ele se sentia.

– O que você quer? O que aconteceu afinal? – perguntei agressivo, porém com voz suave, apenas para sair da defensiva.

– Você não vai me dizer nada? – fez uma pausa esperando minha resposta.

– Pedro, eu fiz algo para você? Não estou entendendo.

– Sabe cara, você é totalmente diferente das pessoas normais. Se não quer me falar, tudo bem, mas você precisa me ajudar.

– Falar o quê ? Seu problema é comigo?

– Não..... Mas eu ficaria muito feliz se você me dissesse o que se passa com você, mas quer saber? Não me importo, de verdade. Agora o que eu preciso é da sua ajuda, apenas preciso de ajuda.

– Eu não sou vidente. – ri. – Se acha que sou, enganou-se, você precisa me dizer o que está acontecendo cara.

– Não sei mais nada... – interrompeu a fala abruptamente, como se tomasse coragem para continuar. – Sempre me preocupei mais em ser amado do que fazer o certo. – disse com a voz não mais hesitante do que o olhar. – Apenas quero ter motivos para pensar em outra coisa, conseguir seguir em frente das burradas feitas por mim.

Então, fiz uma cara séria e me dei conta: porteira onde passa um boi, passa uma boiada. Se eu tentei ajudar duas mulheres desconhecidas, não poderia negar isso ao Pedro, parecia que o meu segredo seria escancarado de uma só vez:

– Eu respondi esse tipo de pergunta há pouco tempo e lhe digo: não é algo fácil de se aceitar.

– Como assim *aceitar*? Fale a verdade, por favor. – falou com impaciência para logo depois, abaixar a cabeça como se tivesse dito algo errado – Tudo bem, vou tentar ser direto, porém não tenho a mínima ideia se funciona para outras pessoas; pelo menos até agora não consegui descobrir...

– Descobrir o quê?

– Eu faço um negócio, uma espécie de passatempo, nada de mais... Serve para distrair, sabe?

– Como assim?

– Eu consigo criar sonhos.

– Hahaha, Gabriel, fale sério.

Não respondi, apenas olhei-o fixamente.

– Como assim, criar sonhos?

– Eu sonho... Sonhava... Eu imaginava um sonho e ele acontecia. E talvez, repito, talvez eu consiga fazer isso com você.

– Sério?... Qualquer sonho?

– Teoricamente, pois não sei como funciona na cabeça dos outros, sabia apenas na minha.

– E como você fazia isso?

– Desculpe-me, Pedro, mas eu não queria dar detalhes.

– Hum... Não confia em mim. – afirmou com melancolia.

– Apenas não gosto de falar nisso.

– Não é verdade! – falou com agressividade.

– É. E você deveria respeitar, não é fácil.

– Se você pode criar qualquer sonho, poderia fazer com que esquecesse?

– Talvez. Não sei... Talvez seja só uma distração, talvez você esqueça mesmo, não sei, como disse, posso falar como era comigo. Mas se realmente quiser entrar nessa, acho que seus sonhos nunca serão iguais, nunca mais irão satisfazê-lo.

– Não entendo... é muito confuso... É verdade mesmo o que diz? – fez cara de como eu estivesse querendo impressioná-lo.

– Agora eu lhe pergunto: Por que está duvidando tanto?

– Me desculpe, me desculpe. – colocou a mão em meu ombro direito. – Mas isso é muito louco. – me encarou um tanto atônito.

– É o que posso fazer para ajudá-lo. – Não quis dar maiores detalhes.

Ele me encarou com medo nos olhos, como se soubesse que entraria num terreno desconhecido:

– Mas isso é certo? Como funciona?

– Já disse, não quero falar.

– Puxa, Gabriel, se vai fazer algo comigo, quero saber! Isso é certo?

– Como assim, certo?

– Não sei, ficar me iludindo. – Pedro parecia muito culpado para se preocupar tanto.

– Você sabe o que é *certo*? Eu não conheço o significado dessa palavra. Sabe, odeio relativismo, essa maldita mania de querer agradar a todo mundo sem ter opinião nenhuma. Mas não é disso que estou falando, falo do que acredita e sua cabeça construiu para você. O que eu construir, o sonho, tem muito mais chance de ajudá-lo, porque sou *eu* quem irá fazê-lo, não você. – disse apontando o dedo indicador esquerdo para o meu peito.

– Então, para você funcionou? – perguntou ainda num tom meio perplexo, como se não tivesse coragem de dizer o quanto estava confuso.

Meu peito pesou, suspirei e baixei a cabeça: – Não leve a mal, eu já disse, não queria falar nisso. Pode acreditar, eu não tenho certeza de nada. Na verdade, eu me sinto muito mal falando, nem eu aceito bem. – menti. O que mais me incomodava era imaginar as pessoas sabendo que eu era capaz de fazer qualquer sonho que minha mente alcançasse. Para mim, era como sair nu na rua.

Mas afinal... como você faz isso? Desculpe-me, mas preciso saber. – questionou sem a sombra da determinação de minutos atrás.

– Por que insiste tanto nessa pergunta? – senti que algo o perturbava além do normal. Ele deixou de me encarar, parecendo intimidado. – O que quer esquecer, afinal? O que lhe aconteceu?

– Não sei.... Tudo bem... Não sei direito, mas se eu não disser o que estou pensando, você não poderá me ajudar, não é? – questionou quase como uma criança chorona.

Balancei a cabeça em sinal de aprovação.

– Uma vez, a Cristiane veio conversar comigo, um 'D.R.' clássico, aí pensei, 'lá vem'. Depois de quinze minutos de monólogos existenciais, não tinha acreditado no tom da insatisfação. Ela estava confusa pelo fato de nunca ter me visto chorar. Juro, na hora, achei graça, mas depois de tanto tempo, lembrei dessa conversa e desde sexta-feira, quando tudo aconteceu, essa questão caiu como uma flecha em mim, até fiz xixi em pó de tanto líquido derramado.

– Xixi em pó? Essa foi boa, nunca tinha ouvido. – ri com exagero, só para fazê-lo sentir-se melhor. – Mas homem não faz xixi, dá um mijão! – fiz uma pequena pausa. – Fique tranquilo, vai dar tudo certo. – disse demonstrando extrema segurança para amenizar um pouco seu temor.

– Tomara. – respondeu num tom débil. – Quando sofremos muito, Gabriel, não deixamos a felicidade entrar sem um árduo exame. Me lembro quando você disse que para Deus, diferentemente dos homens, os pecados são todos iguais. Não importa se grandes ou pequenos, o pior é sempre aquele que mata nossa alma e nos deixa perdidos. – parou para pensar. – Mas tem algo que eu agora me questiono: e a alma que matamos com nossos erros?

Ignorei o fato de ele sempre se dizer agnóstico e rebati a sua tamanha paranoia:

– Quem disse que somos capazes de saber o que é uma alma? Ou mesmo matá-la? Isso é uma prepotência enorme, desculpe-me, Pedro!

– Eu vou me lembrar do sonho?

– Provavelmente.

– Mas será... – travou a língua.

– Será o quê? Pode falar.

– Não me leve a mal, Gabriel, eu acredito em você, mas será que não nos esquecemos dos nossos sonhos porque nada no mundo é melhor do que não entendermos como ele se forma para podermos ter aquela sensação de estranhamento? Não é melhor pensarmos que somos levados? Pense, nós quase sempre sonhamos e esquecemos.

– Ou, quando acordamos de um sonho bom do qual nos lembramos, queremos voltar a ele, ou repeti-lo, não é? – retruquei, querendo passar otimismo.

– Tem razão, você deve saber bem o que diz.

– Não, eu já disse não saber ao certo se sei o que faço, Pedro.

– Não importa. Eu quero esquecer.

– Não importa mesmo?

– Não, mesmo! – me olhou decidido.

– Vai me dizer o que mais ocorreu com você? Eu conheço você. Algo o preocupa.

– Tenho receio, Gabil, não sei... Eu não estou pronto, sabe? Eu queria ficar. – respondeu secamente.

– Ficar? Eu deixo você ficar, é meu amigo. – Aquela conversa estava começando a me irritar.

– Não é isso, deixe pra lá.

– Puxa vida. – demonstrei irritação. – Você me criticou por eu não contar meu segredo, do qual ainda acho que você não se deu por convencido, e não quer me dizer o que está o afligindo?

– Dava para perceber o quanto você gostava de criar esses tais sonhos, sei o quanto quer fazer.

– Entendi... Então, agora, sou eu o problema?

– Não! Você é meu amigo, sei disso, quer me ajudar.

– Você está tão curioso ou não sabe lidar com o que fez? Seja lá o que for que tenha feito.

– Eu não fiz nada. – respondeu enigmático. – Eu não vou me arrepender, eu sei disso.

– Qualquer coisa pode piorar, Pedro. Você precisa confiar em mim.

– Não é verdade, você não acredita nisso! Eu conheço você, Gabriel. Realmente, por conhecê-lo tão bem, o que o incomoda não é o meu prejuízo, e sim, o quanto fazer esse sonho o satisfaz.

– Você não sabe o que fala, cara.

– Por que não admite? Você nunca admite nada.

Queria perguntar o motivo da agressividade, mas preferi me calar para não parecer fraco.

– Só não quero ficar doente.

– Doente? Você não vai ficar, confie em mim. Isso não vai lhe fazer mal.

– Será que com esse seu método ou dom, desculpe-me, sei lá... você não chegou a achar que seus pecados possam valer também nos sonhos?

– Como assim?

– Sei lá... você fez algo errado no seu sonho... ou por ter sonhado, e sentiu culpa.

Ele não poderia dizer algo tão cruel. Fiquei extremamente enfezado.

– Desde quando acredita em pecado? – Pedro assustou-se com minha irritação. – Eu repito. – disse com raiva. – Você não sabe o que está dizendo. – Ele realmente não sabia o que estava dizendo.

Pedro silenciou, talvez, por achar que tinha ido longe demais. A culpa da qual me acusou parecia estar dentro dele também. Mesmo podendo estar certo no que havia dito, não sei se ele realmente pensava isso ou havia me julgado com as réguas que tinha de seu próprio íntimo. Porém, estava agora com imensa vontade de convencê-lo a me deixar criar seu sonho, só para, de uma maneira ou outra, fazê-lo pagar pela maneira com a qual ele havia me tratado.

– Tudo bem, Pedro, deixe pra lá. Vou tentar fazer o máximo possível. Vamos voltar para casa, espero que esteja com sono, se não estiver, eu deixo você assistir àquele programa feio no qual fingiu não prestar atenção.

– Que programa?

– Você sabe, não disse que sou bruxo? Errou. Você que é um trouxa, manezão.

A mentira procura sempre imitar a verdade. Não posso dizer se perdi ou não a capacidade de desejar ou fantasiar, mas não tenho direito de qualquer queixa. Se agora eu posso construir qualquer sonho, mesmo não sendo para mim, seria certo querer mais? Uma resposta possível passaria por repetir a frase, mas sem o ponto de interrogação. Para quem pode sentir, ter ou ser qualquer coisa do mundo, talvez, o supremo desafio ou necessidade seja regressar às partes mais sombrias ou egoístas do pensamento. Isso não atesta a fraqueza de ninguém. Talvez, mostre, pelo contrário, a complexidade da natureza humana.

Não invejo o Pedro, finalmente ele não ficará esperando sua hora de falar. Todo passageiro, em qualquer viagem, é o melhor ouvinte em potencial, e o bom sonhador é aquele que quer falar algo que não pode. Todos criadores são cínicos por natureza, ouvem e observam tudo apenas para cultivar uma semente dentro deles. São ouvintes com segundas intenções, pois não se limitam a escutar as palavras, querem, acima de tudo, manipulá-las.

No lugar para onde eu levaria Pedro, no qual penso ter conduzido Júlia e Cíntia, ele não poderia sequer imaginar como tudo poderia ser manipulado por um único indivíduo. Mas, ao acordar, logo nos primeiros olhares lançados para o mundo exterior, ele sentiria um imenso estranhamento, como estar num novo mundo, uma espécie de república confusa, na qual forças rivais guerreavam entre si. Como julgava antes tudo ao seu redor exterior e dissociado da sua existência, passaria a ver cada parte da criação da tal realidade, não mais tão diferente dele mesmo; por isso teria imensa dificuldade de atribuir qualquer sentido; provavelmente, enxergaria tudo com maior devoção. Seus deuses iriam cair. Como a mentira melhor contada é sempre aquela que tem a maior parte possível de verdades na trama, seria difícil para ele saber identificar a tal da 'realidade' com tamanha rapidez novamente.

Invejava Pedro imensamente, pois em meus sonhos próprios, o máximo que poderia fazer era visualizar, ouvir. Já com os outros, tendo-me como guia, podiam sentir, cheirar, degustar, aguçar todos os sentidos, o que deveria criar sonhos muito mais completos.

Dei a ele três Clonazepan para derrubá-lo, tentando imitar a sensação sentida por mim quando sonhava. Eu o coloquei no chão frio. Para os sonhos onde imaginava levá-lo, era importante ter aquela sensação específica. Na minha mão, deixei uma pequena caixa de remédio vazia para usar na hora certa. Após vinte minutos, imagino que Pedro já se via num corpo diferente do seu. Então, converso com ele utilizando a primeira pessoa, com o intuito de ele ter a sensação de ouvir sua própria voz e pensamento, durante o sonho:

"Vejo-me no espelho. Estou bronzeado e com um aspecto de preocupação, mas disfarço com um sorriso largo e luminoso. Meus olhos, não menos brilhantes, fitam fixamente a minúscula caixa azul. Um pensamento vexatório transborda por baixo da minha reluzente careca. Vejo aqueles agentes maravilhosos. Azuis como o céu, azuis como o mar visto ao longe, azuis como a sensação de finalmente estar firme para o meu propósito. A timidez aparece. Há duas pessoas à minha frente e uma atrás na fila do atendimento. Reparei nesta última. Era um homem baixo, grosseiro, irritante e irritadiço. Sua aparência ajustava-se ao comportamento. Cabelos quase pretos, olhos acinzentados e pequenos, um nariz largo e chato, dentes amarelados, talvez de cigarro, talvez pelo excesso de café, provavelmente por ambos. Esticando as mãos pequenas e peludas, com unhas sujas, ele pediu à atendente uma caixinha azul, a mesma que eu tanto necessitava para atiçar meu desejo. O primeiro da fila reclama:
"Por que quem está atrás pede primeiro, moça?" (Nesse instante coloco minha mão sobre a boca do Pedro). *Reparo no sujeito do protesto. Sua aparência se ajustava à sua atitude de confronto: é um garoto forte, bem do estilo 'academia'. Bronzeado de praia, ou artificial, vai saber? Tatuagens maldosas e aparência confiante. Após reclamar e não ser atendido, ele também pede a caixa azul. Enquanto a atendente pega a segunda caixa, reparo ter apenas mais uma na prateleira, e ainda, faltava uma pessoa à minha frente* (abro a mão de Pedro, coloco levemente a caixa

vazia do remédio e a retiro por duas ou três vezes). *Então, noto quem está na minha frente na fila: é Cristiane, minha ex-namorada! Ela não pode saber o que vou pedir! Mas espere um momento: será que ela irá pedir também a caixa azul? Que humilhante, não pode ser!* (aperto o peito de Pedro e, simultaneamente, coloco dois dedos em cima de sua garganta). *Será que ela seria capaz de comprar esse tipo de substância? Ela não namoraria um cara velho, por isso, só pode estar querendo mais desempenho. Que sacana! Bom, chegou a vez de Cristiane ser atendida:*

Alívio! Ela pede uma Dipirona Sódica e vai direto para o caixa, sem sequer me cumprimentar.

Olho para fora, o céu está azul como aquela caixa (ligo o ventilador de teto em baixa velocidade), *o vento bate levemente. A timidez aparece. Encaro a atendente. É uma mulher gorda, de meia idade, com olhar agressivo, moralista, óculos de aros pretos. Ela me encara como se imaginasse: "esse rapaz deve ser igualzinho ao homem grosseiro e ao rapaz tatuado, deverá fazer o mesmo pedido." Quero ir embora, tento tomar coragem e falar. Estou trêmulo. A voz não sai. Não quero dizer a ela o nome do meu salvador, do combustível do meu desejo que, por um breve momento, era sinônimo de minha fraqueza e vergonha* (aperto com força o pescoço do Pedro por alguns segundos). *"Ee...u quero uma caixa......" Inclinando o corpo em direção da caixinha* (digo com voz fraca e envergonhada. Nesse instante, estico o braço e o indicador direito do Pedro com o meu braço esquerdo, e com o direito, levanto sua cabeça levemente).

Alívio! Estou com a caixinha na mão (aumento a velocidade do ventilador e coloco a caixinha vazia em sua mão). *Agora, basta não olhar nos olhos do caixa, abaixando a cabeça. Droga! É uma mulher! Pior, é minha mãe! Minha mãe! E agora?*

E agora? Não posso desistir! (Então falo imitando uma voz feminina agressiva): *"Hum, não quer me encarar, né, Pedro? É bom mesmo! Sessenta reais e vinte centavos* (coloco na mão dele duas notas de dez reais, mas nenhuma moeda). *E agora? Tenho apenas sessenta reais, não tenho os vinte centavos!* (Coloco três cobertores sobre seu corpo, inclusive sobre a cabeça). *"Eu tenho cheque. Posso pagar assim?"*

"Não, Pedro, só quem tem cadastro! Você sempre acha poder tudo." (Tiro a caixa vazia do remédio de sua mão e aperto seu peito). *Preciso voltar pra casa e pegar mais dinheiro, mas ela está lá, esperando-me, nua na minha cama, não posso dizer pela segunda vez: "Isso nunca me aconteceu antes, Juliana Paes".*

Ri bem baixo por um instante, mas mantive minha concentração; preferia me deliciar com essa brincadeira mais tarde. Estava na hora de fazer sonhos para valer. Agora, após mexer com seu tato, seu cérebro, já deveria estar habituado à minha voz como guia e eu não deveria me preocupar tanto com isso. Apenas em alguns momentos-chave, eu deveria reforçar suas sensações manipulando seu corpo. Eu precisava, a partir do conhecimento da cabeça do meu amigo, apenas sugerir coisas, utilizar seus conflitos internos, o resto do serviço, sua própria mente faria.

"Minha silhueta, um tanto quanto anormal, move-se agilmente pelas ruas escuras e silenciosas da noite. Solitária, com passos inaudíveis, como se planasse por nuvens escuras, escondendo-se nas poucas sombras daquele ambiente nebuloso, cinza e perigoso.

Estava nu em pelo, literalmente. Na verdade, em pelos; sou de uma espécie pertencente à família dos ursos. Meus pelos são extremamente negros e pouco uniformes, contrastando com uma pele assaz branca, criando um visual de pouquíssimo sex appeal. Cabelos ondulados, castanhos, traços fortes, nariz grande, na verdade, largo, não tão grande. Ando com um olhar cabisbaixo e pouco confiante, como se esperasse algo. Apesar disso, não estou tímido ou temeroso, apenas concentrado, como se a nudez fosse um protesto. Sigo virando esquina após esquina, nitidamente dando preferência às ruas não povoadas.

"Ei, bonitão." (sussurrei tentando mudar a voz).

Não vou olhar, pode ser um tarado, um louco, ou mesmo algum bofe saído da recém- inaugurada filial da nova boate GLS. Por que eu fui inventar de sair pelado?

"Ei é sério, olhe aqui!"

Olhei, não vi nada, ninguém... Estou assustado, sinto meu coração batendo (massageio algumas vezes seu peito). Olho em direção aos portões das casas. Nada. A voz se repete:

"Aqui embaixo, na garrafa pet, do guaraná."

Me virei pra olhar pra baixo enquanto aquele jingle irritante da propaganda do guaraná começou a tocar em minha cabeça.

Ao encarar a garrafa caída na sarjeta, com o bocal em direção da calçada, vejo sobre sua abertura sem tampa, uma pequena fumaça, onde sobre ela planava um pequeno ser, também esfumaçado, mas com algumas cores levemente distinguíveis: roupa estilo Alladin, azul e vermelha, chapéu azul com detalhes dourados e sobrancelhas grossas. Era a cara daquele gênio do Habib´s. Talvez um pouco mais magro e barbudo.

"Quem é você?"

"Dãaaaaaa! Adivinha! Além de pelado é retardado? Sou um gênio. Gênio!"

"*Legal! Parabéns, tchau!*" *Me virei para ir embora.*

"*Oh! oh! Volta aqui, ursinho carinhoso! Desculpa se o magoei, me deixe falar com você!*"

"*Eu desejo que você emagreça, faça a barba e coma salada, ao invés de esfiha.*"

"*Engraçadinho. Não vou dar a você desejos, eu vou fazer você conseguir o que quiser e também conceder qualquer desejo às pessoas.*"

"*Hum... tô te ouvindo.*"

"Interessou-se agora, não é? Então, basta você levar essa garrafa, encher de guaraná e jogar duas pitadas deste pozinho aqui..."

"*Onde está o pozinho?*"

"*Na sua frente.*"

"*Onde?!! Caramba!*"

"*Ô ursinho tapado! É o pó que está ao lado da garrafa, na sua frente! Não o achou ainda? Este aqui, energúmeno!*"

"*Ah tá... Mas que coisa mais fresca, por que pó?*"

"*Cale-se e ouça: Você deve sair pelas ruas, vestido de mendigo e oferecer o guaraná pra quem estiver disposto a tomar do bocal. Mas você deve tomar antes, de maneira bem nojenta na frente da pessoa, entendeu? Quando você vir alguém de uma classe social mais alta, insista mais que o normal; se ela aceitar humildemente o convite de alguém sujo, emporcalhado, fedido, você lhe concederá os seguintes desejos...*"

"*Para que tanta condição, cara? Quer dar lição de moral, humildade, altruísmo? Que babaca politicamente correto você é!*"

"*Cale a boca e ouça. Quando isso ocorrer, você concederá os seguintes prêmios...*"

"*Não eram desejos?*"

"Mudei de ideia, agora quero chamar de prêmio: muuuuuuito dinheiro, drinks, viagens, mulheres ou homens, isenção de impostos, dinheiro."

"De novo dinheiro?"

"Já falei?"

"Já."

"Ok. Então mude tudo. Dê casarões, fama, talento, inteligência, e o poder de ter o que quiser quando estiver ao lado de um amante ou de uma amante, não do verdadeiro amor."

"Por que não? Por que mudou tudo?"

"Porque eu quis."

"E o que tem a ver ser amante?"

"Você tem algum amor, por acaso?"

"Não. Mas..."

"Se você satisfizer tudo que o tal 'verdadeiro amor' (falei com ironia) *desejar, ele vai cagar em alguma coisa."*

"Faz sentido."

"Bom, topa ou não topa?"

"Vou poder...?"

"Claro."

"Nem termine..."

"Eu sei, o pé, né?"

"Que pé?"

"O na bunda que você levou! Você quer resolver isso? Sei lá... Arranje outra, apague da memória com seus desejos, ou simplesmente namore o saci-pererê pra que ele caia ao te dar um pé na bunda."

"Como você vai resolver?"

"Eu não, peludinho burro! Você vai resolver. Você tem o poder de realizar qualquer sonho, menos ter a solução dos mistérios da vida e da morte."

"*Por que não?*"

"*Porque isso eu não sei. Você por um acaso, sabe?*"

"*Não... Mas só com isso poderei ter a solução pro pé que levei?*"

"*Como assim, só isso? E não me engane, foram pés! Mas eu aviso: ninguém se satisfaz nem com o que mais deseja. Entendeu?*"

"*Não, mas tudo bem. Me dê, então, a roupa de mendigo, o mau cheiro e o visual desagradável.*"

"*Quer um visual desagradável? Como você é otimista, bichinho.*"

"*Falou o galã do kibe.*"

"*Tá, tá, tá, basta você ir atrás de alguns pobres coitados que sua imobiliária desalojou.*"

"*Eu não tenho culpa.*"

"*Eu disse que você tem? Olha, lá tem um, pega dele.*"

"*Mas ele vai aceitar?*"

"*Se você oferecer a sua roupa em troca, o que acha?*"

"*Mas eu estou nu, esqueceu?*"

"*Você é burro pra caralho! Você não está nu, você quer estar nu! Você pode tudo agora, pode ter qualquer coisa que possa imaginar, basta saber imaginar.*"

Aproximei-me do mendigo. Ele tem cheiro de comida estragada e parece não tomar banho há séculos. Ofereci-lhe minha recém-criada roupa, e ele a aceitou de imediato. Reparei que ele tinha as pontas das unhas negras de sujeira e compridas, estava com farelos de pão na barba, mas de perto, era incrível, parecia mais jovem e até, de certa forma, bem apessoado. No entanto, não tinha os dentes da frente. Seria por causa de alguma briga? Sempre achei que pessoas sem dentes tinham motivos de sobra para terem uma enorme frustração. Já pensou não poder comer e sorrir com naturalidade?

Não perdi tempo, logo criei um homem rico aceitando meu guaraná. Não me lembro do rosto dele, não me importa, o que importa é que fiz um homem rico ainda mais rico. Logo vou apagar da minha memória a Cristiane e minha falha com a Juliana na cama. Ah sim, e também aquela maldita ida à farmácia comprar Viagra!

Resolvo, então, mudar de sonho. Finalmente, havia chegado a hora do mais importante. Minhas únicas certezas eram de que eu estava me divertindo muito e que Pedro, pela manhã, estaria muito cansado devido a seus sonhos terem sido muito imaginativos.

"Estou deitado, mas não estou dormindo, meus olhos abertos fitam a escuridão permeada por pequenas luzes piscantes, coisa dos meus olhos, não da luz de Edison. Não consigo me mexer, não consigo falar! (abraço Pedro com força para imobilizá-lo e aperto seu pescoço com mais força que o recomendável).

"O que você precisa, meu filho?" (Disse docemente).

Conheço essa voz. Reconheço o quarto. É o quarto da minha avó, é a cama dela. A voz é do meu pai. Por que ele está aqui?

Sim! Me lembrei, minha mãe e tia cuidaram da minha avó (a mãe do pai dele), *mas aqui, vejo minha tia e meu pai ao invés da mamãe. Não consigo me mexer, estarei doente também? Meu pai apareceu aqui agora? Por quê? Preciso falar com ele* (tapo a sua boca por alguns instantes, depois a solto):

"Eu não conseguiria viver assim, pai. É muito sofrido."

"O pior de tudo é que se vive, Pedro."

"Mas eu tenho medo de dormir, eu não quero morrer."

"A noite é nossa amiga Pedro, a escuridão descansa os olhos; o silêncio, mesmo opressivo, conforta os ouvidos. Prepare-se para o dia, pois enquanto você dorme, o Sol aquece o Atlântico e se aproxima, trazendo com ele as vozes, os conflitos e ruídos da vida. E ao final de cada dia, tenha certeza de que, novamente, o silêncio da noite virá. Nela você estará sozinho. Não é possível que haja alguém ao seu lado, ninguém pode estar... É você e só você enquanto o mundo dorme. Se não dormir acha que não irá morrer? Não feche os olhos com medo de rumar para o desconhecido ou para o esquecimento, feche-os sabendo que isso mostra algo inocente e vulnerável por natureza, pois nesse momento, mais que em nenhum outro, você é humano."

"No amor também é assim." (imito uma voz suave e feminina).

De quem era aquela voz? Eu já a ouvi! Eu já a vi.... Eu a vejo! De repente, o quarto fica feio diante de sua presença, não havia percebido como ele era horrível! Ela me encara com doçura, meu peito pesa, minhas mãos gelam. Quero abraçá-la. Então, ela se adianta e me abraça antes de qualquer decepção. Sinto seus seios em meu peito, meu desejo aumenta, quero beijá-la. Meu coração bate e sinto sua pulsação na garganta. Ela me beija, seus lábios queimam nos meus. O tempo parou... (espero alguns instantes). *Mas sei... logo virá a luz, junto com a manhã."*

"Eu estarei aqui, te esperando com saudades, mas se não agir como homem, não vou esperá-lo mais, Pedro,"

"Então, não estarei sozinho como meu pai disse?"

"Você ainda não entendeu, Pedro?"

"O que você quer?"

"Eu não sei o que eu quero." Me disse olhando nos olhos com uma voz muito meiga. *Abracei-a, não sei por quanto tempo... Abracei.....* (esperei dez segundos)... *Eu a abracei....* (esperei

dez segundos)... *Eu a abracei....* (esperei dez segundos)... *Eu a beijei.... Eu já a conheço. Ela sempre esteve comigo, sempre... porque não a vi antes?*

"Quem é você? Ao seu lado, tudo é tão perfeito"

"Então não se lembra?"

"Não sei, não sei."

"Eu sonho com você, Pedro. Sempre sonhei. E eu não sei por qual razão. Juro. Não falo de uma fantasia qualquer, eu vejo você em meus sonhos, e isto anda ocorrendo com uma estranha frequência. Há anos que não nos vemos, sua voz nem reconheceria, poderia até passar batido se o encontrasse na rua. Nas poucas vezes que nos encontramos, demonstramos de modo sincero, como pouco nos importamos. Mas tudo muda de figura para mim: basta uma noite mais longa de sono ou uma manhã preguiçosa de domingo e lá está você comigo! Andando ao meu lado numa conversa longa, iluminada e gostosa. Daí, apenas ali, eu me lembro da nossa parceria, o quanto tudo para nós era naturalmente desapressado, como buscávamos ser inteligentes e descolados. E sempre há muita luz. Tudo ilumina nosso caminho e seu rosto. Mas num determinado instante, quando mapeio nosso presente e me lembro de dizer o quanto estar com você é especial, o quanto ao seu lado me dou conta que sentia sua falta, o sonho termina.

Sempre. Aquele nunca.

Não é minha culpa sentir isso, não é minha culpa almejar sua companhia... são dos meus sonhos! Eles que atiçam minhas lembranças! Se o seu subconsciente não lhe diz o mesmo, a culpa é dele! Quer saber? A culpa deve ser sua! Talvez você se preocupe demais em ficar com os olhos abertos. Sim, eu sonho com você, admito!

Um sonho que nunca corrige o que na minha vigília sempre falhei. Mas quer saber? Que bom que eu ainda sonho! Que bom que ainda há sonhos que não se realizam.

"Sim, sim, agora eu sei, agora eu entendo. Eu também tinha este sonho. Com você..."

Ao contrário das outras, o seu amor não me desgosta e nem me exaspera. Eu sei que ela estará aqui me esperando com a chegada da noite. Já posso morrer amanhã, porque hoje, meu espírito está aliviado. E se em algum dia, surgir algo ou alguém com personalidade capaz de reduzir meu sofrimento ou meus traumas a uma série de fantasmas comuns, certamente, o motivo será pelo meu caráter menos excitável.

"Quem nunca fez algo errado ou estúpido, apenas para sentir como é errar, Pedro?" (falei com voz mais grossa e decidida).

"Você também, pai?"

"Todos fizeram. Você não é diferente, você não pode desejar ser diferente".

"O que sou? Quem eu sou?"

"Você é o que é, meu filho. Só assim, pode ser amado de verdade".

Puxei o colchão para colocar o Pedro. Então, eu o cobri e assentei sua cabeça sobre um travesseiro. O que virá depois desses sonhos, só Deus poderá dizer, mas torço para que o Pedro nunca mais seja o mesmo.

Assim como disse em seu sonho, o Sol rasgava o oceano e apontaria no horizonte em pouco tempo. Pedro acordaria só muito mais tarde, muito cansado e com muita fome. O meu dia não seria habitado por essa formosa garota sem nome, que somente Pedro sabia como era. O que me esperava era muito sono no trabalho.

★ Capítulo 5 ★

Eu sou diferente

Definitivamente sou um cara diferente. Muitos buscaram na vida um modo de ser especial, não fui uma exceção. Adriana me achava especial numa determinada época, mas logo essa sensação passou. Minha mãe também não via nada excepcional em mim. Não é drama, a gente apenas sabe. Já nos atuais flertes, percebi que as mulheres contentam-se apenas em ter minha companhia para ouvi-las e 'algo mais', nada além disso. Engraçado, se tem algo que aprendi ao longo dos anos, é que a melhor forma de afastar as mulheres que não prestam é tratá-las de maneira especial, elas somem rapidinho. Nem é preciso bancar o canalha.

Tudo bem, isso não importa agora, porque hoje em dia, meus olhos brilham, quase lacrimejam quando ouço que 'sou diferente'. É como receber uma medalha de prata. O primeiro lugar é o 'especial'; o segundo, o 'diferente'; já o terceiro, é um tipo de gente que conheço bem: é aquele capaz de fazer algo importante, mas nunca sabe o que é, e por isso mesmo passa a vida inteira procurando atividades novas ou gente nova para culpar e preencher o tal do 'vazio'. Acha-se tão injustiçado ao não descobrir, ou melhor, não descobrirem por ele, o quanto é 'especial'. Basicamente, nesse grupo encontram-se os narcisistas buscando o 'verdadeiro amor' ou a 'alegria plena', vinte e quatro horas por dia. Devo frisar que nada me deprime mais do que o discurso desses narcisistas bem-intencionados. Eles nada entendem do significado de ser humano, pois renegam nossa maior qualidade: a luta interior contra nós mesmos. Eu mesmo passo dias sem acreditar em ninguém, muito menos em mim mesmo. Ser feliz a todo custo não deixa de ser uma ambição desmesurada, uma doença do ego. Definitivamente, essas pessoas que procuram sorrir e ser feliz a todo custo me dão arrepio.

Mas para onde isso nos leva? Bom, se você já até perdeu o interesse em saber e se contentou com as pistas de quem sou eu, admito não tentar soar imparcial ao traçar minha biografia, por isso nem me aventuro em ser objetivo naquilo que falta fazê-lo entender para onde tantos sonhos me levaram. Mas, preciso deixar pistas nessa história, mesmo que pareçam heterodoxas.

Por exemplo, eu adoro o cheiro da loção que as mulheres colocam pela manhã, mas por alguma razão, não posso vê-las passando. Também não gosto de a 'minha mulher' usar a tal loção da manhã, pois como num encanto que se quebra, não tenho a mesma deleitosa sensação. Não sei dizer se preciso de uma 'aura misteriosa', ou simplesmente, se o cheiro deve 'suavizar com o tempo' para eu me sentir atraído. Bem, as coisas são como são. Mas você deve estar se perguntando: "O que isso tem a ver comigo ou com qualquer outra coisa?" Eu respondo: "Não se apresse".

Lembrar de alguém é muito mais do que puxar sentimentos pela memória ou se ver no meio de nostalgias infindáveis, muitas vezes, embaraçosas de serem descritas. A tal da 'vergonha alheia', sempre oprime a alma sincera e aprendemos a esconder nossas recordações e sensações mais 'bregas'. E quando as lembranças surgem do nada e nos puxam para um passado não escavado? Você já sentiu um aroma agradável e não soube identificar? Um cheiro maravilhoso que, depois de enfeitiçar seus sentidos, o levou a fazer uma longa investigação, e um tanto quanto entorpecido por diferentes sentidos aflorados, chegou finalmente a alguma pessoa em especial?

Eu sou um tanto assim. Os cachorros também devem ser, sem ofensas, pelo contrário. Mesmo sendo cínico, sou do time dos que acham os cachorros, na sua grande maioria, melhores que os homens. Está aí o ponto, os bichinhos têm sensores olfativos e auditivos muito mais desenvolvidos em comparação aos nossos. Ligam-se em demasia com os seus donos, pois ao invés de lembranças permeadas por julgamentos como fazemos, os bichinhos têm sensações aos montes, turbinando seus cérebros a todo instante, anos a fio. Não há amor que não transborde: como você sobreviveria se, de repente, não houvesse o causador desse sentimento no seu cotidiano? E ainda dizem "o amor nos diferencia." Não vou entrar aqui na discussão de animais com mais ou menos olfato, mas, basta dizer que a águia, um animal extremamente visual, é um caçador estupendo, incapaz de amar (e símbolo dos Estados Unidos). Me desculpem, mas não resisti à (má) piada.

Minha mãe sempre comentava com todos (menos com os filhos, não é irônico?), "a maior burrice é ser arrogante, pois ela faz você subestimar as pessoas à sua volta." Nunca soube da razão de ela não me dizer isso diretamente, gostava de imaginar que ela não via essa necessidade. No entanto, quando ela fechou os olhos mostrando-se resignada com a injustiça e o mau 'caratismo' de pessoas próximas em relação a mim, parei de levar essa ou qualquer outra advertência em consideração. O conselho poderia ser até bom, a ponto de muitas vezes voltar à minha cabeça, mas conscientemente, me forçava a medir as situações por outras perspectivas.

Obviamente, isso não significa enterrar meu passado, porque, de uma forma ou de outra, ele nunca morre. Posso fingir esquecê-lo, mas ele continua em meu íntimo. Sei que o meu presente é produto e resumo de todas as épocas anteriores da minha vida. Se eu recorrer à minha alma, posso encontrar e distinguir nela tudo muito bem gravado. Minha forma de agir não pode ser obra exclusiva da vontade, não tenho liberdade para modificá-la a meu bel-prazer.

Seguindo essa linha de raciocínio, se eu me utilizasse do discurso padrão ao traçar a minha biografia, a partir de qual princípio selecionaria os fatos mais relevantes? Algumas questões intricadas sempre foram causa dos meus suspiros: não seríamos levados a ver o que nós somos pelo olhar do outro ou pelas contingências da vida? Não acabamos absorvendo como nos julgam e agindo como tal? Para solucionar essas questões, tentarei ser ortodoxo, dando um resumo pragmático dos meus feitos, algo como no conhecimento mútuo de um casal mais ou menos íntimo.

Mas, a princípio, tentarei ser 'original'. Para isso, utilizei um mapeamento de personalidade. Respondi uma sequência de cinquenta questões. A seguir, uma série de psicólogos ou astrólogos descreveram, com enorme certeza, todas as minhas características, a partir da análise das minhas respostas (eles falam de um jeito tão seguro que até eu acredito). Segure o tédio, prepare-se para um péssimo texto e 'me conheça' em poucas linhas:

Gabriel (começou bem, muito amigável, me chamando pelo nome):

"As pessoas da sua vida são essenciais, especialmente se estiverem com problemas. Você tem um bom coração, contudo sabe como estabelecer e manter seus limites pessoais. Você possui empatia e compaixão, mas também acredita que é melhor as pessoas resolverem seus próprios problemas e aprenderem a cuidar de si mesmas. Portanto, a sua compaixão é consciente. Quando alguém está realmente com problemas, você gosta de colaborar em busca da solução, mas a pessoa também deve fazer a sua parte. Você analisa cuidadosamente o problema e responde de uma forma sensata. Com essa qualidade contemplativa, geralmente, você chegará a uma solução diplomática, justa para os outros e para você também. Já para as pessoas regidas pela compaixão, sua resposta pode parecer fria demais. Para elas, quando a vida está em chamas, é preciso resgate, não colaboração, não é uma questão de justiça, é um incêndio. Afinal de contas, a vida não é um debate onde você procura vencer, e muitas vezes, você age assim.

Por outro lado, você se sente igualmente à vontade tanto com suas antigas ideias e crenças como também com novas maneiras de pensar e acreditar. Você é flexível o suficiente para ouvir algo novo e diferente, contanto que funcione. Nesse sentido, você sabe quem você é: não tem a mente fechada e nem totalmente aberta.

Você não é escravo do plano, e isso é importante; você é comprometido com ele, mas não fica acorrentado. A conexão é mais casual e informal. Você sabe que, algumas vezes, o melhor plano foge do trilho, e quando isso acontece, você limpa tudo e começa novamente, sem impedimentos.

Que combinação interessante de qualidades opostas: organizado e casual, sólido e condescendente, confiável e informal. Você tem muita satisfação em saber que as pessoas o veem como disciplinado e responsável, mas tem algum espírito livre e quando esse espírito o move, você sai seguindo o impulso do momento.

Sem dúvida, você encontrou algumas pessoas que se sentem desconfortáveis em relação a você, porque seus sentimentos estão muito longe da superfície. Elas podem manter uma certa distância, especialmente em torno de qualquer assunto que possa disparar um tópico emocional, consequentemente, ao longo do tempo, elas podem se afastar de você".

Devo admitir, não cumpri o trato e cortei alguns muitos parágrafos de besteira pura. Então, se os breves momentos de 'horóscopo psicológico' ajudaram-no em alguma coisa, guarde-os bem, pois agora começo minha descrição 'ortodoxa':

Sou filho do meio de uma família convencional, daquelas com uma estrutura bem básica: papai, mamãe, garotão mais velho, filho do meio, filha mais nova. Uma enormidade de pequenos detalhes e pormenores infindáveis tornou-me uma criança extremamente solitária, preenchi o vazio da falta de atenção com muitos sonhos, mas não esses que me vi construindo por anos, e sim, aqueles constituídos de desejos e criações imaginativas, tanto nas minhas brincadeiras quanto nos meus pensamentos. Não era de brigar na escola ou em casa; respeitava meus pais na exata proporção em que eles não se respeitavam. Para ser bem sincero, os conflitos matrimoniais foram uma constante no nosso lar; por muito tempo, não sabia existir um modelo de família diferente daquele.

A vida seguiu mais ou menos sem muitas novidades durante minha infância e adolescência. Melhores amigos que vão e não voltam. Primeiros e 'maiores' amores que passam e as obrigações escolares me chateando. Entrei na faculdade com certa facilidade, mesmo passando toda minha vida em colégios públicos, sem os esforços e cursos extras tão alardeados e histericamente desejados pelos pais de amigos e familiares. Devo admitir, sentia ciúmes desses colegas, pois comigo, isso nunca ocorreu. Apenas obtive breves sinais de desaprovação pela carreira escolhida, com um silencioso menosprezo por parte dos meus pais. Davam a entender de que eu não teria capacidade de passar em 'algo melhor' que em Geografia, mas era do que eu realmente gostava. Ouvi algo como preferência por eu ser um juiz federal (passando em primeiro lugar como o filho do fulano), ser presidente da ONU (como o sobrinho do coreano), ou médico (como a afilhada do beltrano); fui seguindo, como sempre, sem acompanhamento.

A vida acadêmica veio com naturalidade de se espantar: não entrei em panelas típicas do pouco democrático aparato da burocracia de esquerda nas faculdades públicas, mas os professores gostavam das minhas intervenções nas aulas e do que eu escrevia, e fui sendo favorecido por motivos que só posso especular. Sempre tive impressão de ser na Universidade uma espécie de prodígio medíocre. O sujeito conhecido, 'amigo' de quase todos, mas que não seguia o manual de instruções do 'intelectual pessimista', aquele 'chato aborrecido', por me julgar por dentro das teorias inteligentes da moda.

Eu era o cara que fazia trabalhos ótimos, tinha ideias legais, mas não chegava a ser dono da faísca necessária para subir ao pódio dos 'especiais'. Ao andar pelo espaço da faculdade, eu tinha a impressão de me considerarem o 'dono do pedaço'. Sempre muito requisitado e com meu nome repetido pelos corredores. Mas sempre fui um 'dono' preocupado, fragilizado e pouco seguro, afinal de contas, o mundo não perdoa os medíocres e essa insegurança me cutucava.

Algo não estava certo dentro de mim, desde criança, trabalhei no período das férias escolares com meu pai, lidando na representação dos mais variados produtos (eu o via sempre correndo atrás do que mais estava vendendo, bem depois dos outros representantes). Conversar com as pessoas e conhecê-las, sempre me satisfez mais do que me trancar no quarto e estudar. Então, tive uma sacada, já que não poderia ser especial, contentar-me-ia sendo 'diferente'. Para isso, tomei uma decisão de alto resultado prático: o negócio era ser lembrado por algo. Como representante de produtos, abracei, como um náufrago a uma boia, a seguinte ideia: observar como um quase antropólogo o que meus clientes desejavam. Em pouco tempo, passei a vender no mercado aqueles produtos muito desejados e que ninguém percebia ou tinha saco para oferecer. Nada muito caro ou que chamasse muita atenção: como por exemplo, juntei diferentes itens de quinquilharias chinesas fofinhas de cor rosa pink e eu os oferecia como 'pacotes'. Montava kits com desenhos de sapinhos para computadores ou juntava diferentes artigos para uma espécie de ambientação 'Pólo Play' para aspirantes a playboys. Espantosamente ganhei muito dinheiro, de maneira tão rápida quanto trabalhosa. Criatividade? Excepcionalidade? Não, pura observação.

E foi a partir do meu meteórico quase sucesso, que senti na pele a veracidade da sabedoria popular do 'pau que bate em Chico bate em Francisco'. Após anos de brigas e desentendimentos familiares, me iludi achando que, além desse pequeno resquício de falha moral, não havia nada a me preocupar em relação à minha prole, algo como uma conclusão avançada de 'briga de marido e mulher ninguém mete a colher'. A única diferença do modo tradicional de ser roubado foi que, ao invés de brigas declaradas e escancaradas ou um simples B.O., todo tipo de trapaça ocorreu a portas fechadas e consciências nada pesadas. Explicando melhor, meu pai e meu irmão trabalhavam no mesmo ramo (eu e meu irmão seguimos os passos de meu pai). Ao observarem meu sucesso, resolveram aproximar-se de mim. Durante algum tempo, fiquei feliz, afinal de contas após anos, largado ao crescimento espontâneo, tinha a companhia de alguém, e, de alguma forma, finalmente, meu pai poderia ver o quanto eu poderia ser bem-sucedido.

Então, fiz a enorme besteira de ignorar meu sexto sentido (erro repetido catastroficamente quando estive com Adriana). Um olhar invejoso daqui, uma pergunta capciosa de lá, e os dois me passaram a perna, não de maneira descarada, obviamente, mas de forma sutil, cínica e covarde, 'para me proteger', 'me ajudar' e tudo mais. Para eu não me prolongar nos detalhes sórdidos e cínicos, pegaram todo meu 'modus operandi' do jeito mais sujo e cínico.

Queixei-me com minha mãe, certamente ela ficaria possessa com tais atitudes. Mas não, ela preferiu ter um 'papo carinhoso' e pregar o amor. "Você deveria perdoá-los e amá-los", afinal, nós deveríamos ser unidos, mesmo fugindo de qualquer senso de justiça e honestidade. Devo admitir, esse roubo não me quebrou financeiramente, nem me fez passar qualquer necessidade, mas certamente, despedaçou o último recinto sagrado que me restava. Definitivamente, significou o fim da ilusão do caráter do ser humano. Percebi, então, que eu vivia entre os 'sujeitos maus' dos quais se ouve tanto falar por aí nas inúmeras 'outras' famílias. Eu agora fazia parte 'deles', eu não era membro de um grupo de paladinos da justiça e bons costumes.

Até hoje, não entendo a condição de segundo plano concedida à família, decorrente da supervalorização dada ao dinheiro, e, como consequência, a gradual perda de qualquer moralidade. E não falo aqui como um ser puro e idealista, feroz inimigo da mais valia; apenas achava que tal fato respeitava determinados terrenos considerados sagrados. O mais duro de tudo foi perceber a imensa covardia de ninguém da minha casa atestar, definitivamente, a cruel verdade: eu teria de me virar sozinho, pois para a maioria de nós, *homo sapiens*, nem nos mais próximos, é recomendável confiar. Mas eu não havia crescido imaginando isso, muito pelo contrário, e tal constatação tornou toda aquela situação ainda mais opressiva e angustiante.

O mais engraçado de tudo, foi ver meu pai e irmão não usarem o que ganharam para comprar novos bens. Nem mesmo um SUV coreano, um vaso de cristal italiano ou uma toalha de algodão egípcio. Daí, percebi a existência de dois tipos de pessoas: os que buscam ostentar de maneira arrogante e depressiva os seus ganhos, e o segundo tipo, não menos mesquinho, aqueles que querem apenas ter dinheiro para admirá-lo, apodrecendo com ele.

Decidi ser 'diferente' – sim, essa bendita palavra novamente. Passei a cultivar o sonho de ter minha própria família, ela teria valores bem diferentes daqueles. Infelizmente para mim, bem nessa época, Adriana entrou na minha vida e, com essa ilusão, fui um alvo fácil.

Mas meu coração não era mais puro e qualquer erro agora seria muito mais doloroso. Não queria mais ver aquelas pessoas. Ninguém no mundo me disse coisas tão cruéis. Ninguém me faltou tanto com o respeito e caráter. Já não era uma criança para esquecer, mas, inicialmente, fui muito infantil por temer a perda de todo aquele conforto, e isso não poderia dar certo, é impossível ser feliz trocando o amor próprio por um pouco de segurança. Logo, percebi o quanto era insustentável toda aquela situação. Há sempre riscos ao tomarmos a decisão de defender nosso espaço. Eu ainda acreditava num sentido para a vida, não queria ser alguém amargo, preocupado apenas em sobreviver. Naquela altura da vida, esses problemas com a minha família desnudaram um medo envergonhado de trilhar um caminho vazio e oco de sentido.

Com imenso temor, saí de casa, comecei a dar aulas, aprendi a cozinhar – muito bem, por sinal – e tratei de planejar a mobília da minha casa. À noite, solitário, sem ter ninguém com quem conversar, descobri o quanto havia herdado vários traços da minha mãe. Além do cabelo ondulado, estatura mediana, olhar e sorriso cínicos, eu me dei conta do quanto falava sozinho (contrariando minha ideia anterior de que falamos sozinhos por enxergar nosso corpo como algo independente da mente). Apenas com um lar silencioso, percebe-se o quanto se 'conversa' consigo mesmo. Na casa dos meus pais, as visitas, cachorros, TV, campainhas habitavam o dia e os ouvidos. Mas, posso revelar, nem sempre 'batia-boca' comigo mesmo. Com toda aquela quietude e solidão, atingi o mérito de criar várias vozes, enredos e histórias. Meus diálogos imaginários também se passavam com 'pessoas reais' com quem ensaiava um discurso futuro ou uma nova chance de dizer algo não dito no momento certo, por pura falta de um bom argumento. Tudo bem até aí, porém, com o aumento do tempo em semi-isolamento, não é difícil imaginar a expansão desse hábito para 'terrenos habitados'. E não foram raras as situações em que fui interrogado em restaurantes, ônibus, na rua ou por alunos: "Você está falando comigo?"

Foi nessa época, que as lembranças do meu sonho de infância, em que me via na praia, começaram a se intensificar. Também, por magia ou maldição, o sonho que iniciava com aquela sensação de alguém transitar bem próximo de mim, passou a se repetir com alguma frequência. Isso começou a me irritar, a ponto de nos breves momentos, ainda na cama, em que me lembrava dele, eu fazia um imenso esforço para ter um sonho diferente. Era um desperdício ter tantas sensações incríveis repetindo-se sempre da mesmíssima forma.

No meu ritual pré-sono, já deitado, sentia muita raiva por ter me calado tantas vezes, ouvido tantas humilhações e tentado ser 'paciente e sábio'. Depois de ensaiar brigas e discursos mentais, minutos antes de finalmente adormecer, sentia-me cansado e deprimido. Dei-me conta como estava preso nessa situação e constatei que durante o sono poderia me sentir livre e ter algum descanso. No entanto, qualquer sensação de alívio acabava com imensa rapidez, pois logo após se entrar em sono profundo, a chegada da manhã parecia levar um instante e, consequentemente, a aflição voltava a rondar meus pensamentos. Precisava de uma saída e como meu prazer só vinha ao dormir, passei a ter uma ideia fixa, quase uma certeza: essa saída viria como naqueles dois sonhos. Desejava imensamente sonhar, então visualizava um momento de alegria e de liberdade. Era quase um desejo juvenil sem sentido. Numa dessas noites, senti uma certeza mental, num instante quase místico em que repetia e clamava para mim mesmo, centenas de vezes, como num mantra ou numa oração desesperada, "eu quero uma saída, eu quero uma saída". Visualizei uma história, montei um 'enredo' e o milagre aconteceu: ele se repetiu (muito melhor, obviamente) em meu sonho, lugar onde nenhum pensamento seria capaz de me fazer deixar de senti-lo:

"Eu seguia por uma quase deserta rua residencial. Estava intrigado, como se várias lembranças de outra existência me acompanhassem naqueles instantes, lembranças que faziam sentido apenas naquele lugar. Tive uma sensação esquisita, olhei para trás e vi estranhas sombras de proporções desiguais me perseguindo. Apressei-me, mas sem me apavorar, logo avistei uma casa com todas as janelas abertas. Estas eram de ladrilhos e bem baixas, a ponto de se ver a mobília da sala de visitas e ouvir todos os sons do ambiente: a TV em alto som, uma mesa de vidro, sofás beges com almofadas verdes. As luzes dos lustres estavam todas acesas, dando até para sentir a presença dos donos. No entanto, não havia ninguém à vista. Deixei de observar a casa e resolvi seguir pela rua, mas ela estava fechada. O importante era a casa, e só por ela eu poderia atravessar para o outro lado da rua.

Então, entrei por aquela janela, acreditando ser fácil alcançar o outro lado, mas cada vez mais tudo ficava difícil e claustrofóbico, com portas trancadas e ambientes escuros. Ouvia vozes curiosas vindo dos cômodos. Para meu alívio, finalmente, consegui chegar ao quintal, porém, a uns dez passos, avistei a grade, toda cerrada com correntes. Olhei para cima e havia tapumes cobrindo todo o quintal. À minha frente, de costas para mim, junto a essa grade, um cão vira-lata com pelo cor caramelo apreciava a rua. Ele não percebeu minha presença, mas impedia-me de chegar ao portão e investigar se haveria algum modo de sair. Então, me veio à lembrança que alguém havia me dito: "ninguém, até o momento, conseguiu entrar naquela casa, e quem

o fizer, poderá orgulhar-se e dividir com todos essa aventura."
Aquele pensamento não me seduziu, muito pelo contrário, reagi
com desdém. Subi pelas paredes laterais e arranquei duas barras
da grade, pintadas de cinza chumbo".

Imediatamente as lembranças cessaram e o sonho acabou, mas tive a nítida sensação de ter conseguido atingir meu objetivo, pois me recordei de todos os detalhes. Agora eu sabia: eu precisava somente imaginá-los, gravá-los em minha mente detalhadamente e repassá-los ao longo do dia, várias e várias vezes. Por algum motivo, ter alcançado tal feito, não me deixou nem um pouco surpreso, apenas um tanto animado.

Enquanto tudo isso ocorria, estava completando minha graduação na faculdade. Por este motivo, eu ainda não podia fazer a prova de admissão, mas já preparava meu projeto de tese para o mestrado sob a atenta orientação de uma professora, chamada Marisa, da qual eu era 'pupilo'. Foi ela quem me sugeriu o tema, e desta forma, eu pude adiantar o meu projeto em tempo recorde.

Certo dia, Marisa me convidou para ir à sua sala da Universidade, a fim de discutirmos alguns pontos do projeto; eu nunca havia estado lá. Por alguma razão, aquele cubículo de três por três passos de área e teto baixo, onde um homem de estatura mediana já deveria se preocupar em resguardar suas memórias, tinha um aspecto deplorável ao se imaginar pertencer a uma intelectual daquele gabarito: a cadeira dos visitantes estava manchada de algo que nem queria imaginar. A luz era de um branco, azulado fraco, tão deprimente, que me fez desejar morrer num hospital. Na mesa de metal de pernas totalmente enferrujadas, amontoavam-se teses e livros cobertos de densa camada de poeira, prova clara de que há muito tempo ninguém os tocava.

Pensativa, Marisa levantou-se abruptamente, enquanto eu examinava o projeto de cortiço. Ela parecia ter vontade de dizer algo grandioso ou ser expansivamente simpática no cumprimento, no entanto, simplesmente me olhou triste, enquanto seu corpo extremamente curvado denunciava carregar imensa culpa:

– Tudo bem professora? – perguntei em voz alta e vibrante, quase cínica.

– Desculpe-me, Gabriel – respondeu quase inaudível. Ela parecia não ser capaz nem de sussurrar.

– Tudo bem? – perguntei novamente num cinismo retórico.

– Não, não estou nada bem.

Constrangido, tive a péssima ideia de ser educado:

– Quer falar alguma coisa? Posso ajudar?

– Não sei... tudo bem. – respondeu hesitante, para logo depois sua voz ressoar alta por aquele cubículo empoeirado. – Vai para o diabo! – exclamou num tom desalentado. – Esses molengas, esses molengas! Não têm sangue nas veias, devem ter sonífero! Basta uma dorzinha e ficam gemendo como uma galinha chocando ovos! – fez um gesto como se fosse bater na mesa, mas logo desistiu.

Fiquei constrangido, mas ao invés de sentir compaixão, um estranho sentimento de força diante daquele desabafo tomou conta de mim. Pensei em questioná-la de forma mais informal, mas quando a encarei, seu olhar cinzento me intimidou e ela continuou seu monólogo, aparentemente alheia à minha presença:

– Antes, eu era partidária da ideia de que cada um deveria ser feliz com seus conceitos, com seus modos, porém sempre,

sempre ouvi um *mas*... Minha eficiência profissional sempre me salvou, mas agora, com todo esse cinismo, não bastou.

Interrogação na minha cabeça. Esperei alguns instantes para ela completar a frase e me esclarecer sobre aquele show, mas daí, pensei: "Marisa deve estar esperando algum sinal da minha maturidade." Na dúvida de qual era esse sinal, resolvi não perguntar nada. Nesse meio tempo, ela deu as costas, andou dois passos e virou-se para sentar-se com um ar altivo, cruzou as mãos e começou a mexer os polegares, em sinal de impaciência. Me despedi com o irônico pensamento: "pior do que flagrar uma sessão de bruxaria onde as mulheres, totalmente nuas, fazem seu ritual, era descobrir que eu as conhecia."

Meia hora e duas rodas de conversa depois, descobri o motivo do constrangedor desabafo: Marisa havia sido investigada pelo sumiço de um professor que logo depois reapareceu. Ela não tinha nada a ver com o ocorrido, mas durante o inquérito, estragos haviam sido feitos à sua reputação, pois na noite do desaparecimento, o professor havia recebido uma ligação anônima obscena, que a polícia descobriu depois ser de autoria da professora Marisa. Mas o bafafá não parou por aí. Na esteira desse escândalo, a quebra do sigilo telefônico da 'safadinha do campus' (como ela fora carinhosamente alcunhada pelas garotas por ela reprovadas), detectou uma série de ligações, propostas e encontros com seres de diferentes idades, profissões, gêneros, religiões e adoradores de magos, vampiros e lobisomens.

Achei tudo aquilo uma imensa perda de tempo, porém mesmo não querendo soar falso liberal, toda boataria me enojou um bocado. Não pude deixar de simpatizar e sentir-me feliz por ela ter 'se aberto' comigo. Passei por duas ou três vezes em frente à sua porta, pensando em prestar solidariedade, ou mesmo, conversar sobre nosso projeto como se nada tivesse acontecido, contudo, isso acabou nunca acontecendo.

Ninguém esboçou qualquer tipo de apoio à professora Marisa; o que se viu foi um lento, silencioso e covarde processo de fritura, cuja causa nunca foi explícita, porém sabia-se o motivo: os tais 'deslizes morais'. Na verdade, do que se tratava aqui era uma briga de cachorros grandes em busca de influência e poder. Ela não poderia ser expulsa ou demitida de seu posto, mas perder prestígio e influência sim, e por lá isso era tudo, pois significavam privilégios, orientandos, procura por cursos e palestras oferecidas pela direção. A senhora Marisa transformou-se numa similar da adúltera da Letra Escarlate.

Com relação aos meus nobres colegas graduandos, havia um mix de descaso, apatia e sarcasmo. Ter ou não ter razão, ser justo ou injusto era o que menos importava, afinal de contas, como definir o que é certo para pessoas tão politizadas e moralmente irretocáveis? O que valia era o chiste, o humor afiado e as frases de efeito. Mas, não valiam piadas bobas ou de 'mau gosto' para se obter riso fácil. O que poderia refletir melhor toda 'sabedoria acadêmica' dos alunos do que ironizar os trabalhos escritos e as aulas de Marisa? Isso era ser 'inteligente', pois por lá ninguém desfrutava de um humor chulo, típica da alienação dos intelectualmente pouco dotados.

Entre os docentes, apenas um famoso professor, conhecido por ter largado as ceroulas na Birmânia durante um congresso da ONU, após um ataque da guerrilha local, pronunciou-se. Com destemor e galhardia, típicos de seus suspensórios e gravata borboleta, demonstrou, com grande desfaçatez em seu discurso de aula final, o tamanho da seriedade que os homens ligados aos assuntos acadêmicos deveriam ter. Lia-se nas entrelinhas que em sua opinião, o trabalho de Marisa ficou manchado por uma vida pessoal não virtuosa. Ele ainda fez questão de apontar o dedo para a classe e alertar: "O mundo é pequeno e para azar de vocês há ótimos fisionomistas. Mirem-se nesse exemplo e saibam, um dia isso pode acontecer com vocês."

Com tudo isso acontecendo, uma semente brotou em minha mente. Faltava apenas o impulso típico dos momentos de alegria e autoconfiança. Não foi bem uma ideia, mas sim, uma visão: se eu poderia estar suscetível aos mais diferentes comentários dentro da Universidade, por que não usar meus contatos e decepcionar os professores? Talvez eu apenas precisasse de uma desculpa, mas decidi me transformar num guru prodígio; um engodo ao tentar ser 'diferente'. Copiando os melhores oradores conhecidos, percebi o quanto poderia ser convincente. Nunca pensei em fazer um julgamento tão frio, consequência daquilo que me tornei, mas estes são os fatos. Criar frases de efeito baseadas em recortes de discursos, somadas a alguma inventividade, simpatia e propaganda, deram resultados retumbantes.

O que fiz, afinal? Juntei quatro ou cinco amigas fiéis e passamos a organizar alguns encontros entre amigos que, em pouco tempo, transformaram-se quase em 'palestras entre acadêmicos'. Pegávamos o assunto do momento, seja Orkut, Twitter, bailes funk, Tropa de Elite, Crepúsculo etc. Mergulhávamos num molho intelectualoide, cheio de citações de autores cultuados, reuníamos pessoas com perfis facilmente identificáveis: aqueles que não eram 'especiais', mas queriam estar informados sobre o assunto 'do momento', inclusive nós; o grupo desconhecido 'do momento' (que era capaz de organizar uma 'primavera do conhecimento estudantil'). Éramos aqueles de quem os futuros intelectuais ouviriam falar e não poderiam passar vergonha por não nos conhecer. Fica mais fácil entender, se eu exemplificar: Quantas vezes você ouviu sobre um determinado cantor que era bom *antes* de ficar famoso? Por acaso, você já ouviu uma notícia sobre alguém que não sabe quem é, um livro não lido, ou sobre um filme ou peça nunca assistida por você, dita de forma tão 'redonda' e descolada por alguém, que fez você se sentir um asno ignorante por não saber do que se tratava? Pois é, foi mais ou menos assim que fizemos nosso nome nessas 'palestras'.

Com alguma divulgação nos pontos acadêmicos corretos, contamos com a insegurança coletiva do baixo clero dos intelectuais e jornalistas. É necessário jeito para se conquistar os membros 'cult' do mundo artístico, intelectual e do jornalismo, afinal de contas, eles são a reserva moral, os arautos e paladinos da justiça alheia. Em pouquíssimo tempo, nosso grupo transformou-se numa meteórica quase celebridade. Não dentro da Universidade, obviamente (quase se conseguia ouvir as piadas prepotentes ressoando por lá). Admito, pensar nisso ainda me diverte. Até cogitei lançar um livro no pior estilo de 'autoajuda intelectual', pensei até em procurar uma editora que também publicava os clássicos da minha estante. Fazer um livro seria o máximo, não colocaríamos nenhum pensamento piegas, apenas utilizaríamos a 'técnica das cinco linhas': a cada cinco linhas um conselho, uma pensata ou uma frase enigmática marcante que se adaptassem a qualquer situação; algo entre a Filosofia Seicho-No-Ie e a do Rambo.

Mas essa atividade tinha hora para acabar; era impossível sobreviver àqueles que tinham conhecimento do monte de besteiras ditas pelo nosso grupo nas 'palestras'; por isso, 'sairmos de moda' era só uma questão de tempo. Devo admitir, não foi tão fácil largar aqueles encontros. O que mais doeu foi largar os amigos, o ambiente e o clima criado à nossa volta. Eu não sou um monstro calculista e insensível; me senti envolvido. Como uma boa Filosofia de botequim tratada como simpósios, tais 'palestras' eram assistidas por um monte de gente se levando a sério, logo percebi o quanto estávamos ficando bons em criar aquelas tramas.

Em um desses últimos 'encontros', um garoto, com um semblante típico de jogador de RPG e leitor de quadrinhos, lançou a discussão de como certas pessoas, em sintonias e ambientes diferentes, podem trilhar pensamentos e sonhos muitas vezes idênticos. Como demos corda, outro sujeito, quase gêmeo ao primeiro, veio em seguida com esta:

– Gabriel, ao olhar o universo vazio, frio, sem vida, qual o sentido de tudo? – Todos começaram a rir.

Por um instante, pensei em fazer uma piada, mas talvez por ele ter se dirigido especificamente a mim, lembrei-me do sonho na praia e dos meus desejos de infância:

"Se a regra do Universo é a falta da vida e a escuridão, podemos nos considerar seres especiais, e com isso, nosso ego diante de Deus aumenta substancialmente. Talvez tenhamos essa consciência e por isso somos tão mimados e fazemos tanta burrada."

Uma ruiva, sempre silenciosa nos nossos encontros (não há como não notar as ruivas com sardas), encorajou-se (por algum motivo, sempre achei que finalmente tenha falado desta forma porque eu havia admitido minha crença em Deus) e veio com uma teoria mais maluca e não menos interessante: "Deve ser por isso que não gosto de baixar meus seriados preferidos na locadora. Preciso vê-los quando estão no ar, na TV, pois eu sei que há mais pessoas pelo mundo acompanhando-os junto comigo."

Incrivelmente, entendi o significado do seu comentário, e como ela se expressava maravilhosamente bem, não me atrevi a interrompê-la:

Ninguém nunca se perguntou por que precisamos de um locutor nas rádios ou da razão de assistirmos na TV algo já visto dezenas de vezes? Ou da razão de querermos ir ao cinema ou a um teatro pegando imensas filas? Temos curiosidade de entrar numa loja quando apinhada de gente e ignoramos outra vazia?" E apressou-se a dar as respostas, antes que alguém tomasse seu momento: "Queremos fazer parte de um grupo, termos companhia e sermos testemunhas de algo. Imaginamo-nos no meio de outros com os mesmos conhecimentos e experiências, por estes motivos, não conseguimos mensurar o que é um Universo vazio, pois não há uma única pessoa que se sinta bem com a palavra solidão: nascemos querendo sempre alguém ao nosso lado.

Então, o *nerd* que iniciou a discussão sentenciou seu fim: "Eu acho que se a vida não é a regra, a realidade também não é a regra, tudo faz parte dos nossos sentidos e como sentimos."

Bingo.

Lembro-me daquele dia e daquelas discussões típicas da Filosofia mais barata, e sinto uma ponta de saudades de uma época em que eu levava a sério tais pensamentos e ilusões.

* Capítulo 6 *

Quase um Homem

Resolvi emagrecer, não por estar gordo ou barrigudo, apenas me achava no limite de uma coisa ou outra. E como comer transformava-se num prazer cada vez maior, deveria me antecipar ao problema. Logo imaginei, se eu perdesse cinco quilos, teria dois para engordar e ainda ficar com um corpinho de alguém de vinte e poucos anos, já que os cabelos – ou a falta deles – insistia em me desmentir. Para compensar todo esforço, comecei a fazer coleção de guloseimas em meu armário. Olhar para elas era mais que um hobby, transformou-se no meu momento de 'merecimento', uma distração um tanto quanto masoquista. Até comprei uma balança portátil chinesa, bem barata, daquelas que, a qualquer momento, pode parar de funcionar. Virei craque em peso. Ao acordar, sabia exatamente quanto tinha perdido durante a noite. Se urinasse muito pela manhã, tinha perdido muito. Se dormisse poucas horas, emagrecia pouco, se dormisse bastante, por volta de meio quilo era queimado. Difícil imaginar algo mais fútil para se pensar.

Eu também comecei a correr. Saia antes do amanhecer, ainda quando o céu estava entre o azul escuro e roxo. Não gostava de parques ou praças, preferia seguir por ruas e avenidas, traçando itinerários que criassem algum tipo de desafio.

102 ❧ O Criador de Sonhos

Engraçado era o embaraço causado em mim ao ver homens e mulheres indo para o trabalho, naquela quase escuridão e imaginava que saíam em jejum para alimentar os outros. O mais intrigante nessas pessoas era a sua mortal indiferença com relação a mim, nunca me encaravam, mesmo cruzando comigo frequentemente, como únicas testemunhas daquelas ruas silenciosas. Por algum motivo, eu me sentia constrangido nesses 'encontros', pois eu parecia um tanto quanto fútil diante desses estranhos.

Num desses dias, acordei disposto e animado para a minha corrida, o que não era tão frequente; mesmo gostando muito de correr, o cansaço do trabalho me fazia com que logo ao acordar já imaginasse a hora de voltar a dormir. Enquanto eu me vestia, liguei a TV para ter algum som como companhia. Passava um filme, daqueles que tinham longos instantes de silêncio. De costas para a TV, cheguei a dar uma ou duas espiadas na tela com uma mistura de curiosidade e irritação por toda aquela quietude. Era um filme típico das madrugadas, algo como um lado B do cinema. Já vestido e alimentado, parei com certo enfado em frente à tela: uma mulher estava num leito de hospital. A frágil voz dublada e a triste trilha sonora com piano eram apropriadas em se tratando de uma moribunda. Ela dizia com num tom bem debilitado: "Agradeço muito a Deus. Duzentos anos atrás uma apendicite teria me matado.

Há cem, a dor deste câncer me consumiria de tal forma que desejaria a morte acima de tudo. Sou muito grata pela época em que nasci." Fiquei intrigado com esse pensamento, era algo muito profundo para os primeiros pensamentos do dia que costumam se resumir geralmente a "devia ter aproveitado mais o final de semana ou que roupa vou usar hoje." Nunca tinha pensado daquela maneira e queria ter conversado com o sujeito que bolou esse pensamento. Interessei-me pelo filme e fazendo um rápido cálculo de tempo, imaginei que se diminuísse um pouco meu percurso de corrida e acelerasse uma ou duas atividades, poderia acompanhar o desfecho da história. Mas o final não surpreendeu, de 'diferente' mesmo apenas o fato de a mulher ter deixado todos os bens e mimos para o filho mais novo, ignorando o interlocutor daquela conversa – sua filha mais velha.

Finalmente fui correr. Como era inverno, as ruas ainda estavam muito escuras e minha respiração podia ser vista a metros de distância. Não gostava de seguir na mesma direção dos carros, tinha receio de algum motorista imprudente, então sempre preferia correr observando-os de frente. Em determinada rua do meu itinerário, isso não foi possível e por precaução, resolvi subir na calçada. Pouco tempo depois, o chão subiu: caí de uma vez, sem nenhuma cerimônia, escorregão ou resistência. Depois de uma confusão mental, da qual não me lembrava de ter sentido antes, vi a chave de casa a trinta graus da minha mão direita. Os óculos a noroeste. Meu tênis direito a cinco horas e, meu radinho de pilha na sarjeta úmida. Demorou um bom tempo para eu entender o acontecido – Levar um tiro ou ser atropelado de sopetão deve ser parecido – Muito depois de ter compreendido o ocorrido, senti um certo pudor: "Alguém teria visto?"

Durante um instante, temi reparar à minha volta. Quando finalmente levantei a cabeça, olhei adiante e vi apenas escuridão; virei para trás e apenas o vento gelado balançava as árvores. No outro lado da rua, havia somente sacos de lixo pretos esperando a coleta. Foi estranho, mas fiquei muito decepcionado;

ninguém testemunhara meu infortúnio. Comecei a gargalhar sozinho, de maneira melancólica e embriagada. Um sentimento veio à tona: precisava mudar de alguma forma aquela situação. Não ter ninguém sequer para rir das desgraças ou contar algo banal é extremamente deprimente. Nos últimos tempos, nem informações para motoristas perdidos pelas ruas do meu bairro eu dava mais, culpa do maldito GPS.

Já no trabalho, passei o dia imaginando quem procurar; Júlia fez com que eu tivesse grande empolgação logo após conhecê-la, mas conforme os dias foram passando e ela não dava notícias, o entusiasmo esfriou. Estava curioso para ter notícias de Pedro e Cíntia, mas nenhum dos dois fez a mínima questão de me dizer como estavam; agiram como se tivéssemos comido coxinha juntos. Não tinha muitos amigos àquela altura da vida. Durante o tempo do meu namoro com a Adriana, todos tinham se casado e a maioria já deveria estar com rebentos para cuidar. Naquele momento, levei a sério uma ideia que vagava na minha cabeça durante anos a fio, tinha vontade de ligar para aquelas duas ou três mulheres que cruzaram minha vida antes do meu namoro com a Adriana para descobrir como elas estavam.

Ao longo do dia, tive momentos de excitação com essa ideia, porém paulatinamente, conforme o final da tarde e o horário planejado das ligações batiam à porta, senti um profundo terror. Imagine, eu ligando para alguém, cinco, seis anos depois da última conversa perguntando: "Ei, como vai? Está namorando?" Seria ridículo e patético. Mas, por alguma razão, topei passar por essa cena, tomei coragem, bolei a desculpa de ter achado uma agenda antiga e fui em frente. As duas primeiras ligações não deram certo. Numa o telefone não existia mais, em outra a moça havia se mudado de casa. Enfim, consegui falar com Nicole; ela contou-me com animação funerária e calor de um pinguim sobre a geladeira que estava casada há quatro anos. Enquanto eu forçava uma constrangedora conversa, tentando sair com alguma dignidade daquela situação, eu ouvia os gritos de brincadeiras infantis de seus dois filhos. Me vi obrigado a fingir total alegria ao saber da existência dos seus rebentos, a ponto de elogiar os seus 'lindos nomes'.

Percebi o quanto estava sendo ridículo, resolvi chutar o orgulho e ligar para Júlia; essa história de procurar sentido e respostas para tudo estava me transformando numa mala. Necessitava deixar a seriedade para as horas em que ela é inevitável: mortes, separações, roubos, etc. É um saco ser aquele que tem respostas sensatas para tudo:

– Alô, é a ridícula?

– Quem é?

– O homem das facas! Eu estou querendo vender minhas Ginsu 2000 para ver se você faz um almoço para alguma pessoa incrivelmente legal. Sabe como é... Quem sabe assim, você fica um pouco mais simpática.

Ela riu e se mostrou receptiva: – Gosto muito de homens que me façam rir, mas talvez, eu abra uma exceção para você e aceite seu convite.

– Até parece! E você, é engraçada, por um acaso?

– Eu sou linda! O palhaço pode ser você, não tem problema.

– Tudo bem, supostamente linda. Me mudei para um apartamento e como não sei até hoje como você me descobriu, talvez você já saiba onde é e possa vir aqui a fim de cozinhar e lavar para mim. Minhas cuecas estão no chão da sala.

– Claro que sei onde é!

– Sabe onde eu moro? Como se nem minha mãe me visitou?

– Ah.... chiu! Vai juntando a roupa! Lá para as dez, eu passo aí. – aceitou o convite sem pestanejar. – É muito tarde para você dorminhoco? Eu iria ligar hoje mesmo.

– Tudo bem. Estarei acordado. Mas já são quase nove horas, você deve correr.

– Eu trabalho pertinho daí, leva pouco tempo.

– Está no trabalho ainda?

– Estou por aí.

– Mesmo assim...

– Calma! Já estou de saída, bruxinho. – me interrompeu.

– Estou calmo, porra! Calmíssimo, porca miséria! – respondi rindo.

– Como você é bobo. – riu com espontaneidade. – Até daqui a pouco. Beijo.

– Adeus.

– Adeus? Que dramático!

– Adeeeeeeus. – gritei num tom cômico.

Descobri mais alguma coisa na Júlia: ela trabalhava por perto. Já era uma informação a mais no enigma que tinha se transformado aquela garota. Quis perguntar sobre a razão de ela querer me ligar, mas preferi me arrumar e ficar bem cheiroso para ter mais chances de não me decepcionar com a resposta. Corri para me aprontar. Uma roupa bonita, não muito elegante para ela não achar que me vesti bem exclusivamente para aquela ocasião. Coloquei perfume, não muito pelo mesmo motivo. Já o cabelo não me dava trabalho algum, há uns maus e sofridos dois anos, não precisava mais penteá-lo, não havia quantidade suficiente para isso. Esses rituais de conquista, sempre me fizeram pensar como deve ser difícil a intimidade, já que nela um casal se vê diariamente, sem qualquer edição.

Dez horas, dez e vinte, quinze para as onze da noite e nada de Júlia aparecer. Olhava a todo instante para o relógio no meu telefone celular. Bem sabendo que, quanto mais queremos, menos o tempo passa, tentei me ocupar com algo, mas sempre com a preocupação de não amassar a minha roupa. A cada quinze minutos, colocava um pouquinho de perfume no lado direito do pescoço, para ela sentir meu cheiro quando nos cumprimentássemos com o tradicional beijinho na bochecha. Também borrifava um pouco na ponta dos dedos, assim quando eu tocasse em seu braço 'despretensiosamente', ela poderia ficar com meu cheiro para se lembrar depois de mim.

Onze horas e nada. Ela teria mesmo meu endereço? Pensei em ligar, mas acabei desistindo. Eu tenho esse péssimo hábito de ter palavra, parece que algum bicho pica a sola do meu pé quando eu não cumpro o combinado. Pontualidade é a maior das minhas qualidades pouco apreciadas. Nunca entendi a razão de ser convidado para uma festa às 19, 20, 23 horas e sempre ser o primeiro a chegar. Os anfitriões passam a me ver com maus olhos: ou acham que eu dou importância demasiada à nossa amizade ou pior, um alguém muito estranho, afinal, horário marcado não é compromisso, é apenas uma indicação vaga, a partir do qual se deve aparecer.

Pouco depois das onze da noite, ela finalmente chegou. Eu havia descido à portaria para pegar as correspondências, numa tentativa de diminuir minha ansiedade, quando a vi. Já estava quase sem esperanças de ela aparecer. Pensei em convidá-la para dar uma volta, em vez de subirmos. Faria melhor para meu equilíbrio hormonal não ter comigo aquela mulher em meu apartamento falando do tal homem das facas:

– Oi, feioso! – Ela estava lindíssima e sorria de orelha a orelha. – Sentiu minha falta, né? – questionou enquanto eu beijava sua bochecha. Diminui a 'velocidade' assim que meu pescoço passou próximo ao seu nariz.

– Claro, mocreia! Principalmente porque você é muito pontual. – disse um pouco de lado para me certificar que sentiria meu cheiro.

– Ah cale a boca, você não está fazendo nada.

– Realmente, não fiz nada hoje.

– Minha presença especial não pode ter horário, sou muito requisitada.

– Sei... Só se for no bar.

– Vamos dar uma volta? – questionei de sopetão.

– Tá frio, seu louco.

– É melhor andarmos por aí, Júlia. – fiz uma pausa. – Sabe quem eu vi, zanzando por essas ruas? – perguntei num tom enigmático, apontando os olhos para o lado de fora.

– Quem? – arregalou os olhos e aproximou o rosto mais perto de mim.

– Não sei. Estou lhe perguntando. – respondi com cinismo.

– Fale sério, quem você viu? – fiquei em dúvida se ela realmente *estava em dúvida*. Explicar a piada acaba com toda a graça.

– Eu disse: estou lhe perguntando, você sabe quem eu vi?

– Ahhhh, tá! – gargalhou de uma forma muito peculiar, com um som meio nasalado, deixando o rosto avermelhado em volta dos olhos e bochechas. – Nunca dá pra saber quando você está falando sério, você brinca com tudo.

– Vamos subir então? Tem razão, é melhor não sairmos agora. Por aqui, as ruas são meio tortuosas e parecidas, ainda mais à noite. Uma vez andei com uma amiga que nem era tão songa monga como você e ela se distraiu e se perdeu de mim. Pior, ela estava sem celular e fiquei perguntando na rua se a tinham visto, dando sua descrição. E com você seria bem pior, já que é uma mulher que não lembra ninguém e não se parece com nada. Já pensou eu achar você chorando, depois de um tempão, de mãos dadas com um policial?

– Cala boca, ô, até parece! Você que é lesado e deve se perder até hoje!

– Meu apartamento é no quarto andar, vamos de escada ou elevador?

– De escada? – fez uma voz estridente.

– Sou extremamente sádico. Gosto de ser gentil com masoquistas.

– Ah... não fale besteiras... Elevador, né? Tá me chamando de gorda?

– Nossa, o que tem a ver? Não é nada disso. Você quer conversar com o porteiro ou vai acreditar no que eu vou lhe contar? – encostei a ponta dos meus dedos levemente no pulso esquerdo dela.

– Ah, lá vem. – disse fazendo uma expressão de dúvida, como se não soubesse ao certo se eu iria brincar ou dizer algo sério.

– Tudo bem, nós subimos de elevador. Você estando comigo, creio que não haverá nenhum problema. – falei num tom calmo e convincente.

Quando o elevador chegou ao térreo, hesitei um pouco como se temesse entrar, inspirei um pouco mais forte que o normal, apenas o suficiente para ela perceber.

– Fala logo o que tem demais nesse elevador. – disse Júlia com sua voz fina, típica de desenho animado.

– Está vendo esta madeira cobrindo o espelho do elevador? Colocaram depois do sumiço de uma pessoa.

– Ah... é mentira, não é? Seu bobo. – questionou já saindo do elevador, ainda no térreo.

– Bobo? Na volta, se você tiver coragem entre nele desacompanhada. Tão logo eu mudei aqui pro prédio, me contaram: 'Nunca entre sozinho no elevador, sempre o use em dupla'. – falei enquanto segurava a porta.

– Mas, o que o espelho tem a ver? – indagou, fingindo não estar muito interessada.

Fiz cara séria para responder:

– Tudo começou com uma senhora daqui do edifício: uma tal de Dona Glória. Um dia, o marido dela fugiu com outra mulher levando a filha deles. Ela enlouqueceu e passava dias em frente à delegacia batendo numa panela com uma colher de pau, gritando para o delegado trazer sua filha de volta. Segundo os moradores mais antigos do prédio, uma hora o manicômio veio buscá-la porque a cada dia ela agia de maneira mais esquisita. Então, o enfermeiro que colocou a camisa de força nela, um sujeito acostumado a lidar com loucos, garantiu que ela sumiu entrando no espelho do elevador. Muitos duvidaram, até o dia em que um garoto desapareceu no elevador também. Ele vivia tocando a campainha do antigo apartamento onde ela morou. Ele até brincava quando via outros moradores ou alguma visita chegando no corredor do andar dela, corria gritando: 'Cuidado com a assombração!' Quem mandou cutucar onça com vara curta. – Fiz uma breve pausa, medindo as reações de Júlia: – Vamos subir de elevador, mesmo assim? Estamos segurando ele aqui há tempos.

– Tudo bem. – depois de pensar um pouco.

Já dentro do elevador, Júlia perguntou de uma forma deliciosamente crédula:

– E nunca mais acharam o menino?

– Bom, não sei se é verdade, mas aí está o mais apavorante, depois de dois dias, o garoto voltou todo sujo de lama, completamente mudo, quase sem memória e aparentando uns três anos mais velho.

Terminei a história exatamente quando chegamos ao meu andar. Indiquei com o braço para que ela saísse à minha frente e enquanto ela levantava seu pé direito para caminhar, chutei levemente a sola do seu sapato. Ela se desequilibrou levemente e virou-se para me olhar.

– Foi você? – perguntou um tanto assustada.

– Fique tranquila! Não foi a Dona Glória!

– Que Dona Glória o quê! Seu bobo.

– Me desculpe, foi de propósito, mas me arrependi. Na verdade, não me arrependi, mas é de praxe se desculpar, né? – caçoei enquanto girava a chave do meu apartamento.

Ao ligar a luz da sala de estar, o rosto de Julia iluminou-se, certamente impressionada com o que viu, também não era para menos: o apartamento estava brilhando e com cheiro de coisa nova. Com uma decoração extremamente aconchegante, sofás de couro marrom, luzes amarelas e paredes pintadas num tom de bege suave, qualquer visitante se sentiria abraçado ao adentrar em tal ambiente. Um ou outro quadro extremamente colorido de inspiração dadaísta, se contrapunha a uma guitarra Fender Stratocaster branca, com braço claro sobre um suporte, dando um tom jovem e descontraído à sala.

– Quer tomar algo? Uma água, um suco, um banho...?

– Essa foi péssima, eu já tinha ouvido.

– De quem?

Ela parecia reparar em especial para um vaso de cristal sobre a mesa, cheio de bombons:

– Você quer... Tirar o olho?

Ela riu como se tivesse tropeçado, pois travou a língua para não responder a minha questão.

Logo depois, Júlia voltou a olhar em volta, sem se preocupar com minha presença ao seu lado:

– Você tem bom gosto, até.

– Vindo de você um elogio?

Fiquei um tanto constrangido com o não disfarçado e minucioso olhar de Júlia e resolvi chamar sua atenção:

– Me diga uma coisa, sua ridícula, qual sua altura? Um e noventa e cinco? – questionei ficando ao lado dela.

– Não, um e setenta e cinco. Você que é um anão e me vê de baixo para cima. – respondeu encarando e me medindo.

– Eu não sou um anão, tenho a mesma altura. É que você é muito larga e forte, por isso dá a impressão de ser maior.

– Vai me chamar de gorda, de novo? Eu tenho cinquenta e oito quilos. – disse com um sorriso nos olhos, parecendo adorar aquele jogo de dizer o contrário do que se pensava.

– Não resista em se assumir! Todo teco-teco tem pneus, no seu caso váaaaarios pneus. – disse olhando para sua barriga. – Além disso, pense comigo: na escala da evolução humana, uma boa parceira pra reprodução era aquela capaz de acumular mais gordura, pois se houvesse uma guerra, má colheita ou falta de caça, ela iria sobreviver por mais tempo. Seus genes são excelentes para criar a prole! Não vê isso? Você já tem um ótimo argumento para chegar num cara e finalmente desencalhar. – Inventei aquilo na hora, mas até que fazia sentido.

– Meus genes me fizeram linda e magra, e você, baixinho e invejoso.

– Mas isso é mérito dos seus pais. Então, não os desperdice tendo filhos com um barangão.

– Eu fiquei gorda quando era criança, sabia? Meu pai detestava.

– Bom, agora use bem sua atual silhueta.

– Seu sonho é encontrar alguém que queira desperdiçar seus genes com você!

– Tem razão, sabia? Certamente posso fazer isso para contornar minha situação.

– Disfarçar, você quis dizer! Deixe-me pensar... Já existe salto alto pra homem, sabia?

– Mas seu eu usar, perderá o seu único trunfo comigo.

– Eu apoiaria você nessa, Gabrielzinho.

– Me deixe lhe perguntar: já passou pela sua cabeça que, talvez, Deus iria fazê-la homem e mudou de ideia no meio do caminho? Olha o tamanho da sua mão, o tamanho do seu ombro, só faltou o pomo de adão! Você não é homem?

– Não vou provar pra você o quanto sou mulher. É seu sonho, não é, tampinha?

– O que é tampinha em mim, é minha barriga perto da sua!

– Nossa, como você é engraçado. – disse engrossando a voz tentando me imitar.

– Você não sabe nem falar, menina! Não tem coordenação motora. Quando tenta respirar e andar ao mesmo tempo, já sente falta de ar! Repita isso: uma mulher original nunca se 'desoriginalizará'.

– Eu não!

– Tem medo! Sua incapaz!

– Uma mulher original, nunca se desorilizanizar.... rá... bobo! Não falo nada! Você treinou isso a vida inteira.

– Não preciso! – fingi irritação.

– Ficou bravinho? O que vai fazer? Pular e acertar meu joelho? Salva-vidas de aquário.

– Fique do meu lado, então. Vai! Vamos ver quem é mais alto! – disse enquanto caminhava para voltar a ficar próximo a ela.

Ficamos lado a lado, ambos claramente esperando uma chance para esticar um pouco mais as pernas ou levantar levemente a cabeça. Ela me censurou primeiro: – Você tá levantando o queixo!

– Seu chifre tá desequilibrando a comparação!

Éramos da mesma altura, seus ombros mais altos e minha cabeça mais comprida. Torci para ela não perceber:

– Você é cabeçudo. – Não adiantou.

– Quem lhe disse isso, Júlia? Você não tem como saber! A menos que..... Era você aquela noite?

– Não estou falando disso! – riu.

– Entendi... Sei... – disse balançando a cabeça positivamente e franzindo os olhos, como se soubesse que ela mentia.

– Ganhei, seu tampinha.

– Já disse, chifres não valem como altura. Vou brigar com aquele seu namorado. – Queria saber se tinha algum homem no caminho.

– Eu não tenho mais namorado. Ficou feliz em saber?

– Não tem *mais*? Como assim? Você chegou a ter? Como conseguiu? Ele não enxergava direito? Era japonês?

Ela me mediu de uma maneira diferente. No primeiro momento, pensei ter cansado da conversa, já que certamente, nunca tinha ouvido que não era uma mulher linda. Logo depois, lembrei da minha última frase, e estranhei seu silêncio.

– Por que ficou quieta? Seu ex-namorado era japonês? Hahaháhahaha! Só assim mesmo!

– Ah, cale a boca! Ele me ama até hoje! – respondeu rindo.

– Ama? Como sabe?

– Tenho certeza! Olhe meu brinco. – Indicando a orelha esquerda.

– E daí?

– É de ouro branco!

– Nossa, como você é arrogante, quer se mostrar!

– Eu não quero nada!

– Mas como sabe que é de verdade?

– Seu invejoso! Quem daria um brinco de ouro branco falso tão pequeno?

– Mas ele enxerga pequeno, esqueceu? Ou pode ser muitíssimo burro.

– Ele enxerga muito bem e me acha linda!

– É burro então.

– Foi um homem de muita sorte, isso sim! Até hoje me liga, implorando pra voltarmos.

– Talvez... Afinal, ou o amor é cego, ou enxerga pequeno... Eu tenho uma curiosidade, baranga: ele já levou você alguma vez para um churrasco, 'pastelada', ou para uma reunião de sushi, com toda a família dele? Daqueles que vão os tios, tias, primos, primas, amigos, cunhados, ou seja, aquelas reuniões com todos os japinhas correndo pra lá e pra cá, dando golpes de caratê?

– Lógico, né. Menos a parte do caratê. Aquela família estava bem mais para o sumo.

– Então, você fez o que as japas costumam realizar com os namorados japas? Aquela famosa história das fitinhas e das palavras de identificação?

– Não... Lá vem besteira. – respondeu franzindo as sobrancelhas.

– Logo no início do namoro, a primeiríssima coisa que as japas fazem com os namorados japinhas é colocar uma fitinha colorida na mão para identificá-lo, principalmente quando precisam chamá-los pelas costas. Além disso, para casos mais graves como essas festas japonesas, visitas ao bairro da Liberdade, idas à pastelaria da feira do bairro, ou convenção de mangá, elas criam senhas e contrassenhas. Exemplo: 'Karateka' contra a senha 'kinochoyo'. Apenas após esses procedimentos, eles se beijam.

– Eu não precisava fazer isso porque ele era um japonês com luzes.

– Sério?

– Claro que não, seu idiota! Mas ele era um japonês lindo!

– Em primeiro lugar, para você, sendo gente já é um avanço. Em segundo lugar, idiota, não! Senhor idiota, para a senhorita! Olha o respeito com os mais velhos. Eu sei muito bem, toda mulher fala: 'Meu namorado é lindo e todas as outras querem ficar com ele', aí, quando vamos ver, são uns puta 'barangões'. O segredo é o seguinte: todos os homens conhecem muito bem vocês, basta fingir que a menina mais linda do mundo está a fim dele, e pronto, vocês já se apaixonam. Vocês mulheres são muito competitivas.

– Como você é machista. Idiota e ponto, por isso está sozinho! – afirmou num tom cômico.

– Então, vamos sair na porrada, ninguém pode considerá-la uma mulher mesmo, na delegacia irão enquadrá-la como um 'traveco'.

– Cale a boca pintor de lombada, eu acabo com você.

– Tudo bem, então vamos ao desafio. As regras são as seguintes, quem morrer primeiro perde.

– Você nunca iria me bater, porque eu sou linda, maravilhosa, inteligente. Basta eu dar uma piscadinha e você vai se desmanchar todinho.

– *Todiiinho*? Que coisa mais flor!

– Você é um tanto delicado, mesmo.

– Eu é que sou um partidão, lindo, inteligente, criativo, humilde e ao contrário de você, não bebo e nem fumo

– Eu também não bebo e nem fumo. Quer dizer, dizem que bebo, pois nunca me lembro! – falou remexendo o corpo, tentando imitar alguém alcoolizado, mas pareceu mais uma dançarina de axé.

– Não fuma, não bebe e fala esse monte de besteira? Tem essa cara de sofrida sem nenhum uso de substâncias proibidas? Nossa, sua vida foi triste, hein?

– Eu sou linda! Mas admito, o povo acha que eu uso drogas...

– O povo acha? Nossa, como esse povo é lerdo! Você só tem amigos iguais a você, então? Com relação a sua suposta beleza, você é muito da arrogante! Mesmo se fosse, destaco bem, *se fosse*, ficaria feia com toda essa sua presunção, sua prepotente, canalha, gatuna, patife, mau-caráter!

– Posso ser tudo isso, mas continuo linda e maravilhosa! – jogou os cabelos com a mão direita e fez pose.

– Muda o disco!

– Mude você.

– Tem razão, sabia? Mas vamos fazer um trato? Se você é tão bonita assim, por que não tem namorado?

– E você tem namorada, seu ridículo?

– Tenho sim, sua 'mocreia'! – menti para ver sua reação.

– Duvido!

– Por que duvida? – encarei-a de modo desafiador com uma vontade imensa de beijá-la. Não poderia haver hora melhor para uma aproximação.

Ela desviou o olhar para mirar o chão. – Por que não namora... Tá na sua cara. – respondeu parecendo ter ficado tímida.

– Eu estou solteiro por opção.

– Opção das mulheres? – questionou olhando para baixo.

– Olha Júlia, devo admitir, um dia até eu poderia aceitar jantar com você. Se eu tivesse de bom humor, dividiria até a conta. Basta me pegar em casa, abrir a porta do carro e pagar a conta. Flores, não precisa dar.

– Nunca eu pagaria para você.

– Adoro essa cara que você faz.

– Que cara? – Num tom meigo e curioso.

– Essa aí. Mas faça outra, faça cara de boba... – Antes de ela pensar na cara que fazia, completei apontando: – Essa mesma! Perfeita cara de trouxa!

– Ah... Você é o maior bocó que já conheci! – Estávamos nos divertindo muito.

– Não! Sou tão perfeito que até minha dentista quer namorar comigo, diz o quanto é impossível existir alguém sem cáries.

– Você está falando de você mesmo? Certeza? Não é de outra pessoa?

– Eu mesmo! Segundo sua descrição, você é linda, maravilhosa, inteligente e solteira. Então, tem chulé ou mau hálito quando beija. – Aproximei-me e a encarei com agudeza.

– Eu não tenho chulé quando beijo.

– Você deixa de ter, quando beija?

– Não, mas ninguém sente, né?

– Nem quando você beijava o japinha descalça?

– Não importa, até meu chulé era perfeito.

– Então, sente-se aqui, perfeita. – Apontei para a cadeira em frente à mesa.

– Para quê? Pra eu ficar do seu tamanho?

– Senta aí e fique quietinha! – gritei escandalosamente, num tom falsamente irritado.

Ela sentou-se de costas para mim, coloquei um lenço em volta de toda sua cabeça, deixando aparente apenas os olhos. Esse lenço era parte de uma fantasia de festa que Adriana havia esquecido comigo antes de nos separarmos.

– Saia assim na rua, arrume um namorado e só na noite de núpcias, quando você finalmente perder sua pureza, permita ao seu noivo tirar. Se ele aceitar namorá-la, apenas pela suposta beleza dos seus olhos, e em nenhum momento, desconfiar que você é um homem, eu vou considerá-la maravilhosa.

– Arranja uma mais difícil! Só vendo meus cílios, eu teria cem candidatos se esmurrando e fazendo duelos. – disse tirando o lenço.

– Você é violenta, né? Já que gosta tanto de histórias diferentes em seus 'sonhos' (disse fazendo aspas com as mãos), me responda sobre a sua preferência, para eu ter algumas ideias: ser socada por alguém até perder todos os dentes para depois ganhar uma indenização milionária do seu algoz e daí, fazer dentes bonitos de porcelana, beeeeeem melhores que os seus, ou socar uma pessoa que merecia muito apanhar e depois ser obrigada a pagar uma indenização milionária para ele fazer uma plástica e ficar mais belo que o Brad Pitt, deixando-lhe na ruína financeira?

– Depende, se a pessoa a bater for você, eu prefiro a segunda opção.

– Você só se diz violenta ou é mesmo na prática? – Esperei qualquer gesto dela para me aproximar um pouco mais.

– Sou só um pouco... – respondeu piscando o olho direito, como se quisesse que eu pensasse alguma besteira.

Aproximei-me mais ainda, deixando de lado qualquer pudor e demonstrando claramente as minhas intenções. Dava para sentir a química entre nós. Peguei na sua mão com atitude: – Sabe por que a maioria das mulheres tem a mão gelada?

– Porque a maioria do sangue está no cérebro, enquanto o de vocês está bem mais pra baixo. – respondeu com extrema malícia nos olhos.

– Não, porque todas vocês têm o sangue muito ruim, tão ruim que nem circula. – Sussurrei a dois dedos de seus lábios. – Duvido que os pernilongos piquem você, eles devem morrer de medo da sua cara.

– Ah, chiu!... – Estendeu o dedo indicador sobre sua boca indicando para eu me calar, mas estávamos tão próximos, que seu dedo ressoou no meu nariz.

– Por que não faz eu me calar de uma vez? – sussurrei.

– Eu não vou fazer nada. – dizia me encarando sem piscar.

– Não sou do tipo que gosta de mulher que não faz nada. Você deve ser toda morta. – disse encostando levemente meus lábios no seu ouvido, enquanto colocava minhas mãos em sua cintura.

Foi um instante, um pequeno suspiro e aquele momento delicioso se perdeu. Eu a senti saindo daquela estação que tínhamos nos conectado. Por dois ou três segundos, ainda discuti mentalmente algumas alternativas, tentando escapar de um final decepcionante, mas não consegui.

Imediatamente uma frustração misturada com raiva tomou conta de mim. Ela se afastava levemente, enquanto minha mão direita escorregava das palmas de sua mão esquerda até a ponta dos seus dedos. Torci para que ela sentisse alguma culpa, causando uma reviravolta, mas isso não ocorreu. Antes de dizer qualquer coisa, ela conseguiu me abater no salto de qualquer ideia:

– Eu me sinto responsável pela minha felicidade. – me calei esperando alguma outra palavra ou explicação. O clima ficou pesado em dois instantes.

– Esqueça isso, Júlia.

– Mas eu sei...

– Não importa.

– Importa sim, Gabriel. Não sei se consigo mais ver tudo como era antes.

– Antes?

– Você sabe... Sou dona do meu nariz, sabe?

– Por ser livre, você acredita ser responsável pela sua felicidade? Quem disse que o mundo é assim? Tem muitas variáveis impossíveis de serem controladas. Você pensa ter errado, então aceite o erro e siga em frente. – repliquei.

– Meu erro custou caro.

– Júlia, você não controla o universo.

– Mas você me entende, não entende? Por alguma razão você quis controlar seus sonhos.

– Como assim?

– Tudo estava em minhas mãos e deixei escapar.

Não sei por que aquela frase me magoou tanto, talvez tenha sido a gota d'água por ela ter ignorado o momento de minutos atrás e voltado aos seus dramas. Uma chama de raiva se acendeu em mim, mas, paradoxalmente, esse sentimento me ajudou a dissimular toda decepção.

– Sabe o que eu acho incrível? Ninguém consegue se prender no presente. É como se o que queremos para o nosso futuro e o que fomos no passado não nos permitissem estar de corpo presente, aqui, neste momento. – tentei jogar a crítica no plural para torná-la mais amena.

– Eu estou certa, não estou?

– Não se trata de estar certo ou errado.

– Você não entende, tenho que deixar tudo para trás.

– Eu entendo muito bem. Eu também luto com meus fantasmas. – O caldo tinha azedado de vez. Decididamente aquela conversa tinha tomado um rumo sem volta. Eu não sabia mais como deixar Júlia à vontade, pois eu também não estava.

– Não sei se é castigo... fui eu quem causou tudo isso comigo mesma. – Júlia baixou o tom de voz, enquanto indicava com o dedo indicador direito seu desejo de se sentar no sofá.

– Desculpe-me, mas achar que Deus, ou o Universo, ou as forças do além resolveram se mirar em seus erros para causar seu sofrimento, dando sentido ao seu infortúnio, não é narcisismo puro?

– Por que seria narcisismo? – questionou com fragilidade.

– Não vou falar nada, Júlia, se quiser depois pense nisso. – respondi com impaciência.

– Eu quero uma redenção, Gabriel. – disse quase se desculpando.

– Mas de que, meu Deus?

– Eu não sou assim, nunca agi desta forma com ninguém, não quero mais pedir, implorar.

– E o que você está implorando, Júlia? – Por algum motivo, aquela frase soou como se flertar comigo fosse uma forma de implorar, o que me deixou ainda mais magoado.

– Você não entende. – Júlia respondeu balançando a cabeça negativamente.

– Depois do que fiz por você, diz que não entendo?

Ela fez um breve silêncio, antes de responder:

– Tem razão. Me desculpe. Eu sempre suspeito de qualquer um que me dê alguma atenção. Não sei se você me compreende... Mas ontem, para você ter uma ideia, fui visitar uma amiga, toquei a campainha e ninguém veio atender. Mas como não ouvi o barulho do toque, só de pensar em ter de bater palmas ou gritar para ser atendida, comecei a tremer. – Júlia falou desviando o olhar, parecendo esforçar-se muito para parecer segura.

– Teve medo de agir, de tomar atitude?

– Acho que sim. – respondeu cabisbaixa.

Percebi como aquela conversa não teria fim, e resolvi entretê-la de outra maneira:

– Você está com sono?

– Não sei. – balançou a cabeça negativamente, enquanto olhava para o chão.

– É uma pergunta simples, pequena.

– Me desculpe. Posso ir ao banheiro? – me indagou de costas para mim, nitidamente com a voz embargada.

– Não precisa ter vergonha, não precisa ter vergonha... Quer ir para o quarto? Vou fazer o possível, desta vez.

– Tudo bem, mas me deixe eu ir ao banheiro antes.

– É a segunda porta do corredor à esquerda, vou pegar uma água para você. Quer natural ou gelada?

– Temperada, por favor. – Temperada não era a expressão que imaginava sair da boca de Júlia, ainda mais naquela ocasião.

Era apenas a segunda vez que a via, mas senti reforçada a impressão causada no primeiro encontro. Júlia tinha uma beleza única. Era daquelas mulheres que quanto mais de perto se olhava, mais beleza se encontrava.

Além de alta, e aparentar ser muito mais, por andar sempre com a cabeça e ombros erguidos, seu olhar tinha uma mistura de mistério e simpatia, como naqueles sonhos mais intrigantes, convidando-nos para decifrá-los. Essa expressão tão marcante, certamente, era causada também pelos seus olhos grandes cheios de luz, mais parecidos com duas imensas janelas. Seu cabelo muito comprido, quase ondulado, quase enrolado, dava a ela um charme único. Mas nada me intrigava mais do que aqueles lábios e sorriso largo... Era uma imensa covardia olhá-los de perto. Para ser sincero, seria muito melhor não tê-la conhecido, pois quando ela sorria, tinha vontade de desviar meu olhar, devido ao imenso receio de alguém notar todo o meu fascínio.

Entrei no quarto e esperei ouvir o som da porta do banheiro se abrindo para chamá-la. Por um instante, tive esperança que naquele ambiente tão pessoal e íntimo poderíamos ficar juntos. Ouvi o grunhido da porta. Que experiência cruel foi vê-la entrando no meu quarto, tirando os sapatos e deitando na minha cama... O cheiro do seu corpo misturado com o dos seus longos cabelos... me senti um miserável.

– Algum desejo? Algo em especial, minha dama?

– Eu quero outro sonho ruim. – cravou com firmeza, sem olhar para mim.

– Por que não diz a palavra certa?

– E qual seria? Por favor?

– Pesadelo... Com o cara das facas? – aquele pedido soava muito estranho.

– Não quero apenas sonhos ruins com o homem das facas. Pode ser também outro tipo... mas eu quero um sonho ruim.

– Mas por que você quer um pesadelo? Por que quer tanto sentir medo?

– Eu que pergunto, Gabriel: por que as pessoas não querem sentir medo?

– Sei lá, Júlia, diga de você, não de todas as pessoas... Eu posso falar por mim. Não gosto de pesadelos, pois não é legal sentir algo que eu não possa enfrentar ou que seja desconhecido.

– Não, a maioria das pessoas procura o medo, mesmo que instintivamente, até paga para senti-lo.

– Não sei se concordo com você, Júlia, mas se você quiser entender esse desejo, tudo bem, posso tentar algo.

– Eu não quero entender nada, me desculpe. Eu só quero ver e sentir.

– Mas eu não sei o que é medo pra você, eu já lhe disse, eu nem sei qual é o meu.

– Sabe sim, Gabriel. Não sei como você ainda não percebeu por que cheguei até você. – falou quase confessando, tocando no assunto mais sensível para mim. Porém, talvez por vê-la tão fragilizada, não fui em frente com a conversa e me silenciei, atitude esta que me traria imenso arrependimento.

Preparei-a com todos os artifícios que imaginei ser necessários para criar os sonhos nos outros, pois comigo o processo era diferente, quase totalmente orgânico, por isso não sei dizer se toda experiência com ela era parecida com a minha. Era a primeira vez que a encontrava após ter criado seu pesadelo tempos atrás. Reencontro similar ainda não tinha ocorrido nem com a Cíntia, nem com o Pedro. Mesmo com minha curiosidade, em nenhum momento toquei no assunto de como tinha sido para ela. Júlia limitou-se a escrever na manhã seguinte, por SMS: – Foi aterrorizante, incrivelmente real."

Não imaginei seu desejo de novamente ter um pesadelo. Se me surpreendi com o primeiro pedido, agora então, estava totalmente intrigado. Tive a noção, se bem me conheço, que nos próximos dias, essa questão iria me consumir. Porém, no momento, eu tinha uma preocupação mais palpável: o que poderia criar para ela? Iria tentar improvisar algo. Dei os três Clonazepan a ela e esperei trinta minutos, observando-a, para meu desespero, deitada em minha cama, cada vez mais sonolenta. Eu estava ao lado, sentado em uma poltrona:

"Eu estou vendo minha antiga amiga Adriana, mas como ela está suja e mal vestida, meu Deus! E ainda está toda suada, vindo para me abraçar. Como vou afastá-la?

"Júlia! Como você está linda!"

Que cheiro horrível, não quero essas mãos podres encostando em mim!

"Segurança, segurança! Onde está você?"

"Afaste-se da dona Júlia, minha senhora!"

"Mas ela é minha amiga!"
"Por favor, minha senhora, afaste-se."
"Júlia, não se lembra de mim, querida?"
Eu quero me afastar, ir embora para minha casa. Minha linda casa, com tudo que sempre quis. Meu closet, meus sapatos... Como são lindos... Minhas bolsas!
(Fiz silêncio por alguns instantes).
Finalmente, cheguei. Quero ir para banheira tomar meu banho de espuma!
"Senhorita, cuidei daquela moça impertinente, ela nunca mais lhe trará problemas."
"Você não pode entrar enquanto estiver no meu banho, saia daqui!"
(Jogo vários cobertores sobre ela, inclusive sobre a cabeça, e coloco meu joelho sobre seu peito). *Estou quente, sentindo-me mal, devo ter aquecido muito a água, minha pressão está abaixando... Meu Deus, preciso pedir ajuda* (coloco a mão sobre sua boca e aperto com certa força seu pescoço), *estou morrendo, estou morrendo... O que verei agora? Como será a morte? Dói muito! Dói! Adriana me perdoe, embora não mereça perdão! Por favor, me perdoe!*
(Acendo um abajur de leitura próximo à sua vista). *Quantas pessoas na minha frente, parece uma fila, está tudo claro, mas tenho medo, serei julgada? Vou me ajoelhar e pedir misericórdia, mas o que eu fiz de tão ruim? Quando eu a atropelei foi um acidente, um acidente! Mas não, não! Não é possível! Com a minha melhor amiga, agora há pouco, não foi!*
"Chegou sua vez, Júlia." (Falei com voz alta e decidida).
"Vamos ver se seu nome está no livro (faço silêncio por alguns segundos). *Não."*

"Mas, por quê?"

"Você sabe o porquê... Perdeu muito tempo com aquele orgulho vil ao se culpar."

(Volto a apertar seu pescoço e coloco minha mão sobre sua boca para soltar depois de cinco segundos): "Mas eu só errei agora!"

"Não. Você não errou só agora. Você matou."

"Eu não matei, foi um acidente! Foi um acidente!"

"Quem você matou foi a si mesma por fingir tanta culpa."

"Mas por quê? Por quê? Vou para o Inferno?"

"Inferno? Você não entende nada. Mas ainda pode ter uma escolha."

"Mas eu não morri?"

"Não sabe que está no lugar onde podem ocorrer todas as coisas?"

"O que posso fazer, então?"

"Você tem três redenções diferentes, precisa escolher uma delas e superar. Caso não consiga, fará as três, sucessivamente, pela eternidade."

Estou com medo, muito medo, as três coisas devem ser terríveis.

"A primeira é ficar sozinha em sua casa, sem poder sair, com aquele que a persegue com as facas. A outra opção é ficar sozinha em seu quarto, onde não haverá nada além de você, uma lâmpada e uma janela, por onde verá tudo que o homem das facas fizer à sua família. A terceira opção é você tornar-se o homem das facas."

"Eu não quero escolher, eu não quero."

Ele não responde, nem olha para mim... Mas ele está certo, não mereço ser levada a sério. O que poderia querer depois do que fiz? "Mas e o que pode acontecer?"

Ele não responde.... Eu necessito saber, não posso mentir aqui, não posso... Eu sei o que eu quero, eu quero o que somente eu posso ser, quero ser o homem das facas! (coloco uma faca de jantar em cada uma de suas mãos). *É verdade, ele pode tudo* (apertei seu queixo com meu dedão direito apoiando a palma da minha outra mão em sua nuca, para ela ficar com o maxilar fechado e tenso).

Não quero ter redenção nenhuma, eu quero minha vida, quero realizar meus sonhos, terminar o que comecei. Não... não posso mentir aqui, eu nem comecei a realizar nada...

"Eu quero as três."

"Se você conseguir enfrentar a primeira, então, verá a segunda, se conseguir enfrentar a segunda, verá a terceira. Se passar pela terceira, você poderá escolher o seu futuro."

"Não poderei voltar à vida?"

"Se você realmente desejar isso, sim, mas você terá medo de voltar."

"Por que eu teria medo de voltar?"

"Antes, você não tinha todas as escolhas do mundo e tinha medo? Por que agora, aqui, com apenas três, seria diferente?"

"Eu não terei medo de voltar."

"Você vive com medo. Esse assunto acaba já, é só transformar-se no homem das facas e pegar quem você quiser".

(Faço silêncio por alguns segundos)

(Aperto suas mãos nas facas e cerro seus dentes, intercalando com apertos fortes em seu peito).

"Eu tenho facas na mão, quero encontrar a mãe da Júlia. Eu ando de um lado para o outro com essas facas absurdamente afiadas, como um peregrino sem fé, enfeitiçado e preso nos limites dessa prisão escura. Eu ouço um som (faço um baixo urro em

seu ouvido), *um som primitivo, eu tenho algo primitivo em mim! É bom! Sinto-me muito bem! Eu quero me olhar no espelho, eu quero me olhar no espelho! Mas não vejo ninguém! Não vejo nada além da Júlia, eu sou ela? Não, ela quis ser eu! Então, que as facas nos unam! Eu não posso matá-la, nem sua mãe, muito menos aquele paizinho. Sou eu que estou morto, tão morto quanto a carcaça de um animal. Devo desconfiar dos meus olhos e dos meus ouvidos. Eles não são somente seus, Júlia, agora são meus! Meus também! Se você pensa estar morta, Júlia, amanhã poderá achar que esteve apenas adormecida. Mas saiba: eu sou o fragmento de voz que perturba seu sono, você ouve apenas pa-lavras sussurradas, de forma desconexa, como se fossem enganos em sua memória, mas elas estão lá, com aquele que estará lhe esperando, quando você adormecer.*

Eu agora vou achar quem eu quero (cerro os dentes dela com força), *vou achar a mãe daquela sujeitinha que atropelei. Eu não tenho culpa.* (Dou um soco em seu queixo, sem muita força). *Ela me bate! Meu queixo não dói, ela é uma fracote!* (Bato novamente, com um pouco mais de força). *Não quero vencê-la, não quero vencê-la, sou forte, posso fazer tudo, então, vou humilhá-la. Ela está de costas, vou acertá-la! Não sei se acertei... Ela se machucou? Não posso olhar, não quero olhar! Vejo só um abismo à minha frente e, me vejo nele, dentro de um buraco no chão. Mas estou me sentindo ótimo com toda essa raiva, sentindo vertigens!* (levanto seu corpo da cama alguns centímetros e a solto no colchão, de uma só vez. Repito o gesto por duas vezes seguidas). *Não devo estar consciente, minha alma mergulhou numa espécie de vácuo, não me lembro de nada, sei que não estou morto, mas como sair daqui, desse imenso labirinto? Eu sou um homem! Por que estranho é ver esses braços, essas facas sujas?* (levanto a faca em sua mão direita até a altura da sua cabeça). *Vi aquela mulher desprezível de novo, ela vai preferir viver na sua insensibilidade, ela agirá assim enquanto me culpar. Espero que ela não desmaie de novo, vou acertá-la novamente, sem ela me ver, mas desta vez, ela não vai mais caçoar de mim... Não, pensando melhor, eu quero que ela veja, entenda, arrependa-se do que fez e sinta extremo horror. Quero que ela se esforce e nunca descubra o lugar onde está, nem se lembre do seu verdadeiro estado. A mãe daquela sujeitinha vai pegar de novo a correntinha dada à cretina da Júlia.*

Pronto! Vai poder me acusar do quê, agora?

Quero ficar aqui para sempre, mas espere: Eu estou num pesadelo? Eu morri? Eu tenho as facas, eu sou um homem, eu persigo, então, por que tenho medo? Preciso me lembrar da última coisa feita antes de vir para cá... Sim, eu mandei ferir a minha amiga. Por que me sinto tão pesado? (deito em cima do seu corpo de bruços). *Mas eu escolhi, eu escolhi ser ele, eu tenho que machucar! Quem é aquela? É minha amiga, vou pegá-la, vou machucá-la, ela não morreu naquela hora, vou pegá-la!* (movo as facas em suas mãos e faço silêncio por alguns instantes).

"Eu a peguei? Meu Deus, eu a peguei! E agora?"

(Falo com uma voz alta e decidida):

"Talvez, Deus não se preocupe tanto em interferir no mundo como você, com sua parca sabedoria, imagina ou deseja. Você sonha com um ser mágico em um mundo encantado. Não toma ciência de que você mesma é um mundo, e é esse mundo que deve ser pensado, e é com seu coração e mente, dois presentes de Deus, que deve cultivar a sabedoria e rejeitar a vaidade. Você magoa e é magoada, com a desculpa de algo sobrepor a moral ou abalar seu merecimento. Isso nada mais é do que uma fuga.

Caso acorde, você não pode desejar apagar estas palavras. O que fez ou pensou aqui não depende da sua percepção, imagem, ou das suas lembranças, mas sim, das suas próprias ações que você julgou ocultas. Aqui você guardou seus erros, está claro? O corpo envelhece e morre, as gerações passam e são substituídas por outras, mas o que deixou aqui permanece forte, vivo e semelhante apenas a si mesmo.

Não se preocupe. Lembre-se como se sentia quando era uma criança. Tudo era novo, novidade, nada estava carregado de mágoas. Você adorou rir agora pouco, por que parou? Por que não sorri mais em suas próprias lembranças? É muito fácil para a maioria das pessoas diminuir e tentar classificar tudo. Por que não considera ter algo especial? Você acaba sempre esquecendo todos à sua volta: novas pessoas querendo lhe conhecer e todos os seus bons momentos do passado. O que é para você essa tal de verdade interior? Essa palavra não tem o menor sentido. Não é nada mais que um consolo, formador de um batalhão imóvel e autocorrosivo de metáforas, que usadas em momentos sensíveis, mostram-se gastas e sem força, como moedas que perdem seu valor, servindo apenas como amuletos inúteis. E é dessa sua verdade interior que surge seu medo.

Antes de ir, lembre-se: esse lugar deve assustá-la sempre, pois não ter medo de encarar a morte, faz de você alguém sem vontade de viver. Agora durma, Júlia. Durma já, para depois acordar".

Cessei com tudo, foi muito difícil arquitetar todo esse 'ritual' de improviso. Decidi dormir sem ter qualquer ideia de como ela iria reagir pelos próximos dias. Mas com certeza, pela manhã, ela acordaria extremamente cansada e pouco disposta. Devo admitir, suspeito do motivo pelo qual ela me procurou desta vez, independentemente de ela ter o estranho desejo por pesadelos. Sei bem como é bom sonhar, isso faz querer mais e mais. Apenas não sei se é pior continuar desejando mais e mais da vida enquanto estiver acordado, como qualquer ser humano normal, ou passar a desejar apenas durante o sono, ignorando tudo e todos ao seu redor. Estou curioso para saber o que iria se passar com ela.

Deixei as duas outras fases do pesadelo, prometidas pelo 'anjo', para depois. Não me via, nesta altura da madrugada, capaz de criar mais nada. Eu estava exausto e certamente ela também. Contrariei seu desejo, afinal, quem ela pensava que era? Eu não iria brincar de bicho papão para ela voltar a me procurar, toda cheia de neuras. Não resisti e terminei com uma pedante lição de moral. Talvez eu tenha agido desta forma pelo incômodo trazido com o seu jeito de me dizer: "Gabriel, não sei como não percebe por que cheguei até você." Tenho muita raiva disso, por que ela não é direta e fica com esses enigmas infantis? Vou acordá-la e perguntar de uma vez por todas!

Eu a cutuco por duas ou três vezes, sem muita determinação e força, talvez, esperando algum pensamento me convencer ou demover da ideia. Ela não acorda. Tenho vontade de gritar, levanto a mão para bater na cama; estou com muita raiva, mesmo assim desisto. Agacho-me na escuridão do quarto, ouvindo o silêncio, fixando meu olhar na pequena faixa de luz que entra por debaixo da fresta da porta. Apoio minha mão direita no carpete, não sei o que pensar. Essa posição logo me cansa e fico em pé.

Ao contrário da última vez quando terminei o sonho do Pedro, sinto-me péssimo, com uma tristeza desencorajadora como se estivesse sendo usado, fazendo tudo para agradar pessoas que não se importam nem em perguntar como estou. Será minha culpa por demonstrar tanta força e autoconfiança? Ou a explicação pode ser mais simples, afinal, tentei levar uma bela mulher ao lugar mais sombrio de sua alma? Não sei, mas sempre nos meus momentos de maior pesar, a mesma dúvida volta a me perseguir: Terei um dia capacidade de voltar a me satisfazer com meus sonhos? Um dia, conseguirei criar o único sonho que sequer pude imaginar? Não sei, mas nas últimas semanas, me dei conta de que meu nó pode ser ainda maior, talvez eu tenha de me contentar em criar sonhos para agradar aos outros.

Não sei, nem quero saber agora, estou exausto. Me fatiguei de pensar nas minhas culpas. Queria o interesse genuíno de alguém por mim. Cansei de esperar pelo arrependimento daqueles que foram tão canalhas comigo. Eu poderia fazê-los mudar, bastava seguir os conselhos da Cíntia e bolar uma maneira de entrar na casa da Adriana e na casa da minha mãe. Amanhã cedo, planejo o que fazer, não vou mais esperar, se há alguém que merece agir assim, esse alguém sou eu.

⋆ Capítulo 7 ⋆

Mais que um pai

Eu acordei com a cabeça pesada, num mau humor terrível. Para piorar ainda mais meu ânimo eminha autoimagem masculina, eu me vi deitado no sofá da sala, pois havia deixado Júlia dormir na minha cama. Pensar se ela iria notar tal demonstração de bondade, soou como esmola.

Não havia mais dúvidas do que eu desejava: queria mesmo 'plantar um sonho' para a Adriana, só não sabia como fazê-lo. O meu temor, nesse instante, não residia em qualquer ordem moral, mas sim, em ser pego, e neste caso, a humilhação seria enorme. Além disso, só de pensar em começar a planejar como agir, sentia náuseas. Talvez fosse melhor eu convencer Cíntia a colocar em prática a proposta feita por ela, no dia em que nos conhecemos: criar um sonho para o seu ex-namorado e daí, eu teria uma ideia de como agir com a Adriana. Se bem me conheço, não sossegaria enquanto não realizasse esse plano.

Em troca da minha ajuda com o ex-namorado, eu poderia pedir à Cíntia para se tornar amiga da Adriana, ganhar a sua confiança, a ponto de em um determinado momento, dormir em sua casa. Pensando bem, não seria tão difícil atingir tal feito, bastaria eu colocá-la a par de seus gostos, hábitos, inseguranças e esquisitices. O maior problema desse meu pedido é que eu poderia perder qualquer respeito ou chance com a Cíntia, afinal, eu precisaria contar algumas das nossas histórias e expor muitas das minhas fraquezas.

Alguns me perguntam do porquê de tanto ódio pela Adriana. Pois é, não tenho vergonha em admiti-lo, ao contrário do que dizem, esse sentimento me salvou. Enquanto eu sentia culpa, não conseguia dormir, comer, pensar; não tinha vida. Com o tempo, deixei a ira crescer e por um bom período, ela foi o alimento, na medida certa, para manter minha subsistência de forma digna. Somente quem nunca teve uma experiência tão dura, como ser verdadeiramente 'sacaneado', pode afirmar que a vingança e o ódio não podem habitar o pensamento servindo de estímulo.

O grande problema é que Cíntia não me ligou, nem me deu notícia alguma. Assim como fiz com a Júlia, saí cedo para trabalhar e deixei uma quase estranha na minha casa. Não fui roubado (talvez, melhor se fosse, ao menos saberia de nada adiantar ajudar os outros). Ela apenas deixou um bilhete pendurado na geladeira com um "Obrigada!" ao lado de um desenho de coração.

Decidi deixar de dramas e ligar para ela. Com apenas um toque, ela já atendeu com uma voz séria. Falei – alô – e incrível, ela já reconheceu minha voz e puxou assunto:

– Gabriel! Tudo bem? Finalmente me ligou! Como você está? – me atendeu com genuíno entusiasmo e simpatia.

– Estou bem, bem... E você? – perguntei meio desanimado, propositadamente.

– Tudo bem, mesmo? Está com uma voz tão triste. – Sua precisão foi incrível.

– Estou na luta, levando como sempre. E você?

– Estou bem, mas você parece desanimadinho.

– Nada, nada.

– Pode me falar. Está precisando de alguma coisa? – Dois tiros na mosca, ela estava demais.

– Não sei... – disse falsamente indeciso.

– Vamos nos ver depois do trabalho, pode ser?

– Claro. Onde? Na praça? – sugeri depois de um breve silêncio, com uma cínica modéstia.

– Não, claro que não! Que tal na minha casa?

– Pode ser. Você mora sozinha?

– Sim, claro. Não se preocupe, não irei apresentá-lo aos meus pais.

– Pensei morar com eles ainda.

– Não, não. Não sou de São Paulo, minha família é de Cianorte, no Paraná.

– Bacana. E o que veio fazer aqui? – questionei para puxar mais assunto e me mostrar interessado.

– Vim por causa do Renato, nós namoramos um tempo a distância e depois eu vim para cá com a intenção de morar com ele. – me desagradou-me profundamente saber do nível de envolvimento entre dois.

– E vocês voltaram?

– Não, não.

– Como foi desde aquele dia, nunca mais conversamos...

– Me desculpe não ter ligado. – me interrompeu. – Não tenho como lhe agradecer, sabia? Mas, morri de vergonha, não sabia o que dizer.... Só acreditei ser verdade o ocorrido quando me vi em sua casa pela manhã.

– Não precisa agradecer. – Naquele instante, fiquei tão lisonjeado e emocionado, a ponto de me sentir dividido entre curtir aquela sensação ou usar aquela gratidão para me vingar.

– Conte-me mais do sonho, Cíntia. – pedi, sem disfarçar a empolgação.

– Eu duvidei até o último minuto, sabia? Depois fiquei pensando: Se eu não o tivesse conhecido naquelas circunstâncias, nunca toparia tal loucura.

– Fico muito feliz.

– Obrigada querido, foi um sonho dos bons. Obrigada, mesmo.

– Dos bons? Fiquei um pouco decepcionado.

– Dos bons.

– Não precisa agradecer, Cíntia.

– Claro que preciso. Agora tenho de entrar no serviço, me desculpe. Me ligue no horário do almoço para combinarmos de jantar lá em casa.

O seu jeito de me tratar me deixou balançado, encantado, de peito mole. Mas, ironicamente, na mesma hora, imaginei a Júlia dormindo na minha cama, deixando um cheiro maravilhoso em meus lençóis. Talvez eu devesse esperar alguma reação dela antes de tentar algo com a Cíntia.

Ela poderia me ligar, ou agradecer. Bem, isso não é garantido, já a Cíntia está me chamando para ir à sua casa, e se ela quisesse apenas me agradecer, não faria tal convite.

O dia passou e logo depois do almoço, qualquer ponta de entusiasmo já havia cessado. O fato de eu ter conhecido a Cíntia logo após uma briga com o homem com quem morava há tão pouco tempo, e talvez, como é bem característico dos longos relacionamentos, pudesse reatar o namoro, fez com que meu otimismo por algum envolvimento com ela fosse substituído pelo desejo de justiça pelo que Adriana havia causado.

Após tanto tempo sem que nada tivesse abatido aquela garota, cheguei à conclusão de que já era chegada minha hora de agir.

Por via das dúvidas, saí apressado do trabalho e fui até minha casa tomar um bom banho para ficar arrumado e perfumado. Cheguei à casa da Cíntia e lá estava ela em sua varanda, esperando-me com um discreto sorriso. Cíntia tinha um jeito fechado, discreto e talvez por isso ainda não me convencera. Possuía um olhar frio, aparentemente insensível, que passava uma estranha impressão de estar julgando todas as minhas atitudes. Seu rosto não demonstrava muita expressão, mas quando começava a falar, manifestava certa delicadeza e meiguice. Eu tive a impressão, logo no nosso primeiro encontro, de que essa doçura era algo forçado, artificial.

Ela morava em um pequeno sobrado; havia uma estreita garagem no nível térreo. Com menos de dois passos, se chegava a uma escada; íngreme e apertada, que levava até a porta de sua casa, por onde já se entrava direto na sala de estar. Desta, via-se outra pequena escada, provavelmente por ela se chegava aos quartos.

Para minha agradável surpresa, ela me abraçou efusivamente, e de uma maneira quase miraculosa, percebi algo genuíno e comovente: havia um espelho na parede na minha frente e outro menor com moldura de madeira, atrás de mim (um pouco maior que um rosto), então eu pude reparar, ela fechava os olhos e mordia os lábios enquanto me abraçava. Essa cena, de imediato, desarmou qualquer antipatia.

Depois de alguns cumprimentos, um breve silêncio se fez; Cíntia começou a falar inesperadamente, como se de repente, tivesse lhe ocorrido uma ideia: – Testei uns temperos diferentes. Estou preparando o jantar para nós. Gosta de macarrão?

– Quem não gosta de macarrão? Mas tem alho? Estou sentindo cheiro de alho frito. – respondi com uma voz afável.

– Você gosta? É para o tempero.

– Claro.

– Pra fazer um macarrão da gema! Queria dar um nome mais chique, mas não me lembrei de nenhum.

– Massa ao 'zuco', talvez?

– Pode ser... – riu discretamente. – Você chegou do trabalho agora e deve estar faminto, não é? Vou me apressar! – Fiquei quieto para não ter de dizer que eu já havia passado em casa. – Fique à vontade aqui na sala, se quiser pode ligar a TV, em meia hora eu termino. – Enquanto ela se dirigia à cozinha, reparei que ainda usava sapatos de salto, o que reforçou uma constatação: eu insistia em ser pontual, quando os outros não estão acostumados com isso. Ela também vestia um conjunto social, típico de alguma trabalhadora de escritório ou algo parecido. Sua bolsa ainda estava sobre a mesinha de canto, e a julgar pelo barulho de panelas e talheres vindos da cozinha, ela deveria ter começado a preparar o jantar havia pouco tempo.

A sala exalava um pouco de tristeza, com móveis de aparência pesada e meio velhos, parecia que eu iria sentir cheiro de mofo a qualquer momento. Do meu lado esquerdo, havia uma porta de madeira pesada levando a um pequenino quintal, não a uma varanda, como havia imaginado quando observei, ainda na rua, Cíntia me aguardando. Uma mesa de vidro baixa, no centro da sala, com dois porta-retratos e flores artificiais, destoavam do ambiente, mas, nem de longe eram agradáveis por si só, apenas não eram tão antigos.

Após alguns instantes em pé, me cansei um pouco daquela investigação e resolvi sentar no sofá, mas como ele era muito fofo, afundei muito além do normal. Naquela posição, avistei uma pequena TV, onde sobre ela, num raque antigo, havia dezenas de livros. Fiquei curioso e voltei a me levantar para examiná-los, afinal, era uma ótima forma de se conhecer uma pessoa. Fiquei impressionado em observar como Cíntia era eclética: desde os clássicos da literatura brasileira e portuguesa até livros de autoajuda e outros do 'topo' dos mais vendidos, segundo o *New York Times*. Além disso, ela parecia se interessar muito por biografias, desde Marylin Monroe até Robert Capa. Fiquei animado, sempre achei que bons leitores também são ótimos ouvintes, pois têm imaginação e muita paciência.

Por sorte, tanta curiosidade me distraiu por uns bons minutos, nem vi o tempo passar. Finalmente, Cíntia me chamou para jantar. Ao entrar na cozinha, uma pequena mesa de madeira pesada e um piso bem gasto, de tom avermelhado, quase marrom, não ajudaram a mudar a impressão de tristeza da casa. Por outro lado, o molho do macarrão estava ótimo, muito bem temperado, bem ao meu gosto. Quis repetir o prato, estava delicioso, mas fiquei acanhado.

Havia um clima um tanto quanto de estranheza e constrangimento da minha parte. Gastei todo jantar trocando elogios e amenidades sobre o molho e o tempo, de resto, o que se ouvia era o barulho dos talheres raspando pratos. A cada garfada, eu passava o papel toalha ao redor da boca, com medo de ficar sujo. Cíntia, por sua vez, agia de forma natural e amável, como se estivesse com alguém conhecido há anos, sua cordialidade e presteza me deixaram incomodado, não estava acostumado a ser tão bem tratado. Porém, o fato de ela parecer ser uma mulher por natureza mais reservada, tornou difícil quebrarmos o gelo.

Saímos da mesa e fomos até a sala, me sentei numa pequena poltrona, enquanto Cíntia se ajeitava no mesmo sofá onde eu havia afundado anteriormente. Como ele era extremamente mole e ela, menor que eu, passei a observá-la de cima para baixo, me causando uma sensação de estranheza, principalmente, por ser visita. Depois de alguns instantes de silêncio, troca de olhares e sorrisos amarelos, Cíntia ergueu sua voz de maneira fraca, levantando os olhos timidamente:

– Você ainda parece desanimado. Não sei o que dizer para se sentir melhor. Só queria lhe agradecer muito por ter estado comigo quando precisei. – riu encabulada, como se estivesse desculpando-se. – Você entendeu, não é? – Fez uma breve pausa para depois dizer num tom mais sério: – Não contarei nada pra ninguém, fique tranquilo.

– Eu sei.

– Por que está preocupado então?

– Deu certo para você? – respondi de forma quase inaudível.

– Claro.

– Mas você me disse que tudo acabou ao acordar.

– Foi um sonho, quando eu acordei, acabou. Não era pra ter sido assim?

– Sim, sim. – Agora estava realmente decepcionado.

– Não leve a mal, eu amei.

– Entendi. Obrigado. – disse de forma seca, para depois de um instante, ir direto ao assunto, motivo pelo qual me levara até lá.

– E você desistiu da sua ideia?

A princípio, ela pareceu não entender a minha questão, pois franziu os olhos e mordeu os lábios, como se tentasse puxar algo da memória. Porém, antes de eu dizer qualquer coisa para ajudá-la nessa tarefa, Cíntia pareceu ter se lembrado:

– Por que a pergunta? – disse com uma fisionomia séria, mas não severa.

– Eu só queria saber. – fitei-a de um modo a demonstrar uma mente vazia de pensamentos.

Ela então se levantou, veio até mim, se ajoelhou e me deu um leve beijo no canto dos lábios, enquanto colocava as duas mãos, uma em cada lado do meu rosto:

– Obrigada.

Fiquei arrepiado, balbuciei algo, quase perdendo o fôlego. Não estava tímido, apenas surpreso, quase enfeitiçado. Imediatamente, minha mente repetiu em câmera lenta toda cena de segundos atrás, da sua caminhada em minha direção. Antes de conseguir organizar qualquer ideia e dizer algo, Cíntia voltou ao sofá e ponderou:

– Não sei se ainda desejo mudar o Renato... Não quero pensar nisso agora... Antes eu imaginava que tudo passava... – interrompeu como se ouvisse as suas próprias palavras, antes de pronunciá-las. – ... Adoraria se diluir em tristezas menores, e com o tempo, estas ficariam como agendas velhas esquecidas nos cantos da casa... Mas... mudou, sabe? Pra... Não era assim, não passava, Gabriel! Comecei a temer o dia em que meus demônios iriam acabar com tudo que eu construí. Mas naquele dia... no sonho também, puxa... eu... não sei, eu... planei sobre os meus sentimentos, como um espírito, acima dessas dúvidas. E aquela voz incessante: – Vale a pena chorar se nós passamos tão rápido? – Ressoa ainda dentro de mim, chego a sentir minhas pernas fraquejarem, só de me lembrar, fico arrepiada. – Instintivamente olhei para seu braço, tentando me certificar se era verdade ou uma força de expressão. – Sinceramente, Gabriel, tenho medo de esse meu desejo voltar, não queria revirar o passado, sabe? Mas eu sinto o tamanho do bem que fez estando ao meu lado quando mais precisei.

– Foi importante mesmo pra você?

– Como não sabe? Você fez de tudo pra eu me sentir melhor.

– Fico feliz, de verdade. – Não esperava ser mais capaz de ficar tão tocado, como naquele momento.

– Mas...

– Mas? – Ela ficou quieta, como se desistisse do que iria dizer. – O sonho foi ou não importante pra você, querida?

– Por que a pergunta? – fez uma pausa: – Sim, mas, foi apen... – travou a língua – ... um sonho bom.

– Entendi. – estava confuso.

– Mesmo? Estou preocupada, é a segunda vez que me pergunta sobre isso, como deveria ter sido?

– Não sei... sinceramente, não tenho ideia. Mas fico feliz por você.

– Você tem uma alegria meio melancólica, sabia? Se bem que... me desculpe... Me desculpe por lhe ter feito aquele pedido. Vivi quase dois anos com o Renato, eu precisava da ajuda de alguém para arrancar aquela mágoa de mim... Espero que entenda.

– Entendo. Como entendo... – balancei a cabeça positivamente e desviei o olhar, querendo que ela ficasse curiosa com minha resposta. – E daí, então você não pensa mais em fazer sua justiça? Não serei mais requisitado nesta missão?

– Não... não sei... sempre há algo ou alguém melhor à minha volta. – fez um breve silêncio, e como se quisesse amenizar sua declaração de interesse por mim, desconversou: – Mas eu queria saber então, por que você sabe? – riu timidamente.

– Me desculpe, Cíntia, eu não entendi, porque eu sei o quê?

– Você pareceu entender a minha necessidade de esquecer algo.

Fiz uma pausa, para dar um ar de mistério:

– Tem certeza de que quer saber? É um assunto chato, além disso, não sei se todo mundo compreende.

– Acho que você quer falar nisso, também nada é por acaso, sabia? Tenho certeza de que algo nos trouxe até aqui.

– Me desculpe, mas eu não acredito em destino, acho bobagem.

– Eu também não, mas eu acredito que duas pessoas possam ser atraídas de algum modo para se ajudarem.

Para mim, soava igual.

– Isso, talvez. – reparei Cíntia me fitando de forma diferente, como se estivesse me medindo com maior atenção. – Seus livros te ajudaram a pensar assim?

– Sim, não... Eles são um passatempo.

– Tem razão, no final das contas, é isso mesmo. – comentei num tom sereno, enquanto pensava em algo melhor para dizer.

– Me desculpe por ser chata, mas eu insisto, pode se abrir, anjo. Pode confiar em mim.

– Fingir, não é?

– Hã? – Cíntia franziu a testa.

– O que faz você achar ser um passatempo? Desenhar algo em sua mente usando uma dose de imaginação?

– Você fala dos livros?

– Não só...

– Do que mais, então?

– Quando sonha, por exemplo.

– Não posso negar para você, Gabriel, não fico pensando muito.

Eu a interrompi:

– Mas para mim, o sonho sempre foi como uma obsessão, sempre criei detalhes no limite da minha imaginação. Quando sonhamos, tudo parece vir de surpresa, quase como uma dádiva, mas para mim, não é mais assim, nunca mais será... Com o tempo, minha meta era criar tudo, e minha imaginação necessitou da busca de algumas experiências, sabe? Mas sempre houve um certo sonho.... nunca consegui criá-lo, pois nunca consegui imaginar como seria. Por causa dele, nenhum outro teve mais o mesmo efeito em mim, perdi o desejo, a capacidade, nem sonho mais... Foi ótimo reviver parte disso com você.

– Não sei se eu consigo entendê-lo, mas do que se trata esse sonho?

– Não queria falar, é chato! – parei para tomar coragem: – Na verdade, queria detalhes do motivo do seu ódio do seu ex.

– Nunca foi ódio. Agora então... Eu me sinto mais completa depois de tudo, Gabriel.

Não entendi o que "de tudo" significava, mas imaginei estar diante de uma mulher madura. Levantei os ombros e comecei a falar com voz firme, como se tivesse ensaiado um discurso:

– Todo mundo detesta a pessoa chata que sempre nos diz o que fazer, porém, essa voz, muitas vezes irritante, é a única a destoar dos discursos politicamente corretos que não levam absolutamente a nada. Namorei uma mulher, na verdade uma garota, por quatro anos. Fiz de tudo para ajudá-la, muito mais que o recomendável, devo admitir. Em um só dia, dava, conselhos sobre estudo, sessões de psicologia e religião e fazia sexo, além de discutir o orçamento doméstico e as datas de suas consultas médicas. De uma maneira ou outra, mexi nas fontes mais complexas dos seus problemas. Porém, chegou o dia em que ela notou como eu era bem menos forte do que ela imaginava.

– Todos nós tentamos vender a melhor parte de nós mesmos ao outro, Gabriel. O problema maior é acreditar nesse papel representado. Sem nos libertarmos dessa ilusão, não poderá existir amor verdadeiro e duradouro. – fiquei espantado, com tamanha lucidez da sua resposta.

– Eu não podia, Cíntia.

– Então você foi tudo, menos um namorado.

– Tem razão. Devo ser sincero, por incrível que pareça, eu nunca a amei de verdade. – enquanto balançava a cabeça positivamente.

– Mulher percebe isso, Gabriel.

– É.

– Você contou a ela dos sonhos?

– Não, como poderia? Ela nunca iria entender.

– Mas ela amava você, não?... Você entenderia ficar fora disso?

– Eu a respeitaria.

– Eu não disse isso. Você gostaria de estar com alguém que faz viagens solitárias?

– Mas você entende, não entende?

– Sim. Acho que sim, pois para você tudo deve ser muito mais complexo, nem posso imaginar. – Cíntia foi política, mas pareceu não concordar muito com minha posição.

– Não vejo onde isso possa ter atrapalhado, quando conheci a Adriana, ela era uma mulher charmosa, carismática, alegre, eu nunca imaginei ela se transformar no oposto. Devo lhe falar, sempre tive lá minhas desconfianças sobre o seu jeito de agir, contudo nunca pensei que ela fosse capaz de ser tão...

mau caráter, sabe? Na verdade, ela precisa evoluir uns dez anos para ser considerada uma.

– Nossa... Você tem grande uma mágoa mesmo dela.

– Não é mágoa, cheguei nessa conclusão de maneira bem pensada. Na verdade... – travei a língua, antes que proferisse algo que poderia ser interpretado como arrogância.

– Você não queria admitir que errou ao ficar com ela?

– Sim. Na época, achava tudo depender de mim, eu havia tomado todas as responsabilidades. Na verdade... – fiz um breve silêncio. – ... tenho vergonha deste meu passado.

– E eram suas responsabilidades? Não, Gabriel. Por isso você me compreendeu.

– Tem razão.

– Tudo bem... Eu quero ajudar... E saber como alguém como você pode ter ficado com mágoa de alguém. – Aquelas palavras soaram como música aos meus ouvidos.

– Eu tenho nojo dela, nem me lembro como é beijar sua boca... Antes de ficarmos juntos, pode parece inacreditável, mas criei um sonho para mim que se repetiu nos mínimos detalhes, só que de verdade! Nesse sonho estava eu e ela. Quais as chances de algo assim acontecer? Eu julguei ser um sinal especial, no entanto, nada aconteceu, ela não percebeu nada.

– Nossa, é verdade mesmo? Não acredito.

– Foi decepcionante.

– Mas você disse a ela? Ah... me lembrei, você nunca contou.

– Mas pense, se eu vi e senti, porque ela não compartilharia nada? Puxa vida, um sonho assim só poderia fazer sentido se ela sentisse o mesmo.

– Qualquer um pensaria assim, mas talvez não seja assim como funciona, não sei... Não queria estar em seu lugar.

– Eu pensei nisso muitas vezes e acabei me convencendo de que estava errado.

– Então foi o sonho que estragou tudo?

– Não, não só ele. Depois daquele sonho, por assim dizer, concretizado, fiquei esperando algo sublime acontecer, e até hoje estou esperando. – ri com melancolia.

– E sua felicidade onde estava? – questionou inclinando a cabeça para frente.

– Quando eu dormia. Nada mais justo, não acha? Adriana precisava vencer na vida, e somente eu poderia planejar tudo pra ela.

Ela se calou.

– Eu também criei vários sonhos, em que tudo pelo que mais eu batalhava na vida dela finalmente dava certo.

Cíntia ficou em silêncio, com um olhar pensativo, franziu as sobrancelhas e soltou num tom desconfiado:

– Você sonhava sozinho? – questionou parecendo reprovar minha atitude. – Não agia assim porque achava a vida com ela chata? Ou sua vida chata?

– Eu não era triste com ela, Cíntia.

– Mas você queria apenas ser amado, ou realmente desejava dividir a vida com alguém?

– Eu não poderia dividir tudo com ela.

– Não concordo, Gabriel, eu também pensei como você. Mas continue, por favor, quero saber por que está tão chateado.

– Na verdade, algum tempo depois do sonho, começamos a namorar, não por causa do ocorrido e nem por qualquer outro motivo especial, mas nos aproximamos mais porque ela teve enormes problemas pessoais. Desde o início, não tivemos um namoro leve, sempre foi tudo tão pesado, tão duro para mim... Eu queria carregar todo peso de seus problemas nas minhas costas.

– Só Deus pode fazer isso, mais ninguém.

– Você não entende... Ela sempre repetia que eu era a sua única alegria, qualquer homem ouvindo tal declaração ficaria feliz, mas seus problemas cortavam meu coração, daí, eu pensei: vou dar um jeito para sua vida se estruturar, nem que eu me torne um cara chato. – Cerrei os dentes e fiquei em silêncio, esperando Cíntia dizer algo, porém ela parecia saber que era hora de ficar calada, então prossegui:

– Por causa de problemas financeiros da família dela, Adriana precisou largar a Faculdade e perdeu tudo: a casa, o plano de saúde, sendo que ela precisava de vários tratamentos médicos. Durante todo tempo, eu fiz de tudo, eu me tornei o pai de todos, toda aquela família passou a gravitar à minha volta. Porém, eu, como homem, não existia, deveria sorrir sempre, me mostrar o tempo todo alegre, caso contrário, ela interpretava que eu a estava culpando.

– Mas isso não poderia dar certo sempre, pois uma hora você tinha que ser você. – ponderou Cíntia num tom maternal.

– Nosso relacionamento piorou muito no último ano. Praticamente ficávamos sem conversar, eu não gostava de interrompê-la, sabe? – fiz uma piada fora de hora, enquanto Cíntia mirava o chão denunciando certo desinteresse. – Ela precisava passar num concurso, eu queria que fosse mais independente antes do nosso casamento, então, pedi para ela deixar de trabalhar, só se dedicar aos estudos, e comecei a sustentá-la integralmente. Até coloquei o seu irmão para trabalhar comigo, foi um terrível erro.

– Eu sei como é.

– Eu a pedi em casamento e já estava juntando dinheiro, além disso, sem ela saber, já pagava nossa casa, não lhe dizia nada para não aumentar a pressão, sabe? Nos sábados à noite, ao invés de sairmos para passear, eu economizava dinheiro e ficávamos em sua casa, com isso, fui sentindo, cada dia mais, ela se tornar diferente. O jeito de me beijar, de falar comigo, passou a não se importar mais em guardar dinheiro, a ponto de me pedir uma parte das minhas economias para que o seu irmão comprasse uma videogame, pois, segundo Adriana, ele não tinha 'nenhuma alegria'.

– Ela fez isso, mesmo? – mostrou-se perplexa. – Você não percebeu?

– Você tocou no pior de tudo... Eu percebi, sim! As coisas foram caminhando até acontecer o pior: no meu trabalho, quando eu atendia os clientes, fossem homens ou mulheres, eu procurava ser simpático para cativá-los a comprar, e depois eu descobri que ele usou isso contra mim.

– Que tipo de simpatia?

– Sei o que pensou. Mas eu nunca a traí, nunca. De qual homem pode-se dizer isso, após tantos anos?

– É difícil, mesmo. – respondeu sem muita empolgação.

– O seu irmão queria porque queria mostrar ser um técnico em computação, com isso fazia questão de parar de trabalhar todos os dias inventando uma desculpa para consertar o seu computador, pois segundo ele, sempre parava de funcionar. Um dia, fiquei de saco cheio e ao invés de acreditar e perder o quinquagésimo dia de trabalho, fui checar. Era mentira, estava tudo normal e funcionando perfeitamente. Imaginei na hora: – Ele vai inventar algo para a irmã a fim de me desmentir. – Na mesma semana, fui à casa dela, entrei, ninguém me cumprimentou, fiquei puto da vida, aí, aquele cara passou pela porta e me ignorou. Falei para ela – seu irmão é um sujeitinho –, daí em diante, percebi o tamanho do caráter daquelas pessoas. – Parei por um longo instante, respirei fundo enquanto olhava um buraco de prego na parede. Então continuei:

– Ela me disse tudo, tudo, que eu maltratava o irmão dela e que por isso deveria ser processado, não gostava do meu jeito de lidar com as mulheres, uma vez que o seu irmão havia lhe contado um monte de besteiras. Ele pediu demissão da empresa na segunda-feira seguinte, dizendo para todos da empresa que o motivo de sua saída era porque eu não prestava. Liguei para ela reclamando da razão dos acontecimentos chegarem a tal ponto, mas ela duvidou de mim, achando impossível o irmão ter agido daquela forma. No sábado, ela me ligou querendo conversar. Pedi para esperar umas duas semanas, pois os ânimos estavam muito exaltados, mas ela não quis, e emendou com a seguinte pérola – Você não perdoou o meu irmão. – Depois dessa, eu fiquei puto, gritei e ela começou a gritar também. Ela terminou pelo telefone e desligou na minha cara. Me lembro de ter ouvido, após essa ligação, todos os cachorros da vizinhança latindo por causa dos meus gritos. Logo, me arrependi muito, muito mesmo, pela baixaria, sabe? Então, fiz algo estúpido na visão de várias pessoas, mas até hoje, tenho certeza de ter sido o correto. Juntávamos para o casamento, minto, somente eu juntava... Saquei todo dinheiro depositado na conta e levei para sua casa, colocando-o em sua mão; ficamos uns bons minutos discutindo, eu insisti e falei – esse dinheiro é o meu presente. –

– Mas por que você fez isso? Não estava certo, como ela pôde aceitar? – questionou elevando o tom da conversa.

– Eu insisti muito.

– Mesmo assim. Me desculpe, Gabriel, ela não agiu certo. Por que você fez isso?

– Às vezes, me arrependo, pois aquele dinheiro representava o meu suor. Contudo, em primeiro lugar, dei minha palavra, e morro com ela, em segundo, na hora eu pensei: – Ela depende de mim, se passar necessidade, poderá pedir para voltar, e eu nunca mais confiaria nela. – Era o momento para isso, ela estava se achando. Tinha arranjado um ótimo emprego, porque passou no concurso.

Ela ficou quieta por um instante:

– Você não pode controlar tudo, Gabriel. – cravou secamente.

– Você acha que foi esse o problema?

– Também, mas você teve muito sangue frio. Não é bom ser assim, sabia? – fez uma pequena pausa. – Mas ela não mais o procurou?

– Não, e eu não conseguia entender, nem para conversar. Então, tomei a iniciativa, pisei no meu orgulho e fui até sua casa. Acredita que ela nem me convidou para entrar? Nem me convidou! E começou a gritar comigo.... me disse que seu irmão, nem ninguém da sua casa me deviam alguma gratidão, eu havia jogado ela contra a sua família. E sabe de uma coisa, Cíntia? Eu fiquei quieto, eu queria saber até onde ela iria, até onde poderia chegar.

– Você não deveria ter guardado isso. – comentou evitando emitir uma opinião mais profunda.

Um pouco incomodado com aquela atitude joguei uma indireta: – Eu sei, eu sei. Da mesma forma como eu detesto pessoas que se fazem de coitadas, do estilo do irmão dela, eu também detesto quem fica em cima do muro, quem sorri para todos evitando conflitos. Tomar atitude é fazer inimizades, sabe?

– Sim... entendo. Também me irrito com quem tem certeza de tudo. – respondeu olhando em meus olhos, para depois mudar o tom: – Ela não merece nem ser citada, Gabriel.... Bem sei existirem duas magias opostas, o fim do amor tem causas tão misteriosas quanto o seu início, mas me desculpe perguntar: ela já não estava com outro?

– Aí está a cereja do bolo. – respondi forçando simpatia. – Quando namorávamos, ela me falou repetidas vezes de um sujeito do cursinho preparatório, que por acaso eu pagava, me dizia – ele é superesforçado, novinho, pobre, etc. – Não gostei de cara, pois ela tinha um quê para com os coitadinhos, né? Alguns meses depois, ela começou a namorá-lo, já declarando aos quatro ventos: 'ser o amor da sua vida'. Um cara que eu paguei para ela conhecer.

– É verdade! Você até pagou para ela conhecer outro. Mas então, diga-me: – disse claramente incomodada, querendo mudar de assunto: – Você teria vontade de fazer o que eu lhe sugeri?

– Plantar um sonho para o Renato?

– Sim... Não. Para ela.

– Não sei se eu teria coragem, não sei. E eu queria lhe dizer a razão... – Quis mostrar cumplicidade. – Não é fácil para ninguém admitir, mas naquela época eu fiquei tão mal que a pior coisa do mundo era acordar. Passei meses gastando toda minha energia esperando o sono, os dias eram, na essência da palavra, terríveis e desesperadores. Criei sonhos como nunca, então, num belo dia, nenhum sonho mais me satisfazia... Nenhum, nenhum... Até isso aquela menininha me tirou, essa é minha maior raiva... Foi como se eu tivesse gastado todo meu estoque...

– Espere um pouco. Quer dizer que você não conseguiu mais criar os seus sonhos depois de tudo?

– Até isso ela me tirou... Nenhum mais me satisfez.

– Talvez por isso que... A dor deixa a vida mais interessante que o tédio, não acha?

– Não entendi.

– Não? – fez silêncio abruptamente.

– Agora termine, Cíntia.

Ela ficou pensativa, como se quisesse voltar atrás:

– Você parou de sonhar, não é? Já parou pra pensar como é melhor, às vezes, parar de sonhar com a desculpa de estarmos com alguém do que ir atrás do seu maior desejo, e depois, descobrir sua incapacidade de realizá-lo?

– Você está falando de outro tipo de sonho, das nossas aspirações.

– Sim. Pode ser. Eu abdiquei dos meus, mas vejo que não foi culpa do Renato.

– Entendi, mas não entendo por que se compara a mim.

– Nós afastamos nossos desejos quando encontramos alguém, não o contrário.

– Puxa vida, Cíntia. Eu criei um sonho para você, e por que continua agindo como se falássemos de frustrações comuns? – transpareci meu incômodo.

– Me desculpe. Eu estava pensando em mim, não em você. – Ela não parecia sincera.

– Mesmo? – Ela não respondeu.

– Então eu devo me desculpar, querida.

– Olha, Gabriel, eu posso lhe ajudar de alguma maneira, você tem toda razão, isso não pode ficar desse jeito, não pode... – propôs mudando o tom de voz.

– Eu não sei, fiquei muito tempo querendo ficar longe dessa pessoinha, agora vou fazer alguém como você se envolver com essa gente?

– Nada é por acaso, nada é por acaso... eu quero e vou ajudar. Você merece, alguém precisa cuidar de você. – seu olhar quase me abraçava.

Olhei para ela, pouco à vontade com aquele assunto, arrependido de ter dito tudo, e ao mesmo tempo, aliviado por ela ter topado, conforme o meu desejo. Cíntia então se levantou e cravou com firmeza:

– Alguém já deve ter perguntado: Será mesmo que podemos resolver tudo só na conversa? Muitas vezes, as melhores resoluções são feitas de maneira secreta. Quando forçamos uma solução cara a cara, temos medo que o problema se espalhe e acabamos, muitas vezes, nos calando.

– Para você então, existe vingança justificável?

– Não é vingança, Gabriel, é justiça, puxa vida. – ponderou Cíntia, com uma frieza espantosa.

– E você desistiu do sequestro do seu ex? – indaguei num tom descontraído, querendo sair de cena.

– Espero que sim. – . respondeu sem desviar o olhar.

– Ou prefere simplesmente sumir com ele e tornar-se uma psicopata? – insisti para aliviar o ambiente.

– Claro, já até planejei tudo. – riu timidamente.

– Não se esqueça de não parecer muito triste no velório dele, se não vai levantar suspeitas.

– Ai! Como você é macabro... – riu, parecendo encabulada.

– Eu já criei um sonho em que eu invertia os papéis, Cíntia, ou seja, eu a traía, assim como ela fez comigo. Sabe o que aconteceu?

– Não tenho ideia. – respondeu com certo desdém.

– Acordei com mais raiva dela, muito mais.

– Sério? – Sua expressão denunciou falta de interesse em saber dos detalhes.

– Quer um sonho? Posso tentar algo para você.

– Adoraria, adoraria. – Não pareceu sincera. – Mas hoje eu tenho uma visita especial em minha casa e quero companhia também.

– Você não gostou mesmo, não é?

– Ai, nada a ver.

– Me desculpe, só estou meio carente.

– Tudo bem, eu também estou.

Ela acabou tendo um sonho, mas antes, passamos horas conversando sobre os mais variados temas. Tudo ocorreu de uma forma natural, e em nenhum momento, sentimos necessidade de forçar uma aproximação. Estávamos tranquilos, tentando curtir a companhia um do outro. Acabei voltando para casa, um pouco depois das três da manhã. No caminho, me lembrei de ligar o celular, e vi uma mensagem da Júlia dizendo ter sido "tudo como ela esperava". De certa maneira, essa ínfima mensagem, depois de todo meu esforço, aumentou mais minha consideração pela Cíntia. Certamente, ela havia entendido meus anseios e agora, muitas questões giravam na minha cabeça: "Teria sido bom tê-la colocado na minha história com a Adriana? Seria aconselhável querer algo com uma mulher fragilizada após um péssimo relacionamento? Eu deveria me envolver com uma pessoa tendo maior atração por outra?"

Muitas perguntas e pouca vontade de respondê-las. Fui dormir, acreditando que, mais tarde, no mesmo dia, tudo poderia acontecer, inclusive nada.

★ Capítulo 8 ★

Sem controle

Conheço o cronômetro do meu amigo, Pedro iria aparecer a qualquer momento. Ele sempre me procurava quando tinha algum problema, sumia por duas ou três semanas, depois aparecia, ou para reforçar o quanto ele era o mais miserável dos seres, ou para agir de maneira leve e alegre, como se nada daquele sentimento de dias atrás o tivesse afligido. Nesta segunda hipótese, ele nem tocava no problema, sempre era eu quem perguntava: "E aquele abacaxi?" E Pedro soltava duas ou três rasas palavras, como se a preocupação que antes o matava, agora não representasse mais nada. Pois é, desta vez, me enganei, acabei encontrando Pedro em circunstâncias pouco prováveis de imaginar.

Eu e a Cíntia estávamos de 'nhenhenhê', não íamos nem ficávamos. Isso porque algo não soava bem dentro de mim em relação a ela e aprendi a dar ouvido aos meus instintos. Ela, por sua vez, agia como se soubesse que caso ela investisse mais eu iria ceder; já da minha parte, não tinha tanta certeza disso, não sentia confiança em me envolver, e quanto mais conversávamos, mais a amizade era um ótimo artifício para estabelecer um vínculo sem qualquer comprometimento mais profundo.

Certa noite, ela combinou de ir à minha casa, com a desculpa de deixar um livro, mas pelo seu tom de voz ao telefone, eu desconfiei do verdadeiro motivo daquela visita. Fiquei esperançoso de ela pedir um sonho, pois não havia demonstrado muita empolgação por nenhum deles. Por outro lado, eu estava muito cansado e nem um pouco disposto a ficar inventando histórias e curvando as minhas costas durante o sono alheio. Resolvi esperá-la na portaria do meu prédio, com a desculpa de precisar ir até a farmácia.

Para minha surpresa, ela veio acompanhada de uma moça, apresentada depois como sua prima. Ela chamava-se Gisele, tinha os cabelos extremamente negros, uma pele dourada de sol, nariz fino, olhos pequenos, também pretos e um pouco puxados, dando impressão de ascendência indígena. Ela se vestia como se estivesse numa praia, com shorts e blusinha curta e sem mangas, destoando totalmente do estilo da Cíntia. A visão das duas, andando lado a lado, era um tanto estranha e desproporcional.

Resolvemos caminhar até a farmácia. Cíntia adiantou-se em dizer que Gisele apenas iria nos acompanhar até o ponto de ônibus, no entanto, estranhamente, ela acabou seguindo conosco. Fiquei sem entender, mas deixei para perguntar o motivo quando estivéssemos a sós. Tentávamos caminhar lado a lado, mas era impossível, os buracos da calçada, postes de iluminação e as pessoas vindo na direção oposta, dificultavam em muito qualquer diálogo decente.

Já quase em frente à drogaria, olhei para o lado oposto da avenida e me lembrei do Pedro; ele morava a uns duzentos metros dali. Nem terminei esse pensamento e ouvi um grito abafado e sem sentido, se misturando com o som dos carros, ônibus, motos e afins:

– Ô geeeeero.

Instintivamente pensei: "deve ser com outra pessoa", mas fiquei atento, e quando o grito se repetiu, pude notar ser uma fala meio embriagada:

– Ô gênio! Gênio! Tenho guaraná aqui! – A voz aumentava de intensidade, o seu dono deveria estar vindo em minha direção. Naquele momento, não associei aquela frase a absolutamente nada de relevante.

– Ele está vindo atrás da gente. – disse Cíntia assustada.

Olhei para trás e tive uma abissal surpresa: era o Pedro! Provavelmente apenas eu e sua mãe poderíamos identificá-lo, já que raramente se sabe o nome de um mendigo. Ele estava fétido e parecia um tanto alcoolizado. Vinha acompanhado, dois passos atrás, por um pedinte barbudo e muito alto. Esse sujeito caminhava de maneira atabalhoada e lenta, carregando um enorme barrigão. Achei aquela cena estranha, pois o homem parecia muito bem alimentado para quem vivia nas ruas.

– Gabil! Gabil! – Pedro me abraçou, senti aquele cheiro terrível. – Eu consegui, olhe só. – me mostrou uma caixa de Viagra na sua mão – *ele enlouquecera.*

Cíntia e Gisele me olhavam a distância estupefatas, enquanto eu estava sem reação. Pedro prosseguiu:

– Fiz o que você disse, Gabil! Agora eu posso fazer igual a você, eu crio o que quero, não é mesmo, Kiko? – disse apontando para seu parceiro. De perto, o tal do Kiko estava com cara de quem tinha acabado de acordar. – Presta atenção, Gabil, não estou louco não, vim aqui para lhe mostrar, se colocarmos em prática o que criamos, a gente passa a entender melhor. – disse com voz firme e lúcida, me deixando em dúvida se ele ou eu estava bêbado.

– Cara, não sei... Nunca pensei nisso. – respondi totalmente desorientado e incomodado, querendo me livrar daquela situação embaraçosa.

– Mas, deveria. Olha, sou capaz de fazer igual a você, mas completo a ideia! Hoje vou à sua casa e mostro! – Cíntia e Gisele trocavam cochichos e olhares espantados, mas como estavam afastadas, aparentemente não ouviam nossa conversa.

– Você me liga e então, combinamos. – respondi já me afastando.

– Eu sei fazer, Gabriel, eu sei. – disse, segurando o meu braço, enquanto eu mirava, hesitante, Cíntia e Gisele. – Quem são elas? Não vai me apresentar?

– Cara, quer que elas tenham essa má impressão de você? – Ele fez silêncio por um instante, mas logo fez um sinal chamando Gisele para perto dele. Ela me olhou como se esperasse minha aprovação, levantei meus ombros e ela veio a contragosto. Pedro olhou descaradamente para o decote dela e soltou a delicadesse:

– Menina, você tem um peitão, hein?

Gisele se afastou rapidamente, indo na direção de sua prima.

– Que é isso, Pedro? Tchau cara!

Segui meu caminho para ser imediatamente metralhado pelas duas.

– Por que você parou pra conversar com um mendigo? Sujeito podre! – sentenciou Cíntia. – Ai, nojento, nojento! – fazendo caretas.

Olhei para trás e vi Pedro rindo e piscando para mim, não tinha como saber o seu real estado. Fiquei irremediavelmente nervoso, é fácil imaginar a complexidade de toda aquela situação: Eu enlouqueci meu amigo? Ou praticar os sonhos funcionaria como ele disse? Ele realmente seria capaz de fazer o que eu faço? Ou estaria ele simplesmente alcoolizado?

Cheguei à portaria do meu prédio em companhia das duas, claramente incomodadas com o meu silêncio, mas aparentemente, sem desconfiar da minha ligação com o tal mendigo. Cíntia quebrou o silêncio:

– Falei pra Gisele como você consegue manter a gente acordada a noite inteira.

– Como assim? Essa frase tem triplo sentido! – ri com sarcasmo.

– Nada disso, Gabriel, disse com a melhor das intenções, quis dizer que você consegue ter sempre assunto. – respondeu quase travando a língua, perdendo mais uma vez a chance de entrar numa piada.

– Entendi, Cíntia. – falei com ternura. – Vamos subir então. – convidei-as a contragosto.

Mal entramos no apartamento e Cíntia mexeu os olhos discretamente, indicando querer falar comigo a sós. Fomos até a cozinha, onde ela cochichou em meu ouvido:

– Me desculpe-me, amore por tê-la trazido até aqui, mas fique tranquilo, ela é minha prima, um amorzinho. – Até aí, tudo bem. A maior novidade era ela ter me chamado de 'amore'.

– Tudo bem, Cíntia.

Ela abaixou a cabeça e suspirou com irritação:

– Por que está me chamando assim?

– Assim como?

– Me chamou de Cíntia. Fiz algo errado?

– Não... Não há nenhum problema, se é sua prima, é super bem-vinda.

– Eu só quero ajudá-lo, Gabriel. Você pode fazê-la sonhar, como planeja com a sua ex-namorada. Fazemos o teste nela.

– Como assim? Ela sabe disso? – questionei em voz alta.

– Claro que não. – respondeu com um misto de empolgação e frieza, como se achasse que eu aprovaria sua atitude.

– Ela não é sua prima?

– Por isso mesmo. Olha, ela brigou comigo uma vez porque tentei alertá-la sobre um certo namorado, nós podemos tentar mudar isso na cabeça dela, que tal?

– Como assim, nós?

– Eu posso ver como você faz para poder ajudá-lo melhor. O dia estava prometendo.

– Não me preparei para isso Cíntia, não consigo criar nada de supetão.

– Mas comigo não ocorreu dessa maneira?

– Mas eu não pretendia fazer algo neste nível.

– Como assim?

– Mudar a cabeça de alguém. Nunca fiz algo sim, precisaria planejar com muito afinco um sonho, todo cheio de detalhes. Tentar mudar uma lembrança, como você mesmo disse, é algo complexo, nem consigo imaginar como fazer.

– Mas é só um sonho.

– Por que diz isso? Não é só um sonho.

– Tudo bem, Gabriel. – me olhou com um ar de decepção meio forçado. – me desculpe, apenas quis ajudá-lo.

– Me chamou de Gabriel, está brava comigo? – ri forçadamente.

– Vou embora. – Ela me ignorou. – me desculpe, ela já deve estar estranhando nossa demora. – Falava sem demonstrar nenhum sentimento.

– Não quero que vocês saiam, fiquem mais um pouco.

– Não, Gabriel, amanhã conversamos, tudo bem? Depois veremos como fazer.

– Mas não vai ficar chato com sua prima? Você deu a entender que iríamos conversar.

– Não se preocupe com ela, depois do que ocorreu com aquele mendigo, ela entende qualquer coisa, não acha? – terminou a frase jogando uma indireta, num tom bem irônico.

– Não entendi esse – não acha – . – Os cochichos já tinham se transformado quase em discussão.

– Nada, nada, me dê um beijo. – falou, inclinando o rosto para dar sua bochecha.

– Tudo bem.

– Eu quero outro sonho, planeje pra mim com calma, tudo bem? – sua voz tinha um tom trágico e ela parecia ter sido irônica novamente.

– Tudo bem, querida. – respondi como se ela fosse de porcelana, enquanto nos dirigíamos à sala.

– Vamos, Gisele, me esqueci de comprar o presente da minha irmã, acredita?

E elas se despediram. Com um nó na garganta, percebi: mesmo estando acompanhada da prima, Cíntia parecia, desde o início da noite, querer algo mais. Ela me olhou com cara de beijo e se convidou para ficar ao meu lado.

Mas, não tive muito tempo para pensar no que se passou, logo a lembrança do Pedro veio à minha cabeça. Naquele momento, me recordei da história que sempre lhe contava a fim de irritá-lo: no final da nossa adolescência, fomos celebrar, com toda turma, nossa formatura do colegial em Porto Seguro, então, sua mãe me chamou de canto, com o coração nas mãos: – Gabriel fique ao lado do meu filho, cuide dele para mim, por favor.

Com essa lembrança em mente, resolvi procurar o Pedro. No fundo, o meu maior incômodo era ele ter dito que conseguia criar sonhos, no meu íntimo, eu torcia para ele não estar dizendo a verdade. Também achava improvável ele ter enlouquecido, algo assim não acontece de uma hora para outra. Em poucos minutos, voltei para onde eu havia o encontrado, mas não o achei. Procurei-o, por alguns minutos, num perímetro de uns cinquenta metros, até finalmente, me deparar com o tal do Kiko. Ele dormia profundamente no banco de uma praça: eu estava certo, ele estava com sono.

– Ei, Kiko. – como me senti estranho em ter chamado alguém pelo apelido, mesmo sem qualquer intimidade:

– Kiko! – Nada.

– Kiko! Acorde, por favor, preciso falar com você.

Ele abriu os olhos e me encarou com naturalidade:

– Oi, gênio. – disse com voz e cara de travesseiro, ou melhor, de banco de praça.

– Gênio?

– Oi...

– Cadê o Pedro?

– Pegaram ele.

– Como assim, – pegaram ele?

– Veio aqui uma senhora, e levou ele. – Enquanto ele respondia, reparei transeuntes me observarem com perplexidade.

– Era a mãe dele?

– Deveria ser, sei lá.

– Sabe pra onde foram?

– Não sei, não sei de nada.

– Obrigado, vou atrás dele.

– Avise ele que quero mais daqueles sonhos, tá? Não esquece, vou esperar ele lá no centro, porque daqui a pouco, a polícia vai me mandar circular.

– Ele fez você sonhar?

– Como fez... Fui convidado para jantar numa casa enorme e todos estavam pelados.

– Como assim?

– Todo mundo. – Falou em câmera lenta, acompanhado de um olhar distante.

– Todos os anfitriões?

– Isso mesmo! Anfitriões!

– Tudo bem, eu aviso se eu o vir.

Não sei se é verdade, pois esse tal de Kiko certamente perambula por outras órbitas, mas seria possível o Pedro ter criado sonhos para ele? Era o que genuinamente me fazia ser diferente! Se conseguiu, definitivamente não há nada de mágico ou especial nisso. Precisava descobrir a verdade com urgência. Resolvi ligar para o Pedro: apenas caixa postal. Cheguei a casa e procurei na minha agenda o telefone da casa da sua mãe, liguei repetidas vezes, e ninguém atendia; estava começando a ficar preocupado. As horas passavam e resolvi dormir.

Antes, mandei um torpedo para Cíntia, pedindo notícias, e como estava no embalo, enviei outro para Júlia. Ainda não satisfeito, e com um enorme sentimento de culpa, liguei para minha mãe, apenas para ouvir uma voz doce do outro lado da linha. Como estava no horário da novela, sua atenção ficou dividida entre mim e o fim do namoro da protagonista. Frustrado, acabei desligando.

Na manhã seguinte, antes de sair para o trabalho, o telefone do Pedro continuava na caixa postal, pensei em ligar novamente para a mãe dele, no entanto, era muito cedo, e ela poderia estar dormindo. Já na rua, dei uma dúzia de passos em direção ao trabalho, e ouvi meu telefone tocar dentro da mala. Não estava a fim de parar e tirar minhas coisas, pois além da preguiça, estava com temor que algo importante caísse e se perdesse. Mas depois, me lembrei da ligação e dos torpedos da noite anterior e imaginei que poderia ser algo importante. Ao pegar o telefone, logo vi na tela escrito 'Pedro casa', deveria ser a mãe do cara:

– Gabriel. É a mãe do Pedro. – se apresentou sem cerimônias, com uma voz de velório, meu sangue gelou. – Não sei como lhe dizer então vou ser direta: meu filho pensa ser você.

Fiquei em silêncio, não poderia dizer que estava surpreso, mesmo estando. Esperei ela dizer algo mais, mas o silêncio permaneceu por alguns incômodos instantes e quando me veio à cabeça dizer algo confortante, ela emendou com certa agressividade:

– Você tem ideia de como isso aconteceu?

– A senhora falou com ele? Ele lhe disse alguma coisa?

Houve novo silêncio.

– Não. Nada.

Seu tom parecia, no mínimo, desconfiado.

– Onde ele está? Posso falar com ele? – falava ansiosamente comigo mesmo: – E se ele contou algo?

– Ele está internado numa clínica, nenhum hospital o aceitou naquele estado.

Quis perguntar sobre a razão de tudo ter ocorrido tão rápido, mas segurei a curiosidade com receio de me entregar.

A mãe dele, parecendo adivinhar meu pensamento, completou: "Há umas duas semanas, ele começou a ficar muito estranho, veio me procurar dizendo ter como resolver todos meus problemas. Depois ele sumiu, e eu fiquei completamente apavorada, depois de uns dias, dei queixa do seu desaparecimento, mas graças a Deus, ontem a polícia o encontrou... mendigando, mas o encontraram. Os outros pedintes queriam matá-lo, só não o fizeram, porque foi protegido por um deles." Senti certo exagero materno quando ela disse: "queriam matá-lo."

– Onde ele está....? – No meio da frase, me dei conta de ter esquecido o seu nome.

– Eu não tenho o endereço no momento, me ligue depois. – disse de maneira quase rude.

– Que horas eu posso ligar?

– Daqui a uns quinze minutos.

– Tudo bem, eu ligo. Obrigado.

Toda maldade é possível, 'o príncipe das trevas é um cavalheiro', não um monstro como dizia o velho bardo. Talvez, eu tenha uma maldade inata dentro de mim. Talvez, todos cheguem a um determinado ponto da vida em que comecem a questionar o próprio caráter, não mais justificando os próprios erros com a tal da 'intenção' ou a velha desculpa das 'circunstâncias da vida'.

O horário da visita começava às nove da manhã e terminaria às cinco da tarde. De início, pensei em pedir para sair mais cedo da escola, mas não o fiz, estava muito abalado e atônito. Nunca havia deixado de dar aula, então liguei, avisei que tive um problema pessoal e fui direto para o endereço onde se encontrava Pedro.

Quando já avistava a bela e arborizada clínica, meu telefone soou, eram duas mensagens de voz, uma da minha mãe: "Venha almoçar domingo em casa sem falta. Estamos com saudades. Seu pai e irmão querem falar com você." "Grande coisa", pensei, "como se isso fosse garantia de um pedido de desculpas". E outra mensagem da Júlia: "Oi feio, não sei por qual motivo, mas queria muito ver você. Beijo me liga."

"Beijos, me liga." Ri sozinho. Tinha até virado piada na Internet tal despedida. Dei alguns passos, sem pensar muito no significado daquelas palavras, mas guardei o som da sua voz em minha mente. Era um som diferente, pois parecia não ter barreiras para ressoar pelo meu corpo e balançar meu peito. Então, notei, me sentia bem melhor, mais solto, como se um nó tivesse sido desatado no meu peito. Uma brisa leve bateu e as árvores quase instantaneamente começaram a balançar, reforçando aquele sentimento de leveza. Por um momento, toda aquela paisagem me tocou e percebi estar num lugar perfeito para exorcizar demônios.

Entrei na clínica, perguntei pelo Pedro, me disseram ser necessário verificar se ele já poderia receber visitas, pois chegou muito agitado e havia sido sedado. Esperei alguns instantes e fui liberado para subir onde ele estava, no terceiro andar. Chegando lá, me deparei com a área de lazer dos pacientes, ela se parecia muito com a sala de espera de um consultório, com quatro longarinas pretas, cada uma com quatro cadeiras formando quase um retângulo, uma mesinha central e um suporte no alto da parede com uma TV.

Alguns pacientes estavam *por lá*, não exatamente *no local*, pois logo de cara constatei não serem nada normais. Nem o barulho dos meus duros sapatos sociais atiçaram qualquer curiosidade. O olhar de uma mulher, de uns quarenta e poucos anos, parecia tão distante quanto desconexo. Com enorme curiosidade, pois nunca havia visitado lugar semelhante, comecei a encará-la fixamente, até que ela, muito mais tardiamente, comparada a uma pessoa normal, me fitou de raspão, como se eu fosse uma brisa. Continuei seguindo minha caminhada, à procura do quarto do Pedro, agora com os olhos postos ao chão, até sentir a aproximação de alguém no corredor branco e brilhante. Ouço uma voz bem fina, quase infantil dizer:

"Você é estranho."

Levanto o olhar e vejo um rosto feminino me fitando, parado no meio do corredor, quase bloqueando minha passagem. Quando me aproximo, olho diretamente nos seus olhos e ela retribui me encarando sem medo, como se fôssemos cúmplices de um segredo bem guardado. Anônimos que éramos, senti imensa vontade de saber a razão daquele olhar, mas qualquer um acharia estranho eu questionar uma louca. Na hora, juro, não tive nenhuma certeza de tratar-se de uma maluca. Prossegui, desviando meu corpo e raspando as costas na parede, dei mais alguns passos, com imensa vontade de olhar para trás e verificar se ela ainda me observava, mas só o fiz quando adentrava no quarto de Pedro; não me surpreendi, aquela mulher ainda me observava com imensa cumplicidade.

Resolvi parar por um instante, encarei-a e não deixei barato:

– É você!

Abri a porta e me esqueci de tudo. Vi meu amigo dormindo de barriga para cima. A janela estava aberta e os raios do sol seguiam diretamente para sua cama, criando uma imagem bem marcante. Grades brancas fixas, com a tinta um tanto quanto desgastada, impediam qualquer intenção de encurtar a estadia.

Pensei em voltar e deixá-lo descansar, mas logo mudei de ideia e resolvi me sentar na poltrona ao lado da cama e velar seu sono. Naquele momento, procurei esvaziar a cabeça de qualquer culpa; observá-lo dormindo me deu certa tranquilidade. O branco predominante do quarto, o calor do sol, e o recado da Júlia, certamente me ajudaram a sentir certa paz, e em pouco tempo, acabei adormecendo.

Acordei assustado ao ouvir vozes embaralhadas vindas do corredor. Tentei parecer mais alerta para não perceberem, caso entrassem, que eu havia adormecido. Então, vejo a porta se abrindo e um médico de cabelos brancos, um tanto quanto calvo e de óculos de finos aros pretos, entrando no quarto, acompanhado de uma enfermeira. Ele levava um fichário na mão esquerda, junto ao corpo. Uma caneta prateada no bolso do jaleco branco se destacava:

– Oi, tudo bem? – disse sem me olhar. – Ele está dormindo ainda, não é? Vamos deixar assim. – E dirigiu-se à porta. Baixei minha cabeça por um instante, mas logo resolvi ir atrás dele pelo corredor.

– Doutor. – Ele se virou para mim e olhou para enfermeira, indicando com a cabeça para ela prosseguir.

– Pois não.

– Tem ideia do que ele possa ter?

– Ainda não sei. A mãe dele disse ter sido tudo muito repentino, então, a causa pode ser física, mas não gostaria de especular.

– Como assim, causa física? – Por um momento, admito, senti grande alívio em saber daquela possibilidade.

– Ele chegou aqui ontem à noite, e esses casos podem ter causas psicológicas, patologias hereditárias ou até mesmo stress. Quando ele acordar, vou examiná-lo.

– Tudo bem, doutor, obrigado.

Voltei para o quarto, queria ficar lá, ao menos até o Pedro acordar e me ver. Nesse meio tempo, imaginei o absurdo daquela situação. Se o Pedro acreditasse ser mesmo eu, o que ocorreria se ele me visse? A mãe dele teria comentado isso ao médico? Se não, eu deveria dizer? Como ideias e dúvidas estavam brotando em minha cabeça, resolvi ligar para a mãe do Pedro. Ela foi seca e direta:

– Não sei nada ainda, você deveria falar com o médico.

– É... Eu falei, mas ele disse para esperarmos um pouco até diagnosticá-lo. A senhora virá aqui? Talvez ele precise, antes, falar com a senhora.

– Não sei se vai dar hoje. – disse como se eu estivesse pedindo um favor.

– Tudo bem, então.... Obrigado... tchau. – E eu ainda não lembrava o seu nome...

Fiquei extremamente incomodado com a frieza dispensada ao próprio filho. Fiquei imaginando se tal falta de calor humano era algo nunca comentado pelo Pedro por vergonha, ou talvez, por achar normal.

Olhei para o meu amigo em sono profundo, e por alguma razão, fiquei encabulado, como se ele pudesse ter ouvido minha conversa com sua mãe e ficado magoado. Saí do quarto com a intenção de ver como andava a 'área de recreação'. Parei no corredor, um passo à frente da porta do quarto do Pedro, e vi lá uns três ou quatro pacientes, mas não encontrei a minha 'observadora secreta' de minutos atrás. Também reparei, não havia nenhum familiar de pacientes por lá; logo admiti, estava sendo injusto com a mãe do Pedro, afinal de contas, era horário comercial e eu tinha faltado ao serviço para poder visitar meu amigo.

Logo me dei conta da cena estranha que se passava: eu, parado no corredor, olhando para aquelas pessoas, aparentemente sem ninguém me notar. Depois de alguns poucos minutos, uma enfermeira apareceu atrás de mim como uma assombração, pedindo licença para entrar no quarto (não a mesma que havia acompanhado o médico). Eu resolvi acompanhá-la:

– É normal ele dormir tanto? – cochichei ao entrar no quarto, antes de ela perceber que eu a tinha seguido.

– É sim. – respondeu com voz doce sem se virar, como se já soubesse da minha presença.

– Tem ideia de quando ele vai acordar?

– Não dá pra saber, mas duvido que seja antes do meio da tarde.

– Nossa. – fiquei pensativo, naquele momento, não quis dar a entender que não iria esperá-lo. – Deixe-me eu lhe perguntar uma coisa, os pacientes aqui recebem muitas visitas?

– Depende muito, quando o internado é homem, aparecem mais visitas. Quando é mulher, amigos e familiares vêm no começo, depois só nos finais de semana, e olhe lá. – Respondeu de bate-pronto, como se já tivesse a resposta decorada.

– Nunca imaginei isso. – afirmei pensativo, me preparando timidamente para sair de lá.

– Hoje, a senhora vai ficar cuidando dele ou poderá vir outra enfermeira?

– Até o início da noite é o meu turno.

– A senhora pode dizer que eu estive aqui?

– Claro, eu digo. – sorriu e se mostrou prestativa.

– Meu nome é Gabriel, não esquece?

– Não vou esquecer, é o nome do meu filho.

– Lindo nome. Ele deve ser um anjinho.

– Sim, ele é.

– Obrigado.

Dei dois passos em direção à porta, mas devido ao atencioso tratamento recebido, me encorajei- a lhe perguntar:

– Só uma dúvida. Não o examinaram ainda, mas é normal aparecer gente assim, que ficou ruim de repente? Dá pra ter uma ideia do problema, se é físico ou outra coisa?

– Olha, o doutor precisará examiná-lo. Ele chegou ontem, no final da tarde, e parecia muito perturbado, acho difícil ser causa física, mas não posso afirmar.

Os dias se passaram e contei sobre o ocorrido à Júlia e à Cíntia, na verdade, apenas a parte não comprometedora. Esta quase adivinhou toda história, enquanto Júlia inicialmente se mostrou compreensiva, porém não mais deu qualquer sinal de vida, nem ao menos para saber como andava a situação do meu amigo. Por mais de uma semana, ao sair do trabalho, ia visitar Pedro. Em nenhuma desses dias, encontrei sua mãe. Sempre, sem exceção, ele estava dormindo, tornando as minhas visitas extremamente frustrantes.

Numa dessas idas à clínica, encontrei Vanessa, a tal enfermeira encarregada do meu recado. Ela disse ter conversado com Pedro sobre a minha visita. A resposta dele teria sido tão reveladora quanto a etiqueta de composição de uma salsicha:

– Sim. Agora posso sim.

Mas essa notícia não se comparava ao que eu teria dois dias depois:

– Ele foi transferido para um hospital. – disse a atendente, logo na entrada da clínica.

– Mas, por quê? Aconteceu algo?

– Não sei, ele saiu daqui direto para o hospital.

Procurei a Vanessa, mas não a encontrei. Nenhum médico ou psiquiatra estava por lá, só me restava fazer o que menos queria: ligar para a mãe do Pedro, aquela do nome esquecido. Desta vez, ela tratou de mostrar seu coração, não era para menos:

– Me disseram que ele tem um tumor benigno no lóbulo frontal, e vai ser necessário operá-lo imediatamente. O médico me explicou: – esta é a causa de ele ter perdido toda inibição e apresentar tamanha alteração na sua personalidade – . Não sei, não sei... A operação dele é amanhã cedo, Gabriel. Reze por ele, por favor.

– Vou rezar, vamos rezar... Amanhã cedo estarei lá no hospital com a senhora, tente ficar em paz.

Pedro morreu. Na mesa de operação.

Chegamos cedo naquele dia, o movimento do hospital estava normal. É estranho ver o mundo andando naturalmente, quando dentro de nós, ocorre algo tão dramático. Depois de duas horas, talvez mais, talvez menos, eu e dona Monica (a mãe do Pedro), nos olhamos como se lêssemos o pensamento um do outro. Havia um mórbido silêncio no ambiente, como se falássemos para nós mesmos, "somos incapazes de pressentir uma tragédia, o que sentimos é apenas medo."

É óbvio, não posso comparar minha dor com a dela, mas naquele momento, estávamos apenas nós dois lá, e depois daquele dia, soube que tinha perdido um amigo e me ligado para sempre com aquela mulher cujo nome eu havia esquecido.

O pai dele não compareceu, não deu as caras, ou se o fez, ninguém fez questão de apresentá-lo, pois tanto no velório quanto no enterro, vi apenas figuras conhecidas ou outras para as quais fui protocolarmente apresentado. Não havia muitas pessoas por lá, e tentava imaginar, a todo instante, se algum dos presentes causou aquele sentimento de desespero que fez Pedro me procurar pela última vez, quando foi à minha casa.

Perto da mãe e da família do Pedro não me senti digno de sentir tristeza, pois somente eu conhecia os passos dados por ele nos últimos dias de sua vida. Nada daquilo fazia sentido, eu necessitava me apegar a algum pensamento para não ficar confuso. Um tumor não é causado por um sonho, a menos que eu também tivesse um, aí tudo faria sentido. Dona Monica me disse que chegou a falar com ele por duas vezes na clínica, mas Pedro só dizia coisas desconexas e confusas. Nunca saberei se ele conseguiu realmente criar sonhos, ou se de alguma forma, minhas palavras revelaram como fazê-los.

É estranho, ver alguém tão jovem deitado num caixão. Nas minhas poucas idas a velórios, vi apenas pessoas já com os cabelos brancos e pele enrugada sendo veladas. Eram criaturas com netos à volta, logo, de alguma maneira, a família já havia se preparado para aquele momento. O mais triste para mim foi não ter me despedido dele, parece clichê, mas só quem passa por uma perda sabe o quanto isso é doloroso.

Um velório é uma maratona, com direito a momentos ímpares, quase surreais. Logo ao chegar, todos se apressam em ver o corpo, e os olhares de todos ao redor voltam-se para essa nova presença, tentando interpretar as suas reações e ler os seus pensamentos enquanto olha o falecido. Questões como: "como será comigo?" ou "onde ele estará agora?", permeiam nossa imaginação. Porém, o mais estranho de um grande amigo estar morto, é saber sua opinião sobre esses momentos. Lembro-me vivamente de uma conversa nossa a respeito: começamos discutindo, em tom de piada, qual música deveria tocar no inferno. Ele dizia ser o autointitulado 'funk' carioca (James Brown deve se revirar no túmulo com tal título), eu já achava ser a música discoteca dos anos 1970. Como sempre, uma brincadeira foi o estopim para nossas viagens filosóficas até altas horas da noite que, na adolescência, terminavam com o telefonema dos nossos pais, e com o tempo e maturidade, de nossas namoradas.

Não esquecerei a sua opinião sobre o inferno, ele o imaginava, ao contrário do senso comum, frio e solitário (espero não ter descoberto se estava certo ou não). Também recordo uma pergunta muito incomum, mas que imagino que muitos já se tenham feito mentalmente: ele me questionou se eu imaginava as pessoas demonstrando tristeza, chorando e lamentando a minha morte no meu velório e enterro, e se eu imaginava quem mais sentiria minha falta. Eu nunca havia pensado em tal coisa, apenas disse que temia ser esquecido, mas quando questionei se ele havia me perguntado se era esse o seu temor, Pedro se calou.

Já no final da noite, senti olhos me vigiando, olhei para trás e vi Cristiane, a ex-namorada de Pedro. Ao seu lado, notei uma silhueta muito conhecida: ela,. Adriana. Pensei em me virar para demonstrar meu desprezo, mas percebi, não poderia ignorar Cristiane, e balancei a cabeça positivamente, olhando bem nos olhos dela, para não haver perigo de confusão. Me concentrei no Pedro, tentando a todo custo esquecer aquela presença incômoda. Me lembrei com certa alegria, que tanto Cíntia quanto Júlia iriam passar por lá, e Adriana iria perceber que eu segui minha vida muito bem sem ela.

Em determinado ponto da madrugada, me sentei ao lado de sua mãe, até então, não tínhamos trocado mais de duas palavras. Esperei por uns minutos alguma reação ou conversa, mas procurei não me fixar muito nesse desejo, pois sabia, soava certo egoísmo. Logo, ela se virou para mim emocionada e se mostrou incrivelmente carinhosa, mesmo tendo perdido o único filho. Seu olhar, de certa forma, me deixou acanhado, era como se eu fosse o reflexo das lembranças dos momentos bons passados com o seu filho:

– Gabriel, me diga... Fale um pouco do meu filho... Algo bom. – disse Dona Monica, com uma voz fraca, refletindo exaustão.

– Algo bom? – fiquei pensativo, não poderia decepcioná-la. – Foram tantos. – respondi para ganhar tempo. – Ele era meu melhor amigo e isso não se encontra em qualquer lugar... – Não fiquei feliz com a resposta, então, pensei por mais alguns instantes e me lembrei de uma história ótima com ele:

– Uma das coisas que eu mais gostava no seu filho era o seu companheirismo, ele sabia ser parceiro todas as horas. Nunca se negava a qualquer pedido, desde o convite mais esdrúxulo ao mais divertido. Eu tinha uma amiga de infância e uma vez confessei: "gosto de uma garota que pega ônibus comigo, nós sempre nos encontramos no horário de saída da escola; ela estuda em outro colégio, próximo ao meu." Então, perguntei para ele como eu poderia conquistá-la, pois eu era meio devagar, sabe? Minha amiga me aconselhou a fazer uma bela carta, e lá fui eu, com imenso esmero fazê-la. Para ser bem sincero, a carta ficou relativamente bonita, não muito romântica, nem muito direta. Aí, eu comecei a pensar: "Como farei para entregar?" O ano letivo havia terminado, eu não a veria por algum tempo, então, imaginei: "Pelo correio não vai ser nada romântico". Bolei um plano maluco: como eu observava onde ela descia e, num certo dia, cheguei a vê-la entrando num condomínio fechado, falei para o seu filho fingir ser um office- boy e fazer-lhe a entrega.

Coloquei um bermudão nele, um boné, uns envelopes de papel pardo embaixo do seu braço e lá foi o Pedro, com a cara e a coragem, direto à portaria do condomínio dizendo ter uma encomenda para a tal moça. E não é que ele conseguiu entrar e entregar a carta para ela? O final da história é previsível: me achando um maníaco, ela mandou um brucutu me ligar. Muito chateado, alguns dias depois, eu contei o desfecho de tudo à minha amiga e ela agiu como se fosse normal eu ter sido considerado um tarado, imagine, ela aparentou ter se esquecido da sua própria sugestão. Eu comentei com o seu filho a reação da minha amada e da minha amiga e ele ficou extremamente revoltado, e sem eu saber, foi até a casa das duas dizer o quanto elas tinham sido idiotas comigo."

Ela abriu um sorriso e colocou a mão no meu ombro, como se quisesse me abraçar e estivesse acanhada. Eu instantaneamente me senti culpado por ter inventado parte da história, principalmente quando se vê um dos personagens no caixão, logo à sua frente. O Pedro fez tudo aquilo, menos procurar as garotas.

– O castigo então veio a galope, – Dona Monica mudou o tom da voz e tocou no tão temido assunto:

– Eu não deveria ter deixado ele ser operado. Não deveria.

– Mas ele iria morrer.

– Não. Não iria. Eu deveria tê-lo mandado para outro hospital, pedido novos exames. Não deveria ter acreditado naquele médico, agora não posso fazer nada.

– Se a senhora se culpar vai ser pior, não pode pensar assim.

Fez breve silêncio, como se não tivesse me escutado, e, em seguida, ponderou:

– Ele o adorava tanto a ponto de achar ser você. Não sei se era amizade ou se era loucura, mas certamente, isso não era doença.

– Olha, pensando bem, talvez ele já estivesse doente há tempos. Me lembro dele, na última vez que foi até minha casa e ele estava muito estranho.

– Ele disse que estava doente? – Dona Mônica me encarou interessada.

– Não disse, mas agora, eu penso, talvez quisesse dizer.

– Tem certeza?

– Não. Senão eu diria para a senhora. – De alguma maneira, percebi como minha providencial lembrança poderia tirar um fardo das nossas costas.

– Mas o que ele lhe falou?

– Não disse nada, mas estava estranho, preocupado, parecia querer dizer algo grave. Agora não há como saber.

Pela manhã, com a chegada do padre, teve início o momento final do velório. Todos então se juntaram, fizeram a oração e se prepararam para acompanhar o enterro. Engraçado reparar como nesses momentos, muitos, que nunca frequentaram qualquer tipo de Igreja, se mostram tão reverentes. Não acho cinismo, apenas vejo o quanto um ritual de despedida faz parte da natureza humana, a ponto de ser inimaginável não o respeitar.

Já no cemitério, o corpo foi levado a uma pequena capela, onde foi feita a oração final. Era chegado o momento mais doloroso, aquele em que qualquer um sente arrepios ao pensar na despedida de um ente querido: o último fechamento do caixão. Imaginar nunca mais poder olhar para um rosto, com o qual nos acostumamos a ver cotidianamente sem maiores dramas, traz uma dor massacrante. A fé se torna algo obrigatório, o choro involuntário; não pode haver tristeza mais pura e genuína.

Fica fácil notar como a morte é um ritual de passagem capaz de tornar todos mais humildes. Qualquer chavão pode lhe ser aplicado, pois somente encarando-a de perto, conseguimos dimensionar o tamanho da nossa impotência diante do tempo e dos princípios inerentes à existência, camuflados por nossa busca desenfreada pelo amor, dinheiro e reconhecimento. Nós passamos e somos lembrados apenas por poucos amigos e familiares, e daí, tudo acaba em uma ou duas gerações.

Júlia e Cíntia vieram ao velório em diferentes horários. Percebi, ao longe, Adriana observando Júlia: ficou muito evidente a sua curiosidade, certamente eu ainda causava algum impacto naquela mulher. Ela não chegou a me ver com Cíntia, mas esta com seu radar ativado e décimo sentido alerta, me perguntou se a Adriana estaria por lá. Por sorte, ela pareceu não perceber que o amigo morto era o mendigo de dias atrás.

Ao final do enterro, segui sozinho e em silêncio rumo à saída do cemitério; andava um pouco atrás das outras pessoas, perdido em meus pensamentos. Adriana, ligeiramente à frente, diminuiu o passo esticando o pescoço para meu lado, num misto de curiosidade e receio. Eu, ao perceber, comecei a ensaiar o meu discurso caso ela puxasse assunto. Cessei o passo tão logo ela começou a falar, não poderia perder aquela chance:

– Sinto muito, Gabriel. Meus pêsames. – disse, me olhando de uma forma tão familiar que quase esqueci minha fala. Novamente, ter tão próximo aquele rosto trazia à tona sentimentos e impressões conflitantes.

– Obrigado.

– E você, o que tem feito?

Não respondi, apenas eu olhei para ela com desprezo. Ela se adiantou para puxar assunto.

– Eu estou bem, Gabriel, graças a Deus.

– Você está me provocando? Hoje? Aqui?

– Não. Por que diz isso? Só disse estar bem, com a graça de Deus, que mal há nisso?

– Deus? Não faça tamanha heresia! Muito feio me chamar assim! Gabriel é bem menos formal.

– Não é bem assim...

Interrompi:

– Não precisa dizer, sei o quanto está bem. E estará por muitos e muitos anos. O diabo não gosta de concorrência, você só morrerá por cansaço mesmo.

– Nossa! Como você me odeia!

– Adriana, eu só não arranco seus olhos porque você precisa deles para se olhar no espelho todos os dias. – disse, fazendo muita questão de olhar bem naqueles grandes olhos negros.

Sem dúvida, ela ficou desconsertada, parou, refletiu um pouco, e respondeu enquanto eu saía do seu lado:

– É uma pena, pois eu rezo por você sempre, Gabriel. Você foi muito importante na minha vida.

– Adriana, vou deixar uma coisa bem clara para você: eu não tenho ódio de você, eu simplesmente acho você um ser humano desprezível. Teve uma sorte imensa por encontrar alguém como eu, que a valorizou e aumentou muito a sua autoestima. Então, lave sua boca podre para citar meu nome onde quer que seja. Eu fui importante enquanto lhe dei sexo e dinheiro.

– Uma pena que sinta tanto rancor assim... –

Eu a interrompi novamente, com mais agudeza:

– Como é lindo seu discurso politicamente correto, não é? É tão encantador seu coração! Eu não a odeio, mas se quiser sumir, fique à vontade. Vai enganar os bobos da corte que puxam seu saco porque você é bonitinha. Você nunca me fez feliz, eu nunca gostei de você de verdade e você sabe disso, sempre sentiu, e por isso foi tão difícil para mim, pois eu não queria admitir. Então, não se sinta culpada, ao menos durante um tempo eu fui bom de cama para você, pois para mim, você nunca foi. Fique à vontade, pode se iludir achando ser raiva, eu até entendo, para você, sua covarde, é melhor imaginar isso. Mas você conhece a verdade e sabe o quanto é fraca. Você vai cair, Adriana, e quando cair não mais estarei lá para carregá-la nas costas.

– Você não pode apontar esse dedo para mim, não...

– Tem razão, não dá para discutir com gente sem caráter como você. Eu me rebaixo muito de nível, e você vence pela experiência.

Pronunciei cada palavra sem pestanejar, olhando fixamente naqueles olhos. Fiquei muito orgulhoso e feliz, ainda mais porque notei o quanto ela se esforçou para não deixar escorrer suas lágrimas. Parti, repetindo as mesmas palavras ditas por ela ao telefone, quando terminou comigo, há dois anos, acrescentando:

– Como você disse tempos atrás, eu repito: Adeus, Adriana! Mas diferentemente de você, agora estou ocupado pensando em gente que presta.

Agradeci a Deus por aquele presente, foi maravilhoso tirar todas aquelas palavras presas na minha garganta; nada no mundo poderia ter sido melhor, ainda mais naquele momento. Porém, havia um lado ruim daquela situação. Senti um enorme gostinho de quero mais.

★ Capítulo 9 ★

Previsível

A vida segue, move-se, nunca para. Podemos achar que ao passar por um momento difícil, iremos nos redefinir e modificar, mas viver em si acaba com qualquer perspectiva de reflexão. Acordar toda manhã não é para o homem tão diferente quanto para qualquer outro animal: temos uma luta diária, que nos impede de parar para pensar.

A morte nos ajuda a entender muito do que fazemos. Indo ao assunto da moda, por exemplo: como planejarmos algo para as futuras gerações, cuidando da natureza ou se preocupando em diminuir o consumismo, se somos seres transitórios? Traçamos algo para os nossos filhos e netos, e olhe lá, pois entre pensar num 'mundo melhor' ou em ter mais bens, certamente, optamos pela segunda.

Depois da morte do Pedro, comecei a pensar em como somos pedantes ao imaginar um 'fim do mundo' próximo; não deixa de ser uma forma esdrúxula de nos julgarmos especiais. Como somos temporais, achamos que o mundo deve ir conosco; alivia bastante o ego pensar assim.

O que penso hoje é com a cabeça de agora, e por algum motivo, sempre me acho mais esperto em relação ao passado, como se o Gabriel de dois, três, cinco anos atrás fosse ingênuo e fraco.

Mas talvez isso seja uma ilusão, pois algo não bate nessa sensação, pois sinto enorme falta do tempo em que ansiava por um sonho. Hoje, não vejo nenhuma possibilidade de eles voltarem a ter qualquer apelo para mim, porém, nem por isso, algumas fantasias, embora um pouco diferentes, não deixam de orbitar meus dias: criar sonhos para os outros tem me cativado numa boa medida.

Várias dúvidas irritantes martelavam minha cabeça: como seria se através dos sonhos eu criasse uma imagem nova de mim, na visão da Júlia ou da Cíntia? Elas poderiam desconfiar? Agora sei como agir, como funciona criar um sonho para os outros, algo que não ocorria enquanto eu estava com Adriana. Se algum dia, ficasse com Júlia ou Cíntia, não ficaria tentado a mudar algo se porventura nosso relacionamento não caminhasse bem? Se eu tentasse usar remédios para sonhar, algo que nunca fiz, será que voltaria a tê-los? E seu eu pedisse para alguém me dar os remédios e usar meus métodos em mim, essa pessoa conseguiria criá-los, ou em mim haveria um efeito diferente? E com relação ao Pedro? Teria mesmo ele conseguido criar sonhos?

Pensei em procurar o tal do Kiko levando essa última questão, mas certamente me embananaria com as perguntas. Além disso, neste momento, por mais incrível que possa parecer, não sei se eu temia ter minhas respostas ou se me dava certo prazer manter essas dúvidas.

Cíntia respeitou meu luto na primeira semana, já Júlia, como sempre, desapareceu. Nesse tempo, senti certa solidão e um pouco de estranheza por não poder mais ver meu amigo, mas nem por isso fiquei deprimido ou com alguma culpa, como já mencionei, estava sim, inquieto com tantos acontecimentos, tantas dúvidas e tão pouca ação (meu telefone sequer tocou em uma semana). Isso se manifestava até no meu modo de andar, cada dia mais errante e distraído. Porém, paradoxalmente, certo otimismo tentava brotar em meu peito. Não foi nada de grandioso, apenas algo um pouco maior do que uma percepção.

Não sei se essa sensação foi ajudada por um certo livro de capa roxa. Durante dias, eu o vi em minha mesa, mendigando minha atenção, mas eu fingia não notá-lo. Até que num momento de total ócio, me aproximei e decidi, com enfado, dar-lhe cinco minutos de atenção. A cada linha lida, tentava achar defeitos e não os encontrava. Com um enredo bem fluente, seus parágrafos curtos me faziam encarar a história sem levá-lo muito a sério. Talvez, pelo simples fato de ter visto uma trama simples e de leitura fácil, percebi estar medindo minha vida sem leveza. Parece piegas pensar assim, mas resolvi deixar para lá os joguinhos e temores, e encarar os fatos: meu amigo me procurou já com uma doença grave e duas belas mulheres frequentavam minha casa. Como já disse, não foi um momento de catarse em que decidi mudar minha filosofia de vida, mas apenas no instante em que consegui me desligar do alvoroço dos meus pensamentos.

Mas não parou por aí, meus fantasmas não eram tão simples. A cabeça engana quando pensamos ter chegado à maturidade e alcançado alguma segurança, pois é aí então, quando as verdadeiras frustrações aparecem. Algo muito errado deveria estar acontecendo comigo, pois ao voltar da missa de sétimo dia do Pedro, peguei trânsito e comecei a esmurrar o volante e gritar dentro do carro. Tudo porque estava planejando fazer um jantar para Júlia e Cíntia, a fim de se conhecerem, e como meu telefone estava sem bateria, chegaria tarde em casa e não conseguiria ligar para elas, antes de dormirem. Cíntia e Júlia não sabiam da existência uma da outra e eu me dei conta: poderia usar isso a meu favor. A intimidade necessária para criar um sonho 'exclusivo', deveria mexer com os brios uma da outra. Para mim, essa era uma tentativa mais que válida.

Não marquei o jantar imediatamente após aquela noite, estava difícil conseguir que ambas pudessem vir. Enquanto elas não apareciam, eu ia juntando diferentes objetos, desde chaveiros até livros para dar de presente para as duas. Durante o namoro com Adriana, sempre agi de forma similar, e como tudo deu muito errado com ela, decidi não repetir o mesmo hábito generoso. Me imaginei igual à minha mãe, comprando lembranças para todos, para no seu dia, não ter nem mesmo um bolo de aniversário. Ou mesmo quando cozinhava por horas, tentando agradar aos familiares, e acabava comendo sozinha na cozinha, geralmente, servindo-se dos restos deixados pelas visitas e parentes. Mas hoje, ao pensar nisso, aceito ter puxado à minha mãe, tento apenas me policiar para não exagerar.

– Você não age assim porque tem coração bom, você faz isso para as pessoas notarem e gostarem de você. – Foi um dos impropérios ditos pela Adriana, na nossa briga final ao telefone. Obviamente, não contei esse 'mimo' à Cíntia, tais segredos não se dividem com ninguém. Mesmo tomando esse e outros cuidados, o modo como a Cíntia passou a me tratar, mudou totalmente depois de ter desabafado sobre o meu relacionamento conturbado com Adriana. Antes, bastava ela me ver *online* no computador, para me mandar uma mensagem carinhosa. Depois da nossa conversa, ela parou de me procurar, não puxava mais assunto, nem me ligava.

Em nenhum momento, Júlia se mostrou entusiasmada com meu convite; sutilmente, restringiu-se a dizer que esperava uma nova sessão de 'sonhos ruins', me fazendo desistir de chamá-la. Quanto à Cíntia, aceitou vir sem muito ânimo.

Arroz marroquino seria o suficiente para um jantar de sexta à noite, mas como sempre, quis fazer mais, e resolvi preparar também uma lasanha ao molho branco. Quando Cíntia chegou, já a recepcionei com chocolates para aperitivos. Para beber, três opções de sucos ou vinho. Na sobremesa, mousse de limão e maracujá.

Recebi elogios não muito entusiasmados, diminuindo sensivelmente a minha animação. Porém, o mais frustrante foi ter de caçar assuntos. Até aquele ponto da noite, era eu quem puxava conversa e tentava fazê-la durar mais do que duas ou três frases. A noite estava extremamente broxante, cheguei a pensar que nem mesmo a perda de um amigo, há tão pouquíssimo tempo, era capaz de comovê-la e agir de maneira menos gélida. Desde o nosso encontro no velório, Cíntia sequer falou do Pedro, como se suas protocolais palavras do dia tivessem apagado qualquer lembrança.

Não consegui imaginar mais nada para dizer, então apelei, e resolvi puxar o mesmo assunto do início do nosso 'relacionamento', se é assim que posso chamá-lo. Fazer isso soou como um enorme retrocesso:

– Você quer dormir aqui?

– Não. – respondeu de maneira seca.

– Não quer? Não pode?

– Não tem nada a ver, Gabriel.

– Você está chateada comigo, não está? – perguntei num tom cordial.

– Teria algum motivo? – devolveu a pergunta em tom um pouco hostil.

– Nunca gostei de perguntas respondidas com outras perguntas.

– Você ficaria feliz se eu pedisse um sonho, não é?

– Eu ficaria feliz se você sorrisse e ficasse feliz.

Ela me encarou com desconfiança.

– Está preparado para voltar a fazer sonhos? – perguntou, sem disfarçar sua falta de animação.

– Por que a pergunta?

– Você não consegue enxergar sua vida sem fantasiar, não é? Encarar as pessoas.

– Não entendi, querida.

– Pelo seu amigo. – respondeu, com certo cinismo, pois parecia estar falando de si.

– Para você eu faria um sonho sim, qualquer coisa... mas eu não queria que ficasse aqui só por causa dos sonhos. – disse, medindo cuidadosamente suas reações.

– Espero que não mesmo, Gabriel.... Espero que não, amore. – Não sei se ela dissimulou ou entendeu errado. – Sei que gosta de fazer isso... Eu ainda me lembro dos sonhos. Queria ter mais algum qualquer dia e também saber como você os faz.

– Como assim, saber como faço? – fiquei irritado com seu desejo.

– Só estou perguntando.

– É só isso, mesmo?

– Vou dizer a verdade: não queria ser como sua ex.

– Não estou entendendo, querida.

– Não quero ficar de fora, se quer ser meu amigo, quero começar tudo da maneira correta.

– Amigo?

Ela ficou em silêncio.

– E por que começar logo pelo mais complexo? – perguntei muito irritado.

– É tão complexo quanto o segredo que dividiu comigo?

– É diferente... bem diferente.

Ela fez silêncio por alguns instantes.

– Não é justo nada acontecer com sua ex depois de tudo. – afirmou num tom bem mais ameno.

– Por que está falando isso? O que uma coisa tem a ver com a outra?

– Você quer fazer algo, não quer, Gabriel? – Por alguma razão, aquela associação soou como uma chantagem.

– É justo que seu ex faça o que fez sem acontecer nada com ele, Cíntia? – contra-ataquei.

– Você pediu minha ajuda, Gabriel.

– Não, você quem pediu a minha.

– Não fique com raiva. Me desculpe se este assunto é tão delicado para você.

– Fale a verdade: você ainda pensa na mesma coisa daquele dia na praça? Ainda quer mudar a cabeça do seu ex com meus sonhos? – tentei tomar a ofensiva da conversa.

– Depende de você, isso? Ou você também não está com dor de cotovelo?

Me calei um pouco, ignorando a grosseria e tentei mudar o tom da conversa:

– Eu quero que você fique bem. – respondi sorridente enquanto me levantava e ia na sua direção para passar a mão em seu rosto.

– E qual sonho você tá pensando em fazer para mim, hoje? – forçou um sorriso.

– Pode ser um comigo?

– Não sei se seria legal, Gabriel.

– Estou brincando, comigo não precisaria sonhar, precisaria?

– Não dá para saber quando você brinca ou fala a verdade. – disse parecendo incomodada com o toque em seu rosto.

– Vamos para sala, Cíntia. – falei sério.

– Tudo bem, vou lhe dizer o que aconteceu comigo e com o Renato. – disse abruptamente, mudando de assunto.

– Mudou de ideia, de novo? Agora quer ajuda para mexer com ele através dos sonhos?

– Você perguntou isso dois minutos atrás, parece mais ansioso que eu. – fez silêncio por um instante.

– Sabe, Gabriel, eu não sou santinha não.

Balancei a cabeça, esperando que prosseguisse, mas ela se calou.

– Não é santinha? Isso foi um convite pra algo?

Ela riu amarelo e prosseguiu:

– Até meus dezessete anos, meu pai não deixava ninguém chegar perto de mim. Isso não surtiu o efeito desejado por ele. – disse com ironia e rancor na voz. – Pois, aos dezoito, não quis saber... Sabe aquela coisa de passar a adolescência inteira dizendo que com dezoito anos eu seria dona do meu nariz?

– Não, não....

– Você não deve ter sido criado como eu. – afirmou num tom cheio de mágoa. – Aos dezoito anos nenhum homem ficou longe. – riu como se estivesse se gabando, aparentemente alheia ao mau gosto da 'informação'. – Qual maior loucura que você fez?

– Não sei. – estranhei tal pergunta.

– Logo após meu aniversário, eu estava andando lá na minha cidade e um cara desconhecido, dentro de um carro, mexeu comigo de forma bem vulgar, sabe? Não sei dizer o porquê, mas fui com ele. No dia seguinte, eu voltei pra casa com o cabelo molhado e meu pai quis saber para onde eu tinha ido e eu lhe respondi que havia dormido na casa de uma amiga, mas era impossível isso ser verdade, pois ela morava do outro lado da cidade, e até eu chegar a casa, meu cabelo já teria secado. – terminou a frase rindo, aparentemente orgulhosa pelo feito. Fiquei com nojo, mas dissimulei: – É normal nessa idade.

– Mas, com esse sujeito grosseiro e feio, descobri uma coisa fascinante. – Seus olhos pareciam visualizar com orgulho o evento. – O mais legal do órgão do homem é que ele é duro e sensível.

Aguardei alguns instantes para ver se ela percebia o tamanho do absurdo que estava me dizendo, mas só consegui pensar: talvez ela tivesse a intenção de me irritar.

– Por que está me contando isso? Me poupe dos detalhes sórdidos.

– Você é de vidro? Me desculpe, então. – respondeu como se fosse uma mulher experiente diante de um puritano.

– Não, não sou. Mas qual seu intuito em me dizer essas histórias?

– Eu preciso falar tudo. Você me contou tudo também, se lembra?

– Com o Renato você fez muitas loucuras, é isso o que quer dizer?

– Não, ele me mudou, virei uma Amélia, praticamente.

– Essa então é sua mágoa? – perguntou lentamente, querendo tornar a conversa mais amena.

– Você não entendeu?

– Não... Por que não me explica?

Ela bufou, demonstrando impaciência:

– Chegou uma hora que não dava mais, não era mais eu mesma, sabe? Tentava agradá-lo de todas as formas, ele parecia nunca estar feliz com que eu fazia. Me sentia massacrada tal como um fumante nos dias de hoje.

– Você fuma?

– Tentei parar, nem foi por nada de saúde. Mais pela encheção de saco dos outros.

– Não sabia, nunca senti seu hálito de cigarro. – sorri e pisquei ao mesmo tempo com malícia.

– Nunca?

– Não. Vocês terminaram com briga?

– Você viu o que aconteceu, lembra-se? – perguntou com certa rudeza.

– Eu vi, mas não ouvi... – continuei tentando suavizar o clima tenso da conversa: – Mas depois disso não conversaram?

– Ficamos uma vez, não sei por que fiz isso.

– Ficaram?

Ela não respondeu, e eu também fiquei em silêncio. A falta de consideração dela tornou aquela conversa quase insustentável. Cíntia pareceu pouco se importar com a rispidez do ambiente, ligou o rádio como se estivesse em sua casa e de costas para mim, fitou as luzes da noite pela janela do meu apartamento.

– Quando eu era pequena, achava que os artistas não usavam os mesmos produtos das pessoas normais. Acreditava ter tudo personalizado. Desde pasta de dente até roupas. Para mim, isso era ser famoso.

– Sério? Já eu também não entendia como o som saía do rádio, pensava ter gente em miniatura aí dentro.

– Como você começou a fazer o que faz, Gabriel? Os sonhos, quero dizer. – questionou calma e com certa doçura na voz.

Decididamente, estava confuso com aquela mulher.

– Tudo começou na infância.

– Eu perguntei como querido, não quando, por que você não diz para mim?

– Calma, eu ia dizer... Está nervosa hoje, hein? Quer um suco de maracujá? Se eu soubesse teria comprado um!

– Não estou nada nervosa, você que está sensível.

– Tudo bem! Tudo bem! Para falar a verdade, o início não foi na infância, mas foi nela que comecei a perceber como fazer.

– Você leva esse assunto muito a sério, não é mesmo?

Tentei me mostrar magoado com sua frase para evitar responder, mas passados alguns segundos de silêncio e desdém, resolvi prosseguir:

– Eu falo com você durante seu sono.

– Só isso é suficiente?

– Sim, mas você deve saber responder melhor.

– Mas você não disse como você descobriu ser capaz de agir assim.

– Talvez você não acredite, é algo cem por cento da minha cabeça.

– Tem certeza de ser somente isso?

– Não penso ser pouco, você não acha?

– Mas e com você? Como faz para falar consigo mesmo? Você não pode falar consigo mesmo, ou pode?

– Claro que não, que pergunta. Ah... tá... Agora entendi a razão de mencionar sobre os artistas serem especiais, você me acha especial? Que posso fazer coisas impossíveis? – questionei em tom de piada.

– Não perguntei isso. – respondeu fazendo bico. – Gabriel, não vou mais insistir, pelo jeito você não confia em mim mesmo, não sei como pede para eu ajudá-lo.

– Eu confio em você, mas não é tão fácil assim para mim. – falei num tom frágil.

– Tudo bem. – falou com desdém. – Hoje eu quero um sonho com o Renato. – cravou, como se desse uma ordem.

– Que tipo de sonho? Quer esquecê-lo?

– Se eu disser como quero, perde o efeito?

– Não sei, realmente não sei. – Foi uma boa pergunta. Eu verdadeiramente não sabia.

– Então, perderia a graça para você.

– Eu nunca disse isso.

– Por que você me engana assim? – questionou Cíntia, num misto de agressividade e desconfiança.

– Eu não engano você, apenas não sei. – retruquei.

– Tudo bem. Tudo bem. – disse com impaciência, querendo terminar a discussão. – Quero um sonho com ele, vou confiar em você.

– Não vai dizer como, afinal? Aí, descobriremos se perde ou não o efeito.

– Tá bom, eu queria.... Eu não sei... Apenas faça eu me sentir bem. – bradou com certa ironia.

– Mas um sonho com ele, faz você se sentir bem?

– Não. Mas que ninguém você deveria saber.

– Tudo bem. – respondi sem esconder meu incômodo com aquela conversa. – Pode confiar em mim.

Naquele momento, pensei seriamente em usar um sonho para colocar algo do meu interesse em sua cabeça, assim ela teria a imagem correta de mim. Afinal, Cíntia não queria usar uma cobaia, sugerindo até para sua prima Gisele? Já tinha até uma desculpa, caso ela percebesse algo: eu gostaria de saber se haveria algum risco de a Adriana ou de o Renato desconfiassem caso eu tentasse alterar algo em suas lembranças, logo minha desculpa seria que Cíntia seria um teste. Mas bastou eu pensar um pouco melhor, e acabei ficando na dúvida: necessitaria planejar com muito cuidado, senão Cíntia poderia descobrir minha intenção e ficaria muito feio para mim, além disso, eu não tinha certeza se daria certo, pois para qualquer sonho ser plausível, a pessoa precisa se deixar levar.

– Posso tentar apagar, ou alterar alguma lembrança da sua cabeça para ver se dá certo? – Seria aconselhável perguntar, afinal, se funcionasse, ela não iria se lembrar, se não funcionasse, 'algo teria dado' errado.

– Dá certo... o quê? – fez cara de dúvida.

– Mudar a cabeça do Renato... ou da Adriana?

– O quê? – perguntou num tom insatisfeito.

– Não sei. Diga algo.

– Melhor não. Não, mesmo.

– Tudo bem. Farei você se sentir melhor.

Optei por algo totalmente careta. Ela sublinhou com muito orgulho não ser santa, portanto esse pensamento deveria passar com frequência em sua cabeça. No sonho, todos da família dela e do Renato eram amigos e se encontravam frequentemente para eventos sociais. Tudo muito careta, com direito a cerquinhas brancas, casalzinho de filhos, viagens todos finais de semana para o sítio, e uma vez ao ano para Disney. Não podia ter criado algo mais chato e tedioso, a ponto de nem querer contar aqui os detalhes.

Em seguida, tentei outro, não tão inofensivo, apenas brinquei um pouco com o fogo, para saber como Cíntia reagiria no dia seguinte:

"O que o Renato e a Adriana fazem aqui? Eu não os chamei, por que estão no meu quarto? O Gabriel não vai gostar de vê-los aqui de visitinha."

Mas eles não estão olhando para mim, nem notaram minha presença, estão conversando, cada um com um psicólogo...

Muito estranho! O Renato com um psicólogo? Não é o perfil dele. E a Adriana, por que precisaria?

"Saia daqui Renato, saia, não estrague a amizade que sobrou entre nós."

"Você não pode expulsá-lo, Cíntia, este quarto não é só seu." (deixei que sua imaginação construísse quem diria isso).

Esse não é o meu quarto? Onde estamos? O que fazemos todos juntos aqui? (Coloco perto do seu nariz um pouco do arroz marroquino).

"Nós vamos jantar com ele, estamos esperando a comida ficar pronta."

"Eu já comi a sua comida, mas por que ele convidaria vocês para virem aqui?" (Nesse momento, passo a mão no seu rosto, da mesma maneira de minutos atrás).

"Mas você já o viu? Nós não o conhecemos, Cíntia."

"Como você não o conhece, Adriana? Você não namorou com ele? Até terminou com ele."

"Você conhece ele ou não, Cíntia?"

"Sim... Não... Me fale dele, por favor."

"Não. Eu falo do Renato para você, do Gabriel não posso falar, eu não o conheço. De quem pensa que estou falando, afinal?"

"Como não o conhece?"

"Pergunte do Renato, Cíntia!"

"Eu não quero perguntar aqui na frente dele."

"Então, pergunte para o psicólogo dele." (Esperei um instante).

"Ele já me traiu?"

"O que você acha?"

"Por que sempre vocês devolvem a pergunta?" (Fiquei quieto um pouco)

"Tudo bem! Eu acho que sim!"

"Como assim, você acha?"

"Isso não interessa. Nós vamos até a cozinha jantar, fique aqui."

"Não quero ficar."

"Talvez ele não tenha convidado você."

"O Gabriel me convidou, sim!"

"Vou perguntar a ele, então."

"Renato, de onde você conhece o Gabriel?"

"Eu não o conheço, vou conhecer agora. Me desculpe, me deixe jantar agora."

"Mas eu nunca falei dele para você."

"Você não pediu para ele mudar tudo em mim sobre você? Não combinou fazer o mesmo com a Adriana?"

"Não, não! Quem lhe contou isso?"

"Adeus, Cíntia."

"E você, por que não diz nada, Adriana?"

"Eu ainda não sei, Cíntia, o Gabriel nunca contou nada para mim, apenas para você, pode me explicar isso?"

"Não posso, Adriana."

"Então, não me critique."

"Ele detesta você, Adriana! E ainda vai jantar com ele? Vai odiar a sobremesa, ele economiza no açúcar." (corri até a

cozinha, peguei uma pitada de sal e outra de açúcar e coloquei em sua língua).

"Um psicólogo vai ficar aqui, quer falar com ele?"

"Quero falar com o Renato!"

"Ele já se foi."

"Preciso falar com ele! Chame- o de volta, por favor!"

(Espero alguns segundos)

"Voltei! O que quer me falar de tão urgente?"

"Eu só queria lhe dizer o quanto estou bem agora sem você!"

"Fico um pouco triste, não posso negar. Adeus, Cíntia. Boa noite de sono. Sabe o quanto sou fácil para você, mas como não me quer de volta, agora tudo está ao seu alcance, basta saber lidar com o céu."

"Céu? Está louco? Onde você vai? Volte aqui! Volte!"

A noite acabou para mim, agora só me restava esperar para descobrir se aquele sonho seria 'apenas um sonho' como Cíntia se referiu, ou se teria algum efeito. Para ser sincero, estava cético.

Meu problema com a Júlia era simples de ser diagnosticado: enquanto eu não a via, tudo andava muito bem. O problema era quando eu a encontrava, na mesma hora, me sentia um miserável e tinha de admitir para mim mesmo: "É ela quem eu quero."

Ela enviou uma mensagem dizendo estar procurando um lugar para morar perto do meu prédio, isso me deixou todo animado, cheio de planos e acima de tudo, me fez juntar várias lembrancinhas para lhe dar (o engraçado foi reparar, como eu separava lembranças de coisas das quais eu gostava, não da preferência dela). O tempo foi passando e ela nunca tinha tempo de me encontrar ao final da tarde, após nossa saída do trabalho.

Fiz uns doces mineiros para presenteá-la, pois me lembrei de ela dizendo adorar ao passarmos, certo dia, à frente da porta de um restaurante típico. Foi um parto para eu aprender a prepará-los, mas o desejo de conquistar alguém me tornava capaz de façanhas. Contudo, nem com esse atrativo, Júlia se dispôs a me visitar, mesmo trabalhando por perto. Com os doces quase estragando, resolvi, a contragosto, deixá-los na portaria do meu prédio, assim ela poderia pegá-los a qualquer hora. Foi uma grande deixa. Descobri o ponto fraco dela, fizemos entre quatro ou cinco trocas: lhe deixava um doce, e ela retribuía com algum agradinho adocicado, sempre ficando na portaria, sem nunca nos encontrarmos.

Logo chegou o período de férias escolares, deixei de dar aulas e sabia que ela estaria zanzando nas proximidades do meu apartamento. Pensei em chamá-la para almoçar em casa, mas temia uma desculpa qualquer como já havia feito tantas vezes. Precisava de uma razão para falar com ela, e, principalmente, para tentar reconquistar a sua confiança, afinal, no nosso último encontro, tudo desandou de um jeito que só voltamos a nos ver por poucos minutos no velório do Pedro.

Mesmo sendo a sua vez de me dar algo, pela ordem das nossas trocas de bondades adocicadas, lhe mandei uma mensagem avisando que havia deixado alguns chocolates na portaria. Não citei estar de férias, queria pegá-la de surpresa; Júlia logo respondeu: – Passarei no meu horário de almoço. Também tenho uma surpresinha para você, bruxinho. – Na mesma hora, pedi na portaria para me avisarem quando ela chegasse, os chocolates estariam comigo.

Um pouco depois da uma da tarde, o porteiro me interfonou informando sua chegada. Eu já estava pronto e arrumado para vê-la, no entanto, tinha certeza de que ela não aceitaria subir, então, fui até ela com meus chocolates e começamos a conversar, eu do lado de dentro, ela do lado de fora do prédio, bem no portão de entrada:

– Não foi trabalhar hoje, vagal? – disse Júlia com sua voz fina de desenho animado, ainda mais linda, vestindo uma simples regata branca e jeans escuro.

– Estou de férias, ridícula, ou esqueceu que sou o profissional mais importante e chutado deste país? – reparei uma sacola amarela na sua mão direita, provavelmente era o meu doce prometido.

– Cooomo é importante! Está coçando o dia inteiro! – Ela havia chegado elétrica e extremamente simpática, acabando na hora com qualquer temor meu.

– Você precisa de mim! Sou importante!

– Eu preciso dos seus doces, isso sim!

– Meus doces? Mas eu nunca beijei você, eu não quis, se lembra? Nunca teve meus doces lábios!

– Vai sonhando!

– A sacola está pesada? – lhe disse indicando o plástico amarelo que chamava muito a atenção, nem tanto pela cor, mas por destoar do visual moderno de Júlia.

– Não. – respondeu mostrando 'muque' com o braço.

Conforme o ângulo em que se olhava para o seu rosto, se tinha uma impressão diferente de sua beleza. Definitivamente, eu estava caidinho por ela.

– Não precisa de um homem pra carregar? – fiquei quieto por um instante e completei.

– Porque se precisar eu chamo o porteiro.

Ela riu muito, como se não fizesse isso há tempos. – Sabia que um dia você vai morrer? Eu vou matá-lo! – falou num tom de voz exagerado.

– Nossa... quanta violência... – respondi esperando uma piada, devido à mudança repentina da linha do diálogo. – Vou sim, né, ridícula? Já você, não tenho muita certeza, o diabo talvez não lhe alcance.

– Sério, ouvi dizer que MONSTROS como você, seres bem cruéis com cabeça de formato estranho e olho grande e gordo, com uma verruga na ponta do queixo, denominada pinta por você, mas que na verdade, é um alien tomando conta do seu corpo. Seres com uma língua bem comprida, interesseiros, daqueles que cobram váaaarios doces por um mísero sonho, vão morrer e virar adubo de terra, e com o tempo, vão se transformar e se tornar uma graminha bem verdinha. Aí, uma vaquinha vai chegar perto e comer vocês, e após a digestão, jogá-los no chão, em forma de bostinha. Depois, eu, andando pelo gramado, serei a única a não pisar em você, pois vou olhá-lo e dizer: Nossa, Gabriel! Você não mudou nadinha!

– Hahahahahaha. Você leu isso hoje na Internet e veio correndo me contar, não é? Sua bocozenta.

– Não, não! Eu só venho encontrá-lo quando quero ver algo engraçado! Sua cara é muito engraçada! – Ela apontou para meu rosto e fez troça.

– Ah! Vá à merda. – falei engrossando a voz.

– Não, não! Pare de insistir! Não vou beijá-lo, Gabriel!

– Cale a boca sua ridícula! Fale a verdade, você me acha o cara mais legal do mundo e ficou ensaiando em frente ao espelho para dizer isso, não é? Parabéns, foi até engraçadinho esse seu conto da graminha.

– Você sabe o que é espelho? Você já conseguiu olhar para um?

– Nossa! Mas que piada original! Não, nunca olhei. Mas, dizem por aí, ser um objeto que reflete apenas a imagem de quem gosta de almoçar e sonhar com monstros, fingindo não adorar ao imaginar ser agarrada por um deles.

– Mas os monstros também almoçam, comem e namoram? Pensei que eles não fossem de nada e só ficavam assustando as pessoas de noite, criando sonhos ruins.

– Hahahaha.... Você tem coragem de dizer isso? Agora faça um favor? Saia da frente da portaria, tem gente querendo entrar, não está vendo no seu espelho retrovisor?

Júlia achou que era sério, olhou para trás, mas não havia ninguém.

– Ai, como você é bobo.

– Ah, você não viu mesmo ninguém atrás de você? Só monstros enxergam princesas. Princesas não enxergam outras princesas, faz mal para o ego delas e para a fantasia do seu mundo encantado.

– E como era essa outra princesa? Eu não a vi.

– Nossa.... – olhei para o vazio, sem esconder meu cinismo, fazendo cara de tarado e comecei a morder os lábios, como se a visualizasse.

– Ai, que nojo! – deu uma gargalhada gostosa.

– Pitelzão era essa princesa, viu! Nem parecia princesa, parecia uma *mulher fruta*. Já a princesa que não deu passagem, apesar de grande e desajeitada... talvez tenha algum potencial. – disse fazendo sinal de um bumbum com as mãos.

– Princesa? Aff... Potencial? Como assim, eu tenho potencial? – questionou sorridente.

– Não sei, por isso mesmo que é potencial, nem sei até onde ela pode chegar.

– Ah, tá! Psiu, agora. – fez o sinal de silêncio com os dedos sobre os lábios. – Preciso voltar, pegue logo seu doce e dê o meu!

– O que você trouxe para mim?

– Um pão de mel maravilhoso da esquina lá de casa. Um chinês vende cinco por um real. Você não merece coisa tão boa, mas se me vissem comprando coisa pior, como iria ficar a minha fama de princesa?

– E minha tapoer? Trouxe de volta? – questionei mesmo já avistando os contornos do objeto dentro da sua sacola amarela.

– Você é uma anta, mesmo! Você me mandou uma mensagem cobrando uma *tapuér, tupuer, tapauero*, sei lá... levei uns três dias para entender o que você queria.

– Você levou três dias para entender e sou eu a anta?

– Escreve tudo errado! E ainda é professor! Pobres crianças!

– Ah.. Cale a boca, baixinha! Vamos almoçar logo! Você paga.

– Já disse, tenho que voltar, além disso, você fica me dando esses doces, preciso emagrecer!

– É verdade, ainda bem que você percebeu, está precisando mesmo emagrecer. – balancei a cabeça enquanto media seu corpo.

– Está me chamando de gorda?

– Não, acho você excessivamente gostosa, sabe? Mas seu cabelo está ridículo, com certeza.

– Você não gostou do meu corte? – Eu nem o tinha percebido, mas não poderia ir longe com a brincadeira.

– Ficou ótimo em você, mas ainda duvido que você continue tão linda careca.

– Eu nem cortei!

– Ah! Mas como eu disse, se ficasse careca não ficaria bem!

– É... mas eu vou descobrir logo, logo... em você, seu quase careca!

– Me chamou de lindo, né! – exclamei como se a tivesse pegado em contradição.

– E você vai almoçar? – perguntou com sua voz fininha, bem cinicamente.

– Claro. E você vai pagar.

– Mas você não almoçou ontem? Vai me dizer que almoça todos os dias?

– E você, vai me dizer que precisa namorar? Namorar é para os fracos.

– Não preciso namorar não, viu? – Ela balançou a cabeça negativamente.

– Você fala isso porque não consegue namorar.

– Você é um monstro do pântano! Me deixe viver!

– Não posso! Preciso antes lhe contar um segredo! Questão de vida ou morte!

– Se é segredo de vida ou morte, melhor não me contar, Gabrielzinho. Pode ter certeza de que vou espalhar! Melhor não dizer nada! – respondeu sorrindo.

– Pela sua grosseria vou deixar você curiosa. Mudando de assunto, já que você não pode comer, vamos tomar um sorvetão? Eu tomo um de casquinha cheio de chocolate e você algum picolé light.

– Vou tomar um light porque eu gosto! Farei o favor de lhe oferecer minha companhia. Mas você paga, Gabriel. Esqueci minha carteira.

– Eu não preciso de carteira, a galera me conhece. – respondi fazendo cara de mau.

Júlia então cutucou meu braço e falou num tom mais sério:

– Qual era o segredo que você ia me contar?

– É segredo, não posso falar. – Não havia nenhum, mais uma vez eu me deliciava com sua credulidade.

– Como você é cínico! Não era nada, não é?

– Não sei, e você também não irá saber nunca!

– Tá bom, então. – respondeu fazendo bico. Após alguns passos, falou animada: – Já sei! Você se deu conta o quanto sou linda e maravilhosa e está sem coragem de dizer.

– É seu sonho! E meu pesadelo! Mas nem se implorar criarei um desse pra você!

– É o seu sonho! Admita!

– Pare de me idealizar, Júlia, sou apenas um ser humano, até eu tenho defeitos. Eu vou dar um conselho a você, de graça: não fique com homens frouxos, bundões, vagabundos e sem atitude, preste atenção nos detalhes. Me use como exemplo, mas não como modelo! Igual a mim, é impossível de se achar, porém, apenas uma vaga sombra do homem que sou, fará de você uma mulher realizada.

– Estou com sono. – respondeu fazendo troça, fechando um pouco os olhos e fingindo bocejar.

Andamos e rimos por alguns minutos, curtindo a companhia um do outro. Júlia mostrou a produtora onde trabalhava: era um sobrado aparentemente suntuoso, mas segundo ela, por dentro bem acanhado e maltratado. Julia era responsável pela edição de imagens e estava trabalhando com dois jornalistas num filme institucional. Ela deixou escapar achar um deles "lindo", mas não sei se disse apenas para me provocar.

Aparentemente, não me pareceu real sua imediata necessidade de voltar ao trabalho, porque seguiu em frente ao passar pela produtora. Andávamos sem rumo definido, e na mesma quadra, uns dez metros adiante, paramos para ver umas correntinhas de um vendedor de rua: cinco reais cada. Júlia pechincha com extrema simpatia. Inicialmente, sem encará-la, o homem nega fazendo cara feia. Ela insiste ainda mais simpática, o ambulante finalmente levanta a cabeça e se abre instantaneamente, logo em seguida, ao vê-la acompanhada, dissimula a alegria. Ela consegue o desconto desejado, e na saída, o vendedor, num gesto simpático meio disfarçado, dá uma outra pulseirinha como brinde. Seguimos mais uns vinte metros, já na outra quadra, e Júlia entra numa loja de sapatos e escolhe, em questão de três minutos, uma sandália florida. Então, repete o ritual da pechincha, desta vez com a loira de sobrancelhas pretas do caixa:

– Essa sandália não vale cinquenta e cinco reais. – Tive vergonha alheia, quis sair de perto, pensei – com essa mulher ela não vai conseguir. – Em dois minutos, a frase padrão: – Não damos desconto, o sistema não libera – transformou-se em:

– Se parcelar em três vezes não posso dar desconto. – Mas, Júlia era uma máquina:

– Eu nunca brigo, só luto, às vezes. – Acabou alcançando seu objetivo com bônus: a moça do caixa sorriu e caprichou no pacote.

– É para presente?

– Sim, para mim! – Júlia responde rindo, acabara de ganhar mais uma amiga.

E continuamos a andar pelas redondezas. Por onde passávamos, Júlia recebia sorrisos e cumprimentos de várias pessoas. Posso garantir, fiquei orgulhoso de estar ao lado de uma moça tão linda e carismática. Ela ficava e deixava qualquer um à vontade, parecia carregar uma sala de estar móvel. Mesmo tendo começado a trabalhar por ali há poucos meses, sabia o nome de todos, enquanto eu, morador do bairro há anos, só enxergava estranhos.

Era quinta-feira e entramos numa rua na qual havia uma feira livre.

– Já comprou sua jaca? – perguntei ao ver aquelas frutas estranhas logo à nossa frente.

– Não consigo carregá-la até minha casa, mas eu adoro!

Senti cheiro do pastel, Júlia provavelmente também, pois nós dois olhamos para a barraquinha à nossa esquerda quase ao mesmo tempo.

– Boa tarde! – disse uma moça japonesa dentro da barraca.

– Sempre tem que ser japonês, né? Seu ex-namorado era pasteleiro?

– Não. – riu. – Mas o tio dele era.

– Quer comer pastel? Eu até pago pra você. – falei num tom amistoso.

– Pastel engorda! Estou de regime.

– O pastel não vai engordar, quem vai engordar é você.

Ela nem respondeu, insisti:

– A feira acabou! Não vai comer mesmo?

Movi a cabeça para meu lado direito, onde Júlia estava, e ela, distraída, não devia ter ouvido. Enquanto andávamos, ela estava com o rosto ligeiramente virado para o lado direito, mirando-se num espelho que estava dentro de uma loja. Ela ajeitou o cabelo, com a mão direita, enquanto o vento batia e 'desfazia todo serviço'. Comecei a observar aquela cena com curiosidade e avistei na loja seguinte outro espelho. Júlia novamente olhou-se, dos pés à cabeça, numa daquelas cenas que guardamos na memória quando temos fascínio por alguém.

Havíamos passado por duas padarias, das quais se avistavam os freezers com sorvetes, mas ela pareceu nem notar. Não quis perguntar nada para não dar a impressão de estar com pressa, preferindo imaginar que ela estava curtindo minha companhia, mas por longos três ou quatro minutos, Júlia nada disse, até tentei puxar assunto por uma ou duas vezes, mas não obtive sucesso. Logo, constatei o óbvio: assim como no último encontro, abruptamente, a expressão dela havia se fechado, parecendo ser de outra pessoa, não da garota sorridente e carismática de minutos atrás. Esse jeito da Júlia definitivamente começava a me irritar.

Rompi o silêncio:

– Por que ficou com bico?

– Não estou com bico. – respondeu de bate-pronto.

– Tudo bem, então por que você não está com bico?

– Nada. Por que pergunta?

– Tudo bem, então. Por que você sumiu?

– Eu não sumi.

– Sumiu sim.

– Não temos conversado sempre nestes últimos dias?

– Você entendeu a minha pergunta. – disse com voz firme.

– Não dava pra eu vir. Estou trabalhando muito.

– Quando queremos algo, sempre se dá um jeito.

– Ah, você sabe... – disse se esquivando.

– Você não quer mentir, não é?

– Não é isso... Mais ou menos. – gaguejou.

– Você ficou com vergonha?

– Podemos conversar outra hora? – perguntou num tom doído.

– Você quem sabe. – disse resignado, para logo depois acrescentar. – Mas eu poderia ajudá-la. – me senti um pouco mal em ser prestativo daquela maneira, mas não sabia como agir.

Então ela parou e sentou na mureta de uma escola:

– Você ainda quer sorvete?

– Você quem sabe, Júlia.

– Não fale assim. – pediu quase se desculpando.

Sua expressão enrijeceu-se muito, então, ela continuou extremamente séria:

– Você tem ideia do quanto me ajudou? – fez uma breve pausa, como se tomasse fôlego. – Meu pai sempre foi um fantasma na vida da minha família, ele nos abandonou para casar com outra mulher, e mesmo assim, ficou anos aparecendo em casa quando tudo começava a melhorar, assombrando a minha mãe. No mês passado, ele começou a passar muito mal e, como eu tenho uma amiga que trabalha num hospital, lhe pedi ajuda. Meu pai é daqueles velhos turrões, sabe? Acha besteira ter um plano de saúde, ir num médico. Então, ela conseguiu alguns exames e ele estava com câncer no estômago, acredita? Superavançado, não sei como aguentava a dor. Desde então, ele não quer mais falar comigo.

– Mas por que ele culparia você?

– É... – disse de cabeça baixa. – E se ele não fizer tratamento, terá de três a seis meses de vida, no máximo.

Fiquei em silêncio, Júlia parecia ter necessidade de falar mais.

– O que você fez é tão especial, senti... Eu não sei dizer, lembrar dos sonhos... ruins... Mas fiquei dividida, meio culpada, não sei... Quando pensei no meu pai, logo imaginei você me fazendo esquecer de tudo... mas isso não é vida, não dá para viver assim! É tão nítido, Gabriel... Eu sinto que você não é feliz com isso...

Não sei se ficava lisonjeado ou confuso, afinal, ela estava maravilhada com os pesadelos, mas me calei sobre essa dúvida:

– Júlia, não entendo porque diz saber o que sei ou como me sinto.

Ela levantou a cabeça e me olhou com doçura. Então, prossegui:

– Agora, você diz sentir o quanto não sou feliz. Da última, você veio com esta: – Você sabe como cheguei até você – ... mas eu não sei, e gostaria muito de ouvir de você. Sou muito feliz com o ser humano que eu sou hoje, e você não aparenta ser dessas pessoas que ficam fazendo julgamentos.

– Eu tenho medo, Gabriel. – disse enquanto se levantava, com cara de envergonhada.

– Do quê?

Ela baixou a cabeça novamente, como se quisesse fugir de seus próprios pensamentos.

– Por que você age assim, Júlia?

– Eu não sei a razão, eu não quero saber! – exclamou num tom vacilante. Resolvi não insistir no assunto:

– Você tentou falar com seu pai?

– Tentei, mas ele não quer falar comigo. Eu escrevi uma carta para ele, mas quando minha mãe foi entregar, ele pediu para rasgá-la. – gaguejou um pouco. – A gente passa os dias se preocupando em viver, e tudo passa, os anos passam... Ninguém age como nos filmes com abraços e frases "eu te amo papai" ou "eu te perdoo.

– Mas quantos anos você pensa ter? Está falando como se tudo tivesse acabado.

– Ele... sim. – soluçou, sem correr lágrimas.

– Me desculpe, pequena.

– Deus poderia criar uma pedra que Ele mesmo não pudesse carregar?

– Nossa que pergunta estranha, não sei... não! Como posso pensar por Deus, isso é errado.

– Como pode pensar por Deus? Você nunca duvidou mesmo? O que pensa disso, de verdade? – me Inquiriu com veemência, me olhando como se pudesse me enxergar intimamente.

– Não entendi, Júlia.

– Nunca achou errado ficar criando seus sonhos?

– Não. Por que acharia? – respondi de forma seca.

– Então, por que aparenta tanto contragosto?

– Que horror, Júlia! Como pode me comparar assim... Eu que pergunto: o seu problema não é ter tanta certeza do certo e errado? Não imagina as coisas simplesmente acontecerem? – Queria chamá-la de ingrata, mas prendi a palavra na língua.

– Tem razão...Vou voltar pro trabalho, Gabriel, meu horário acabou. – Foi em direção do meu rosto para me dar um beijo.

– Tudo bem, mas não fique chateada. Não quer conversar mais?

– Não fique bravo comigo, mas preciso muito trabalhar. Depois eu te ligo. Tchau.

– Nossa! Você precisava, mas não voltou meia hora atrás, agora vai embora só porque a conversa não agradou? – comecei a falar quando ela já dava os primeiros passos.

– Desculpe. Me desculpe. – se virou para mim novamente: – Você não merece isso, eu queria sumir... – desabafou demonstrando desespero. – Mas realmente, preciso voltar ao trabalho. Você não está errado, eu precisava voltar, mas quis ficar.... e falar com você. – me olhou docemente. – Mais tarde eu ligo.

E foi-se embora. Mas, olhou para trás.

Ao longo da vida, sempre comentei, quantas vezes meu pai repetiu o quanto eu deveria desconfiar: – desconfie sempre, Gabriel, sempre desconfie. Se alguém disser que fez algo, veja por si mesmo. Se um sujeito disser: – Entendi –, peça para ele explicar o que você acabou de dizer. Se qualquer um, por melhor que seja disser: – Vi algo –, pergunte como, onde e por quê." Eu sempre contava esse 'ensinamento' recebido para as pessoas das quais eu acabava de desconfiar. Esse conto servia para fazer piada e quebrar o mal-estar.

Mas é mentira, uma mentirinha, inofensiva. Meu pai nunca me ensinou isso, afinal, qual pai fala assim? Ele jamais disse absolutamente nada nesse sentido, o máximo que fez foi repetir com admiração (para os outros) o conselho do meu avô: "Se você não pode brigar com alguém por ser mais forte, beije a sua mão, e a seguir, torça pra ela se quebrar." Talvez, devido a essa lembrança, eu sempre repita esse conselho do meu avô, logo depois de repetir aquele 'ensinamento' inventado por mim e atribuído ao meu pai.

Eu tenho uma amiga, daquelas que, inicialmente, você quer algo mais, e depois de certo tempo, quando a conhece melhor, o desejo esfria. No caso específico dessa garota, a razão do fim do interesse foi por ela ser uma péssima mentirosa. Sempre inventava historinhas furadas: "Fui roubada." "Tenho um amigo inconformado por ser só amigo." "Meu ex-namorado queria me agredir." "Fui assaltada." "Sou formada em Astrofísica em Yale." Pior, de maneira tosca, mandava fotos de mulheres formosas de biquíni dizendo ser ela no verão passado. Mas, por algum mistério, ela era a única pessoa que me dava bom dia, boa tarde ou boa noite quando eu entrava no MSN. Mais intrigante ainda era o fato de eu sempre retribuir e, muitas vezes, puxar longos e fictícios assuntos com ela. Com essa garota, me via livre para inventar as mais loucas histórias e aventuras. Achava até divertido.

Voltei do meu 'encontro' com meus 'tapouers' e uns pães-de-mel de ótima aparência, bem ao contrário do que Júlia dissera, como já era de se presumir. Mas eu estava sem fome e irritado, com a sensação de que não adiantava querer agradar a ninguém. Definitivamente, minha maneira de agir só me atrapalhava. Para me sentir melhor e conseguir relaxar, tomei um banho e quis dormir um pouco, mas não consegui. Como seria uma soneca vespertina, não levei o 'ritual' a sério: não me cobri, nem fechei as cortinas, deitei no sofá de dois lugares na sala, mesmo este sendo confortável, deixava meus pés acima do corpo, num ângulo incômodo. Coloquei o braço direito sobre os olhos para esconder a luz, mas a posição era ingrata e cansativa, me mantendo alerta por ser obrigado a revezar com o braço esquerdo nessa tarefa. Tentei pensar em coisas levemente tristes, pois essas ideias, por alguma razão, me davam sono, mas ele não veio nem assim. Nesses momentos de desconforto físico, um plano e duas possibilidades martelavam minha cabeça:

Meu aniversário estava chegando. Eu poderia, num dia qualquer, citar para Cíntia e Júlia, a existência de um amigo fictício, chamado 'Pedro'. Então, eu criaria uma conta de e-mail gratuita desse tal de Pedro e alguns dias depois, da minha caixa de correio eletrônico, mandaria alguma piada em cascata, típica da Internet, com cópia para vários amigos, inclusive Júlia, Cíntia e o tal do 'Pedro'. O 'Pedro', através de sua conta de correio, mandaria um e-mail para Júlia e Cíntia, dizendo ter visto o endereço eletrônico delas em minha mensagem em cascata, e proporia uma festa de aniversário surpresa para mim. No dia da tal festa, Pedro daria uma desculpa qualquer para não ir e com isso, elas se encontrariam e celebrariam a data.

Logo imaginei o quanto todo esse plano era pedante e esdrúxulo. Um daqueles pensamentos soprados no ouvido pelo diabinho nos momentos de baixaestima. A outra possibilidade, por ser bem mais simples e natural, me agradava muito mais: Júlia e Cíntia não sabiam da existência uma da outra. Caso eu começasse a fazer comentários ou mesmo armasse um encontro 'casual' com as duas, talvez o previsível malsucedido final do meu relacionamento com elas mudasse. Muitos pensamentos passaram pela minha cabeça para maximizar as consequências de tal encontro, e em pouco tempo, montei um cenário convincente e com muito mais chances de sucesso. Meu maior problema era não ter nenhuma ocasião para vê-las com alguma frequência, seja no trabalho, em algum curso, ou com amigos em comum; nossos encontros eram sempre programados, sempre necessitavam do cerimonial de um convite.

Resolvi agir antes de começar a lembrar dos problemas da Júlia ou do carinho demonstrado, em algumas ocasiões, pela Cíntia. Os limites autoimpostos desse maldito arame farpado da minha consciência eram o símbolo de tudo e me impediam de seguir em frente até aqui. Algo deveria mudar a situação de desdém de Cíntia e Júlia, pois é notório, mais vale o fruto do que a árvore, sem o primeiro, qualquer nome rapidamente se apaga da memória. De nada adiantava todos aqueles sonhos mirabolantes, sem eu realmente me sentir querido por alguém novamente. Construir outra vez uma relação, ter de recomeçar a remar, como na minha terrível experiência anterior, me fez admitir o quanto era necessário usar todas as armas.

"Duas pessoas realmente se conhecem, apenas depois de irem juntas ao cinema, pelo menos uma vez. Somente no escurinho a verdade aparece! Topa com o amigos?" Com o mesmo SMS enigmático e de múltiplas interpretações (inclusive com um "o" misterioso entre o "com" e "amigos"), convidei tanto Júlia como Cíntia. Quando ambas me responderam afirmativamente, sem pestanejar, 'esqueci' de comentar que o encontro seria a três.

Iríamos nos ver na quarta-feira, em frente ao cinema, às vinte e trinta. Com muitos detalhes a preparar, quase me atrasei desta vez, mas mantive minha escrita e consegui chegar em cima do horário. Por sorte, ao longe, avistei as duas me aguardando. Curiosamente, uma estava em frente à outra, dava até para pensar que uma estivesse imaginando se a outra também aguardava alguém. Me aproximei lentamente, com um sorriso no rosto, devidamente preparado para causar um sutil impacto, mas nada demais para não levantar suspeitas. Coloquei, deliberadamente, uma pequena mancha de batom em meu pescoço e mais um pouco nos lábios, joguei um pouco de um perfume feminino meio doce e marcante no corpo, e trouxe uma caixa grande de chocolates numa pequena sacola transparente da própria marca. Fui à direção da Cíntia, mas olhei para Júlia, indicando com a cabeça que queria apresentá-la para alguém.

– Olá, Cíntia, tudo bem? Esta é a Júlia. – falei alto, olhando para Júlia e fazendo um sutil movimento com a mão direita, pedindo para ela se aproximar de nós. Cíntia olhou nitidamente para meus lábios manchados de batom, enquanto a cumprimentava com um beijo no rosto. Depois, dirigiu o olhar mais fixamente para Júlia, esta observava atentamente minha sacola.

– Tudo bem? – disse júlia, com um tom de voz ameno e um sorriso simpático, enquanto beijava o rosto de Cíntia. Já esta, com o rosto fechado, não conseguiu ou não quis esconder seu descontentamento.

Então, chegou minha vez de cumprimentar Júlia; dei dois passos para trás com a intenção de ela enxergar minhas 'montagens', porém aparentemente, ela não reparou: – Tudo bem? – Enquanto eu a beijava no rosto.

– Tudo. Que batom é esse, seu louco? – falou sem dissimular qualquer curiosidade, chamando imediatamente a atenção de Cíntia. – E esse cheiro, hein? – questionou olhando para a sacola, esperando que eu, como habitualmente fazia, lhe desse algum doce. Me calei, fazendo cara séria:

– Chamei o Marco e o Ricardo, mas eles não puderam vir. – menti, citando nomes de amigos dos quais nunca havia comentado com elas. – Vamos assistir ao filme? – disse indo em direção à bilheteria, andando mais próximo de Cíntia para que ela pudesse ter a chance de me observar e tirar suas impressões também.

Me sentei entre as duas e devo confessar: esperava um pouco de constrangimento naquelas duas horas. Mas, como sempre, fui presunçoso. Durante um bom tempo, elas puxaram assunto uma com a outra, enquanto eu ficava no meio, esquecido, quase como um mero espectador. Também, era nítido e indisfarçável o modo como elas passaram a me tratar, mais simpáticas e atenciosas. Logo, surgiu um assunto já esperado: como eu as havia conhecido. A pergunta partiu da Júlia e Cíntia descreveu de maneira deliciosa nosso primeiro encontro:

– Nós nos vimos numa praça, ele estava sentado e eu passando, começamos a nos olhar e rolou imediatamente uma ligação. Mas eu continuei seguindo meu caminho, não é, Gabriel? – perguntou pegando no meu braço, agindo como se fôssemos um casal feliz, tentando fazer inveja aos outros. – Após uns quinze minutos, ele passou em frente à casa de um amigo onde eu estava e começamos a conversar, conversar, conversar e não paramos por um bom tempo. Depois, ele me levou até a praça Pôr-do-Sol para admirarmos o pôr do sol. – riu. – Você já foi lá? – perguntou com enorme veneno na voz.

– Não, não. – respondeu Júlia dando os ombros.

– E você Júlia, como conheceu esse querido? – Esta era a pergunta do milhão, aguardada por mim ansiosamente. A noite prometia.

– Como eu o conheci? – riu abaixando a cabeça, dando a entender que aconteceu algo a mais. – Não me lembro direito, acredita? Acho que eu sonhei com ele. – respondeu cinicamente.

Na hora fiquei, com razão, com medo de olhar para Cíntia. Minha visão periférica percebia dois grandes olhos arregalados me fitando. Quase dava para sentir sua respiração raivosa em minha orelha.

– Um sonho? Imagino... Você está acostumada com essas coisas acontecendo dessa maneira? – provocou Cíntia.

– Espero nunca acostumar mesmo! Nunca enjoarei! – contragolpeou Júlia.

Naquele exato momento soou o gongo, as luzes se apagaram e a sessão se iniciou com os tradicionais avisos de segurança, seguidos das propagandas e trailers de filmes com a mesma 'linha' temática do filme escolhido.

Enquanto o longa metragem se desenrolava, Júlia permanecia com um semblante mais sério do seu normal, porém a sua 'cara normal' era mais alegre e sorridente do que de qualquer outra pessoa conhecida. Já Cíntia parecia estar em outro astral, não piscava nem nos momentos de maior tédio do filme, aliás, devo acrescentar que, nesse ponto, meu plano foi muito mal, o filme era chatérrimo: ele contava a história de um jornalista que havia passado metade da sua vida profissional acompanhando os passos de um grande ídolo do basquete norte-americano. Tudo seguia normalmente, até o momento em que o tal jogador se aposenta, fazendo o jornalista entrar em parafuso. Dentre os motivos que o fizeram gritar pela mãe, foi perceber, do dia para noite, seu envelhecimento. A concorrência de profissionais mais jovens e com novos ídolos lhe impunha um vazio e a noção de quanto o tempo era perverso e cruel, tanto para ele como para sua geração (em minha opinião, o pior para o velhinho foi perceber como os estagiários da redação nunca entendiam suas piadas).

Porém, o mais curioso daquela sessão de cinema não foram as trocas de olhares, a tensão no ar e a imensa vontade de esquecer o filme e virar meu rosto para encarar as expressões de Cíntia e Júlia. No meio dos sons característicos de um filme americano, como sirenes, passos no corredor, carros barulhentos e longo silêncio entrecortado por frases curtas como – I was. He was. She`s gone –, uma voz vinda da poltrona de trás, provavelmente de um senhor com seus sessenta anos, de tempos em tempos, rompia o som reinante com comentários originais: – As mangas estão ruins neste ano."

Passados alguns instantes, quando eu quase me esquecia daquele registro sazonal, vinha ele novamente: "E olha que o ano passado, nessa mesma época, elas estavam ótimas." Mais alguns minutos, e ele lançava outra: "Ontem, eu paguei quatro reais o quilo no sacolão." Mais algum tempo, quando o chatérrimo filme chegava num momento de certo clímax: "No ano passado, estavam bem melhores e paguei três." Nessa hora, notei não ser somente eu quem estava ouvindo o monólogo da feira. Três sujeitos, perdendo a paciência, cochicharam para ele se calar, denotando a homogeneidade humana, ou ainda, como outros sujeitos são encorajados a se posicionar, se um primeiro o faz antes (houve um 'delay' de protestos). O senhor desculpou-se, mas soltou mais uma, dessa vez com a voz bem baixa e tímida, a ponto de eu ter de encostar a cabeça na poltrona para ouvir melhor: "Ninguém aqui deve comprar mangas!"

Durante essa saga, a reação de Cíntia foi previsível: praguejou já na segunda frase e na última, agiu como se o sujeito tivesse chutado a imagem da Virgem Maria. Quanto à Júlia, ignorou a primeira, riu da segunda, balançou a cabeça na terceira e pareceu constrangida com a reação de todos com o senhor na quarta.

Ao término da sessão, não me interessei em olhar para trás e dar uma face àquela voz. Provavelmente, não quis constrangê-lo, ou mesmo dar o braço a torcer para Júlia e Cíntia, demonstrando minha curiosidade. Mas percebi que, ambas olharam para o tal senhor e depois, instantaneamente, miraram meu rosto como se esperassem de mim a mesma atitude. Talvez, tenham se admirado pela minha 'maturidade' e 'tolerância'.

– Vamos comer alguma coisa? – perguntei logo após descermos as escadas do cinema.

– Eu quero hambúrguer! – disse Júlia animada.

– Não estou com fome, mas se quiserem, eu acompanho. – balbuciou Cíntia, sem sequer nos olhar.

Então, joguei uma brincadeira sem graça para quebrar o gelo:

– Meu tênis desamarrou meninas. Vocês podem amarrá-lo para mim? Eu não sei.

– Ah, sério? – perguntou Cíntia.

– Não sei. – fiz uma cara cínica e triste. – Minha mãe faz meus nós e mantenho sempre assim, comprando um número maior pro meu pé entrar com mais facilidade.

– Está bem, então. – disse Cíntia se agachando.

Julia ficou imóvel, sem acreditar, enquanto Cíntia começava a amarrá-lo.

– Pode parar Cíntia, a Júlia amarra o resto.

Júlia riu e se agachou também. – Você é muito bobo.

Quando ela estava dando o nó, eu disse:

– Mas depois, você deveria lavar a mão. E você também, Cíntia. Entrei no banheiro do shopping com o tênis desamarrado e estava cheio de xixi no chão. Supernojento.

– Ai, que nojo! – disseram as duas ao mesmo tempo.

– Estou brincando!

– Vamos comer, então? – perguntou Cíntia, sem muito ânimo.

– Se você não estiver com vontade, Cíntia, fazemos outra coisa, não é, Gabriel? – sugeriu Júlia com uma voz 'amiga'.

– Tudo bem. – respondeu sorridente Cíntia.

– O que você quer fazer? – me apressei para cortar qualquer indício de mal-estar.

– Eu preciso lhe mostrar como iremos fazer o que combinamos, amanhã mesmo quero começar. – disse Cíntia com imensa maldade.

Não respondi, fiz apenas uma careta de quem não estava entendendo. Então, Júlia cortou a conversa:

– Tudo bem, Gabriel, amanhã a gente se vê. Você está de férias, não é? Passo no seu apartamento no horário do almoço. Provavelmente, estarei com sono. – A seguir, ela se aproximou para beijar meu rosto, deu um apertado abraço, e cochichou no meu ouvido:

– Seu eu descrever um sonho, você faz para mim?

Balancei a cabeça positivamente, ficando muito surpreso por ela ter usado a palavra "sonho" ao invés de "sonho ruim.

– Não precisa ir, Júlia, agora eu fiquei com fome. – interrompeu Cíntia.

– Não posso querida, acordo cedinho amanhã. Eu pego seu telefone com o Gabriel e combinamos algo. – terminada a frase, Júlia se virou para mim novamente:

– Você estava lindo hoje, morri de vontade de beijá-lo. – cochichou, deixando encostar seus lábios na minha orelha.

– Adorei a noite, o filme foi ótimo! – disse Júlia em voz alta, nitidamente mentindo sobre a qualidade da película.

Cíntia não respondeu. E Júlia se despediu dela de forma calorosa, numa falsidade de dar vergonha. Seguimos com ela até a saída, onde eu e Cíntia paramos, um em frente ao outro:

– Gabriel, me diga onde posso encontrar a sua ex, tenho uma ideia.

– Do que você está falando, querida? Não quero mais saber disso.

– Eu pensei bem... eu quero...

Eu a interrompi. – Não quero alguém boa como você se misturando com gente como ela. Não entendo, ela é passado. Você não.

– É verdade?

– Claro.

Seus olhos brilharam: – Eu sei, mas só quero ajudá-lo a fazer justiça depois de tudo.

– Eu me sinto muitíssimo bem fazendo você sonhar, mas tudo poderia ficar ainda melhor.

– Qualquer coisa para você se sentir bem, me diga.

– É só sorrir pra mim, de preferência, ao me ver. – falei pegando-a pelos braços.

Ela me abraçou, mas eu evitei beijá-la, pois ainda se podia avistar Júlia esperando o ônibus na mesma rua onde conversávamos. Cíntia também parecia ter percebido, Júlia poderia nos ver de onde estava.

– Me diga como achá-la, Gabriel, eu já confiei em você, agora confie em mim.

– Quer um sonho?

– Não, quero só passar a noite na sua casa. Com você.

Me calei e fingi não ter ouvido o seu desejo, não tinha certeza se era isto o que eu queria, mas esta questão não tomou sequer um minuto das minhas preocupações. Toda aquela noite tinha sido tão divertida quanto criar os sonhos delas:

– Tudo bem, pode ficar amiga daquela bruxa, mas pra você conseguir, precisará tornar-se também um pouco maléfica... Você conseguirá? – perguntei disfarçando minha ironia: – Além disso, não quero que você me diga como vai fazer. Não quero saber, ok?

* Capítulo 10 *

Amigo do meu inimigo

Meu telefone tocou. Até aí, nada demais, mas meu bina logo entregou o autor da chamada: 'mau-caráter'. Mau-caráter era como eu havia alcunhado Adriana na agenda do meu telefone. Eu poderia ter apagado aquele contato, não tínhamos mais nenhuma relação e dificilmente esqueceria o número de quem namorou comigo por quatro anos. Além disso, fui eu quem tinha comprado o telefone e escolhido o número. Porém, dar aquele 'apelido' soava como um protesto:

– Fala. – atendi sem firulas.

– Oi, Gabriel. Como você está?

– O que você quer? Não sou seu amigo.

– Puxa vida. Por que age assim?

– Desculpe a indelicadeza querida EX-NAMORADA, mas não quero falar com você mais. Melhorou?

– Talvez você tenha motivos para ter raiva de mim, mas eu queria muito conversar, já disse, você é muito importante na minha vida. – Me chamou muito a atenção o tal do *é* no presente.

– Adriana, eu não tenho dinheiro.

– Como assim? Eu não quero dinheiro, nem lhe pedi dinheiro.

– Tudo bem, você devolve?

– Posso dar um jeito... Nem que seja a última coisa que eu faça... – gaguejou.

– O que você quer, garota? Dois anos depois você me liga como se nada tivesse acontecido?

– Muita coisa aconteceu, eu sei. Mas eu vi você no velório e percebi muita coisa.

– Adriana, faça um favor pra mim? Não diga que namorou comigo, você é passado. Vou desligar, não sou mal-educado, estou avisando. Adeus.

– Você não merece nada, Gabriel!

– Adeus.

– Você não é o que pensa! Merece! Nunca quis dividir nada! – ouço soluços raivosos.

– Eu nunca pude, menina!

– Não é verdade, Gabriel!

– Adeus!

E assim foi, de uma maneira morbidamente previsível. Logo após o nosso término, passei um ano da minha vida implorando para meu telefone tocar, nem que fosse por uma simples mensagem de mea-culpa e nada. Outro ano, um pouco mais desapegado do passado, apenas querendo achar uma outra pessoa para me ajudar a seguir em frente e notícia alguma. Então, mandei aquele e-mail de desabafo e pensei: "Quando eu encontrar alguém, ela aparece." Alguns afirmam ser o tal do 'sexto sentido feminino', pode até ser, mas o fato de elas sentirem o cheiro de felicidade, quando um sujeito está prestes a apagá-las do pensamento e relegá-las ao passado, faz ter quase certeza desse 'poder sensitivo' ser coisa do tinhoso. Já me aconteceu outra vez, justamente quando tinha ficado com a Adriana pela primeira vez, minha ex- namorada ligou querendo me ver, toda carinhosa e cheia de lembranças.

Mas logo veio outra preocupação na minha mente:

"(...) pode ficar amiga daquela bruxa, mas pra você conseguir vai precisar se tornar também um pouco maléfica... (...)."

Pois é... Não sei se foi pelo meu conselho, mas Cíntia procurou a Adriana e elas ficaram próximas, muito próximas. Certamente, elas perceberam ter algo muito profundo em comum. Então, neste capítulo tentarei falar das minhas impressões sobre o encontro das duas, baseado em relatos, conclusões e principalmente, da atual visão privilegiada de onde eu narro agora.

Eu disse à Cíntia: – Não quero saber como tudo vai se desenrolar. – Contudo, ela já havia percebido o quanto eu gostava de planejar e, principalmente, montar cenários. Para ser sincero, eu estava extremamente animado, imaginando criar mais um palco para minhas ideias.

Domingo pela manhã, três dias após o encontro do cinema, eu estava muito feliz por ter passado minha primeira noite com a Júlia. Mas foi Cíntia quem resolveu aparecer, e sem qualquer cerimônia, logo foi entrando em meu apartamento, jogando a bolsa sobre a mesa, falando e gesticulando, como se fosse dona da casa:

– Já planejou o sonho?

– Olá! Tudo bem. Dormiu comigo, por acaso?

– Oi amore, me desculpe. – me abraçou forte. – Já sabe o sonho da Adriana? Estou supercuriosa para saber como será.

Não queria me mostrar animado, então dissimulei:

– Não. Não.

– Duvido. – insistiu.

– Sei lá, não pensei nisso.

– Ah, queria saber.

– Não sei, ela poderia ser um homem para eu poder socá-la, talvez...

– Sei... – fez uma pausa. – Você acha que o sonho criado para mim não me fez pensar? Eu lembro dele, viu? – mudou de assunto, como se quisesse me agradar.

– Você sempre disse gostar mais ou menos dos sonhos.

– Como assim, mais ou menos?

– Você me disse uma vez: – Foi um apenas um sonho, quando acordei, acabou.

– Eu não disse isso.

– Tudo bem, você não disse.

– Eu sempre amo querido, principalmente porque você fica ao meu lado.

– Tudo bem, eu entendi, querida.

– Mas eu pensei muito.

– No quê?

– Gabriel, não faça charme. Falo do último em que você apareceu. Desde aquele dia, fiquei muito confusa, mas fiquei sem saber no que acreditar.

– Já conversei sobre esse assunto, Cíntia – . chamei-a pelo nome, uma forma de demonstrar frieza. – O que é real? Esse papo cansa.

– Não precisa ser tão impaciente e frio! E não era sobre ser ou não ser real o assunto. Você não percebe o quanto eu gosto de você, não é?

– Eu também gosto, você não percebe?

Ela ficou quieta, como se quisesse dizer – não –, porém lhe faltou coragem.

– Eu acho que eu gosto muito de você, muito mesmo. – repetiu com doçura no olhar.

Sorri e fui em sua direção para abraçá-la, mas ela roubou um beijo de mim, e logo recuou meio passo, quando percebeu não ser correspondida com o mesmo entusiasmo. Era hora de decisão, não poderia recuar, se eu não tivesse coragem e atitude, tudo cairia por terra, então, fomos em frente.

– Por que está quieto, Gabriel?

– Um pouco cansado, você não?

– Não é isso.

– O que seria, então?

Ela virou o rosto para o outro lado, não querendo me encarar:

– Gabriel, você conhece a sua ex, como posso me aproximar dela?

– Você ainda não se esqueceu dessa história?

– Não faça charme... Eu prometi e vou ajudar você.

– É por mim mesmo, Cíntia? – fiquei ressabiado. Algo assim, vindo depois daquele momento, me dava a impressão de ela não ter esquecido o Renato, e de insistir em me ajudar apenas para eu fazer o mesmo com o seu ex-namorado.

– Por quem seria? – questionou incomodada.

– Eu não pedi nada a você.

– Confie em mim, puxa. Eu já disse isso.

– Tudo bem, Cíntia. Para você chegar perto dela é só ligar pedindo uma visita. Fiquei sabendo que ela agora é representante de seguros. No encontro se faça de coitada, fale algo do tipo: "meu cachorro fugiu, não consigo aumento no emprego, meu pai morreu, minha mãe é uma coitadinha", pode ter certeza de que ela amará você em dois segundos."

Como bem dizia o poeta: o pior de ter problemas é que eles são só seus. Cíntia foi até a sede da seguradora para fechar um plano de saúde. Isso mesmo. Nosso conluio começou de uma forma estranha e nada promissora: a minha 'cúmplice' realmente precisava de um seguro.

Os sinais da minha má sorte persistiram, pois quase na porta da seguradora, onde Adriana trabalhava, Cíntia se *acidentou* ao observar um *acidente*: uma batida de carro deixou cacos de vidros pela rua e calçada; Cíntia se distraiu com a muvuca formada em volta do carro e caiu, sujando sua blusinha social branca, a saia secretária cinza xadrez e desfiando sua meia calça. Para sorte dela, e meu azar, ela apenas ralou levemente as mãos e se levantou. Na medida do possível, se ajeitou, e mesmo aflita com sua aparência, avistou a pequena casa sem placa, pensando ter errado de endereço. Uma porta velha de madeira, com tinta bege, meio falha e uma maçaneta oxidada sem ponta, davam uma péssima impressão a um visitante. Ao entrar no local, viu sentado um homem com uns quarenta anos, calvo, com poucos e mal penteados cabelos castanhos nas laterais da cabeça. Ele usava uma camisa semiaberta, deixando à mostra os extremamente negros e compridos pelos do peito. Suas mãos peludas e rosto suado davam impressão de ele ter dormido na cadeira da sala de espera daquela manhã abafada.

O sujeito olhou para ela com estranheza, como se Cíntia fosse a primeira visitante há dias.

– Boa tarde, senhor.

Ele não respondeu, parecendo esperar satisfação da visita.

– Eu falei ao telefone com a Senhora Adriana, ela está?

– Natháááááááááália! – berrou sem qualquer etiqueta, assustando Cíntia.

Não tendo resposta, o homem não esperou meio segundo para repetir aquele estrondoso grito:

– Natháááááááááália! – novamente não houve resposta.

Então, falou grosseira e desrespeitosamente: – Ela não está. O que você quer?

– Eu acertei com ela de ver um seguro para meu veícu...

– Você já fechou? – interrompeu sem olhá-la.

– Mais ou menos.

– Qual é o seu carro? – falou alto e com impaciência.

– Deixa eu lhe dar o orçamento enviado por e-mail.

– Então, ela lhe deu um valor? – falou o homem em tom acusatório.

– Ela quis me visitar para fecharmos a apólice, mas como eu passo sempre aqui por perto, combinei de vir pessoalmente, assim é melhor para negociarmos.

Ele ficou quieto como se tivesse ficado decepcionado pelo fato de sua funcionária não ter agido com incompetência.

– Não dá para baixar mais esse valor. – disse devolvendo o papel para dispensá-la.

– Eu espero a Adriana, pode ser? – respondeu Cíntia, agora já se enfezando.

– Ela vai demorar. E ela não poderá baixar esses valores.

– Como o senhor, sabe? – Cíntia falou mais alto.

– Quanto pode pagar? – questionou o homem, baixando um pouco o tom.

– Tenho um orçamento dez por cento menor. – mentiu.

– Me dê o e-mail novamente, me deixe ver! – arrancou o papel de Cíntia e examinou-o por um breve momento. – Só posso baixar sete por cento.

Cíntia desconfiou da tamanha rapidez para dar o desconto, porém se deu conta ser impossível barganhar mais. O homem, que nem se dignou a se apresentar, ordenou, antes mesmo de qualquer resposta, enquanto se levantava da cadeira: – Espere ela chegar para fazer o contrato.

– Ela irá demorar, meu senhor? – replicou com vivacidade Cíntia.

– Não sei. – respondeu mudando a resposta de instantes atrás.

Cíntia aguardou naquela sala cinzenta por cerca de quinze minutos, gastando quase todo tempo mirando umas revistas velhas, daquelas que parecem ter passado pelas mãos de uma centena de pessoas. Elas se encontravam na mesinha à sua frente, mas Cíntia não chegou a folhear nenhuma, apenas leu e releu todas as chamadas das capas a distância. Cíntia estava ansiosa com aquela situação, e muito curiosa para finalmente conhecer Adriana. Foi quando entrou pela porta uma mulher, que lhe chamou muita sua atenção, Cíntia ficou fascinada: – O Gabriel tem razão por toda essa raiva, ela é linda! – Adriana pareceu não ligar muito para a presença de Cíntia que observava atentamente sua aparência e cada um dos seus gestos.

– Olá, você é a Adriana? – perguntou sem segurar a curiosidade.

– Sim. – respondeu de maneira seca, parecendo ter sido contaminada pelo vírus da grosseria do homem calvo.

– Eu sou a Cíntia, nós nos falamos ao telefone, você me enviou um e-mail com um orçamento.

– Ah sim, pode entrar. – respondeu fazendo cara de quem não se lembrava.

Cíntia tentou ser simpática, puxando assunto antes de chegar à sua sala:

– Você chegou rápido. O senhor que me atendeu não sabia se você iria demorar ou não.

– Fui a uma reunião com uma cliente aqui perto.

Cíntia reparou em outra mesa na sala. Parecia estar ocupada, pois lá havia canetas, lápis e papéis espalhados. Destacava-se também um porta-retrato com quatro pessoas na foto. A cadeira, um tanto desencostada da mesa, tinha um paletó sobre o encosto, denunciando ser um homem o ocupante daquele lugar.

– Eu conversei com aquele senhor e ele disse ser possível abater sete por cento sobre o valor passado por você no e-mail. – disse Cíntia, logo que se sentou, para não ter risco de a Adriana ficar brava por ter sido limada na negociação.

– É mesmo? – questionou com estranhamento, sem esconder a insatisfação. – Espere um pouco. – solicitou antes mesmo de se sentar e saiu da sala para procurar o homem. Alguns momentos depois, Cíntia ouviu frases picotadas e abafadas pela distância:

– Faça logo! (...) Não interessa, (..) pra isso mesmo....

Cíntia ouve passos duros de salto, cada vez mais altos, batendo no chão do corredor, era Adriana:

– Vamos fazer o contrato, você pode me dar seus dados? – disse Adriana na entrada da sala.

– Ele é seu chefe? – Cíntia cochichou fazendo uma careta e apontando para o lado de fora da porta.

– É...

– O que ele fazia na sala de espera como atendente?

– Não sei... é que eu sai e ele ficou sozinho.

– Me desculpe, mas ele é muito grosso, como consegue...? – riu um tanto nervosa, esperando uma palavra de encorajamento de Adriana para engatar uma conversa mais descontraída.

– Nem sei, viu?

Nesse meio tempo, ambas ouviram passos se aproximando, era o dito cujo:

– Falou no diabo... – disse Adriana, jogando um olhar cúmplice para Cíntia.

Ele entrou sem pedir licença e passou a examinar todos os cantos da mesa de Adriana com uma expressão impaciente. Enquanto as duas, em silêncio, esperavam que ele dissesse algo, o sujeito esticou a mão sobre o ombro de Cíntia e pegou uma bala dentro de uma pequena lata de panetone, que servia como 'recipiente de docinhos':

– Essa porcaria de bala de troco, tá dura pra caralho! É capaz de eu morder meu dente achando ser bala. – resmungava enquanto saia da sala.

– Nossa! Nunca vi uma coisa dessas! – disse Cíntia num tom de comadre, balançando a cabeça negativamente.

– Me desculpe.

– Não tem problema, Adriana, você é quem deve sofrer, não eu. Eu achava minha chefe estúpida, mas perto do seu, é uma santa.

Adriana a encarou, aparentemente pensando se deveria sair do campo profissional:

– Você não sabe de nada... – interrompeu antes de dizer algo mais comprometedor. – Me dê a proposta e o seu documento para eu agilizar o contrato, você não precisará esperar, nós o enviaremos para sua casa. – observou de forma correta: – E quando você precisar de algo, ou se tiver qualquer dúvida, ligue direto pro meu ramal, assim sempre eu a atendo. – alfinetou.

– Tudo bem, aqui está. – disse Cíntia de forma carinhosa.

– Você perdeu a sua comissão? –

Adriana não respondeu.

– Se você perdeu a comissão, não vou fazer o seguro, não é justo.

– Não perdi não. Fique tranquila.

– Ele é assim sempre?

Adriana suspirou e fez uma careta:

– Você não sabe nem um décimo.

– Sério? Sinto muito.

– Não sei por que comecei a trabalhar aqui.

– Há quanto tempo está nesse emprego?

– Seis meses, larguei um emprego concursado achando que ser autônoma era melhor.

– Sinto muito. Ainda mais trabalhando com um chefe assim.

– Ele é sujo, grosso, arrogante, não aguento mais isso. Só continuo porque necessito sustentar minha família e ajudar meu namorado.

– Eu imagino... Mas, me desculpe perguntar, por que precisa ajudar?

– Meus pais precisam de mim, são velhinhos. Também quero me casar e estou tendo muitos gastos.

– Tenha fé, você vai conseguir, dá pra perceber o quanto merece.

– Obrigada... – interrompeu a fala como se pensasse se deveria prosseguir. – Às vezes, eu penso ser castigo ou praga. – disse Adriana com culpa na voz. Cíntia não esperou ela continuar:

– Mas você não precisa se culpar.

– Sim, sim – . respondeu com olhar distante. – Preciso...

– Travou a língua. – E você Cíntia, o que faz?

– Nossa, melhor perguntar o que eu não faço! – riu, enquanto colocava as mãos sobre a mesa.

– Trabalho muito! E eu entendo muito bem sua situação, eu também preciso ajudar muita gente, minha vida nunca foi fácil. – falou de forma lenta, medindo cada palavra para poder criar uma história convincente.

– Eu não posso largar o emprego. Às vezes, tenho vontade de sumir. – diz Adriana com melancolia.

– Eu também tenho, ainda mais porque preciso pagar meus estudos e meu cachorro está doente... Mas temos celular, querida. Se sumíssemos, iriam nos achar. – brincou Cíntia.

– É. E consciência também. – completou Adriana, demonstrando desânimo.

Alguns dias depois, lá estavam Cíntia e Adriana sentadas num bar, tomando cerveja animadamente como boas e velhas amigas:

– Olha o cabelo daquela mulher! Ela nunca ouviu falar de progressiva, não? – caçoou Adriana.

– É cabelo bandido, amiga. Preso ninguém nota, solto logo fica armado.

As duas bebiam (o que diziam para mim não fazer), e riam, como nunca fizeram quando estavam comigo:

– Olhe lá, Adriana.

– Onde?

– As duas loiras abrindo um chocolate branco. Como elas irão enxergar?

– Capaz de uma morder o cabelo da outra.

– Ou se morderem!

O tempo passava, a bebida subia e o senso de humor baixava o nível. Até a chegada, ao final da noite, do fatídico momento do 'porre amigo':

– Meu namorado? Não sei não, Cíntia... Queria alguém bonzinho como o papa, mas com o fogo de um bombeiro, pelo menos.

– Não, não. Poderia ser fogo de um padre mesmo!

– Como sabe, amiga?

– Nem te conto!

E novamente, riram. Adriana prossegue séria:

– Ele só fica falando dos seus problemas, fica um mês sem me ver e depois passa horas me perguntando como entrar no Google para baixar uns programas.

– Ele não sabe? – se surpreende Cíntia.

– Pior que não, precisei ensiná-lo. Só falta ele começar a baixar filmes pornôs. – A frase soou como piada, mas o tom deu a entender que o temor era sério.

– Onde você o conheceu?

– Eu fazia um cursinho para entrar no concurso, daquele emprego que eu lhe falei que larguei, sabe? E eu o conheci lá.

– O mesmo cursinho de desenho industrial do qual você o ajuda a pagar?

– Não, foi num cursinho para concursos, há uns três anos, esqueceu?

– Sim, sim. Me desculpe. Vocês começaram a namorar desde aquela época?

– Não, eu tinha namorado quando o conheci.

– Então, você...? – perguntou com malícia.

– Não, não, claro que não! Mas meu ex não acreditou quando ficou sabendo que comecei a namorá-lo.

– Sério? Então vocês não terminaram bem?

– Não, nem um pouco. – respondeu com desprezo.

– Muito chato. Você parece ter ressentimento dele.

– Ainda bem que você puxou esse assunto, sabia? Eu precisava falar com alguém sobre isso.

Cíntia olhou para ela como um felino ao fim de uma espreita.

– Eu terminei o nosso namoro há uns dois anos, não estava dando certo, a gente brigava o tempo todo, além disso, ele vivia de cara feia. Aí, pouco tempo atrás, um amigo dele morreu e fui ao enterro lhe dar os pêsames, mas ele não quis saber, falou um monte de besteiras para mim, pensei que ele tivesse melhorado... tem um rancor enorme, chegou a mandar um e-mail me xingando, séculos depois de terminarmos.

– Você foi ao enterro? – Cíntia temeu ser reconhecida, uma vez que tinha aparecido por lá.

– Sim, eu fui... O amigo dele era ex-namorado da minha melhor amiga.

– E você ficou todo esse tempo sem procurar esse seu ex?

– Fiquei, não tinha como, não dava mais certo, além disso, comecei a namorar o Marcos e não tinha como procurá-lo, não é? Para mim acabou, acabou...

– Cuidado com esses homens da sua vida, Adriana.

– Já passou, mas chateia um pouco, sabia?

– Mas ele tem motivos para ter raiva de você?

– É o orgulhosinho dele por ter levado um fora. – fez uma breve pausa como se a culpa soprasse em seu ouvido. – Mas ele era uma excelente pessoa, apenas não combinávamos. Olha, eu tenho um carinho por ele, até liguei após o enterro, mas ele foi ainda mais estúpido.

– Mas por que ainda o procurou? – Cíntia falou com ciúmes.

– É, eu sei, fui uma idiota mesmo. Ainda mais depois de ter falado mal da minha mãe e do meu irmão. Mas não sei se você entende, quando eu o revi, ainda senti aquele carinho, queria abraçá-lo, mas tive medo de ser negada, medo de ficar com raiva depois.

– E ele está namorando?

– Não sei, acho que não... Mas você sabe...

– O quê?

– Não sei. Eu torço pra ele ser feliz, mas para ser sincera, seria estranho vê-lo com outra pessoa.

– Parece que perdemos de verdade.

– É isso.

– Mas você ficou quanto tempo com esse ex?

– Quatro anos.

– Bastante tempo, não é? – Cíntia fingiu estar surpresa.

– Bastante mesmo. Eu sofri muito nesse tempo. O Gabriel era muito dado, sabe? Sempre abraçando as mulheres, fazendo piadinhas, dando liberdade, eu fazia de tudo para agradá-lo e ele nunca estava feliz, eu sempre vivia na corda bamba.

– Eu sei como é fazer de tudo para agradar alguém e deixar de ser você mesma.

– Você me disse que foi assim também, com seu ex-namorado?

– Sim, com o Renato. – Cíntia respondeu abruptamente para não fugir do assunto. – Mas esse seu ex, Adriana, lhe traía?

– Acho que não, não sei... Ao menos nunca o peguei... Ele tinha umas brincadeirinhas de mau-gosto, assim quando dizia: – Só troco você pela Fernanda Lima –. Eu ficava sabendo indiretamente, que ele dava mole para umas meninas, era humilhante. Ele era representante de produtos e uma vez eu estava na sala de espera do seu escritório, enquanto ele atendia um cliente. Uma fornecedora dele começou a puxar assunto comigo, sem saber quem eu era. Você acredita, ela me disse que ele só comprava de quem se dispusesse a ficar ouvindo as suas piadinhas sem graça? Eu fiquei morrendo de raiva... Na verdade, ninguém o respeitava, nem a própria família. Eu cansei de tentar fazê-lo abrir os olhos e ser mais sério.

– Mas por que você ficou com ele tanto tempo?

– Ah... sabe, nós nos dávamos muito bem... você sabe... – riu levantando a sobrancelha. – Além disso, ele me ajudou muito, mas a ajuda não era de graça, ele me pressionava muito, não era do tipo que apoiava, sabe? Queria resultados, era um inferno. Me lembro de uma vez que me senti tão humilhada... Ele falou: – Você vive com mau hálito. – Eu tinha uma infecção no dente, passei até fome para poder ir ao dentista.

– Que horrível. Que idiota! Não podia dar certo algo assim.

– Nós brigávamos sempre, nunca briguei tanto na vida... Uma vez eu passei tão mal, pensei que iria morrer e ele continuou falando, falando, não parava. Ele jogava na minha cara defeitos que ninguém enxergava, muito menos eu. Cansei...

– Ele não prestava atenção em você, não é possível.

– Ele até prestava, era atencioso, mas ele queria impor sua opinião, o seu jeito. Sem contar que quando achava que eu tinha feito algo de errado, ficava semanas com cara feia, dizendo estar tudo bem, e depois, quando eu já nem me lembrava mais, retornava ao assunto. Eu me sentia um lixo.

– Você fala ainda com muito ressentimento dele... – olhou a 'amiga' com meiguice.

– Isso é passado. Não gosto dele, mas apesar de tudo, rezo por ele, e queria vê-lo bem. Mas o Gabriel tem ódio, não aceitou levar um fora, não posso fazer nada.

– Mesmo assim, Adriana, para ficar tanto tempo com alguém, a pessoa deve ter algo de especial, ainda mais pelo jeito como você fala dele. – Cíntia não se aguentou, ela queria mesmo era saber sobre os sonhos.

– Eu acho engraçado você falar isso, sabia? Você é uma mulher madura das ideias, viu! Tinha algo nele muito estranho... Não... estranho não era a palavra, a palavra era diferente. Ele via as coisas de uma forma muito diferente e sempre me convencia de tudo, era muito astuto, além disso, muitas vezes, ele tinha tanta imaginação que acabava incrementando demais as situações.

– Como assim? Não entendi.

– Ele era uma pessoa totalmente diferente, na maneira de pensar e agir, sabe? Mas, acima de tudo, tinha alguma coisa nele que não encaixava, eu sempre me sentia excluída.

– Nossa Adriana, até eu fiquei curiosa, será que ele era um *serial killer*? – Cíntia riu forçosamente.

– Não, não. – respondeu séria Adriana. – Mas ele tinha algo... Ele agia de uma forma tal, que eu acreditava sempre estar lhe devendo algo, parecia nunca conseguir satisfazê-lo. E isso me fazia sentir péssima, sempre me esforçando para atingir alguma meta... e ele não me falava qual, ou o quê! Cansei, achei alguém que me ama como eu sou, e estou superfeliz.

– Claro que está feliz, você merece.

– Mas sabe, às vezes, eu sinto culpa.

– Culpa de quê?

– Culpa... medo.

– Você não tem motivo.

– Eu sei. Mas tem horas que eu me assusto ao sentir como ele me julga hoje.

– Por que Cíntia? Tem medo dele?

– Não, não, nada a ver.

– Não entendo, me desculpe, Adriana.

– Depois de tanto tempo, era de se imaginar que o ódio acabasse, mas ele disse para mim não ser ódio. E se realmente não for? E se eu for uma pessoa ruim, como ele me julga?

Aquelas palavras atingiram Cíntia em cheio. Ela certamente sentiu empatia pela nova amiga e imaginou estar zarpando no mesmo barco que Adriana já havia naufragado. De qualquer forma, poucos dias depois, fiquei sabendo como andava o exame de consciência de Cíntia.

– Você tem andado estranha comigo, querida. – disse eu com simpatia, querendo saber se a Adriana havia conseguido levá-la 'para o lado negro da força'.

– Impressão sua, ando muito estressada com o trabalho.

– Não minta para mim. – falei num tom amoroso, puxando-a para abraçá-la. – Nem sonhamos mais juntos.

Cíntia fez silêncio, como se algum pensamento pesado a estivesse rondando. – Nós vamos sim, só não nos vemos nesses últimos dias, foi isso, Gabriel.

– Gabrieeel? Por que está me chamando pelo nome, fiz algo para você? – ri, usando a mesma reclamação dela de tempos atrás.

– Você não esquece mesmo, não é?

– Não vai me dizer nada?

– Do que está falando?

– Você sabe.

– Você não me disse que não queria saber?

– Você também não esquece mesmo, não é?

Ela me encarou e disse séria:

– Ela é linda mesmo.

– Está vendo como eu sabia? – apontei para seu rosto como se a tivesse pegado em flagra. – E você disse para eu confiar em você, mas dois dias depois, veio me pedir ajuda.

– Não pedi bem uma ajuda, eu falei pra você, como ex-namorado da Adriana, me dar umas dicas para dar tudo certo e você ficar mais tranquilo.

– Não foi bem assim, Cíntia, mas tudo bem. – me calei não querendo prolongar a discussão.

– Ela vai dormir na minha casa hoje. Eu a convidei. – Ela olhou para mim como se dissesse algo trivial.

– E você não ia me dizer?

– Você não deu chance, amore.

Fiquei espantado e um tanto atônito:

– Então, vocês se deram bem? – perguntei após pensar muito, assustado com aquela 'eficiência'.

– Eu sabia que você faria uma longa pausa para responder. – riu aparentando ironia. – Sim, nos demos bem. – respondeu com naturalidade, sem amenizar minhas dúvidas.

– Tudo bem então, o que você quer que eu diga?

– Eu não posso dizer nada, amore, mas eu ficaria muito feliz se fosse lá.

– Ficou amiga dela por mim?

– Eu não fiquei amiga dela.

– Não mesmo?

Cíntia não respondeu.

– A que horas ela estará lá?

– No meio da noite. Se você quiser, eu dou o remédio a ela e você aparece. – Cíntia continuava insistindo em 'participar da minha festa'.

– Você vai querer ver, Cíntia? Não vou me sentir nem um pouco à vontade.

– Você não quer que eu veja? Por quê? Eu não vou roubar seu segredinho. – respondeu com ironia.

– Não é isso, não é isso... – disse, como se me desculpasse. – Eu nem sei se quero ir... – respirei um pouco. – Mas se coloque no meu lugar, como eu irei criar um sonho para alguém que me traiu, com outra pessoa ao lado? Ainda mais alguém tão querida. – disse pausadamente.

– Mas eu lhe contei tudo de mim, Gabriel. E eu falo com ela sempre, ela falou de você também, do que você poderia se envergonhar?

– Falou tudo?

– Sim. Algum problema? – questionou em tom acusatório.

– É hoje que ela estará lá?

– Daqui a pouco, eu preciso do remédio.

– Você quer mesmo fazer isso?

– Você fala como se fosse um crime, não tem nada demais, Gabriel.

– Não sei em qual crime se enquadra, mas que é um crime, é.

– Você fala como se não quisesse, não dramatize, amore – . disse tentando amenizar o tom da conversa. – Conheço muito bem você, não é disso.

– Nossa! Você me conhece? Sério! Tão bem assim? – Eu me senti atingido.

– Conheço. – respondeu esboçando um leve sorriso. – Agora tenho que ir. – Fugiu do confronto e me beijou demoradamente, como se quisesse me convencer dessa forma.

Quando Cíntia se virava para partir, tomei coragem, talvez por não ver seu rosto, e perguntei algo que rondava minha cabeça há muito tempo:

– O que o Renato fez de tão grave, para você?

– Por que isso agora?

– Fale a verdade, Cíntia. A verdade, senão nada feito.

– Tudo bem por mim, Gabriel, não precisa ir então.

– Diga Cíntia. – insisti de maneira firme.

Ela me olhou com um misto de susto e temor.

– No dia em que você nos viu, ele admitiu ter me traído, mas eu já sabia, apenas fui lá conversar com ele, para saber o porquê.

Enquanto ela confessava aquela mágoa, me lembrei o quanto Cíntia me chamou a atenção naquela dia. Aquela cena parecia tão distante e ter acontecido já há tanto tempo, mas haviam se passado poucos meses desde o nosso primeiro encontro.

– Mas você estava superarrumada, naquele dia... Nunca se arrumou assim para mim. –

Ela fez um sorriu nervoso, como se eu pudesse ler seus pensamentos: – Eu sempre estou arrumada, você que nunca reparou em mim.

– Não é verdade. Me pergunte como estava vestida em qualquer dos nossos encontros, então.

– Minha roupa não tem nada a ver com você ou qualquer outro homem. Eu me visto para mim.

– Você não queria mostrar o que ele estava perdendo?

– Então é por isso que os homens xingam tanto as mulheres na rua, não é? Não aguentam perceber que não são o centro do nosso universo.

– Não venha com esse papo de eu ser machista, não estou falando de mulheres sendo cantadas com grosseria. Você já deve ter percebido que não sou desse tipo, mas não pode me criticar por não querer estar sempre bonito para você, certamente não tem motivos pra sentir ciúmes da Adriana ou de ninguém por isso.

– Nem da sua amiga Júlia?

– Meu perfume não tem nada a ver com nenhuma mulher. – retruquei com a mesma moeda.

Olhei para ela com desdém; não estava ligando se estava sendo duro com ela; eu precisava mostrar que não era tão fácil quanto ela imaginava me manipular. Ela recuou e abriu o rosto, como se tivesse gostado de eu não ter fugido do confronto:

– Ele não sabia se me amava mais. – recordou com voz carregada, aparentemente repetindo as exatas palavras do seu ex-namorado. – Mesmo assim, teve a coragem de perguntar se poderia continuar morando comigo, como se fosse um favor, ter um *homem* dividindo as contas.

– Esse tipo de gente trai por trair, Cíntia.

Ela prosseguiu, só para me desmentir:

– Ele me disse ser minha a culpa da sua traição, era porque tinha achado alguém com mais personalidade, alguém mais compreensiva. – falou demonstrando rancor no rosto. – Eu mudei por causa dele e ele jogou isso na minha cara. – me encarou de maneira aguda. – Tudo bem agora? Já disse tudo, agora posso ir? – me questionou com algumas lágrimas de raiva caindo pelo rosto.

– Calma, Cíntia. Me desculpe se ficou brava comigo, mas eu quero conhecê-la melhor, puxa vida. – coloquei as mãos em sua cintura. – Lembre-se, contei somente para você fatos mais humilhantes da minha vida, fiquei magoado por você não retribuir essa confiança.

– Eu sei, você sempre foi muito bom para mim. – respondeu com voz ponderada, tentando esconder o rosto.

– Agora vá ao banheiro, Cíntia, limpar esse rosto, você não pode sair toda borrada assim.

Enquanto estava no banheiro, procurei o seu celular na bolsa e guardei-o comigo. Já tinha planejado como agir passo a passo, apenas não sabia se teria coragem. Pegar seu telefone era a senha para um caminho sem volta. A noite seria longa.

Logo ao voltar, a expressão de Cíntia estava limpa, mas não era só o rosto que estava sem lágrimas, seus pensamentos também mudaram rapidamente:

– Me diga uma coisa, você falou para a Adriana que ela tinha mau hálito?

– Mau hálito? Não! De onde você tirou isso agora? – fiquei irritadíssimo, muito mais pela maneira acusatória como ela falou.

Cíntia não respondeu, apenas me encarou como um carrasco.

– Aquela bandida envenenou você também? Como pôde acreditar nela? – Estava me segurando para não brigar.

– Eu não acreditei, estou lhe perguntando, sabe a diferença?

– Eu sei a diferença, não precisa ser irônica.

– Eu não fui irônica. Tudo bem, me desculpe, Gabriel, eu apenas perguntei. Ela me disse, ok? Achei horrível.

– Agora lembrei. – falei com firmeza. – Não foi bem assim, todos da faculdade caçoavam dela por trás, dizendo ter hálito de onça. Isto aconteceu no início, quando ninguém sabia do nosso namoro.. Era inveja, sabe? Ela era bonita, inteligente e todos ficavam com piadinhas. Fui falar com ela com toda delicadeza, pensei cinquenta vezes antes, imaginando como falar sem chateá-la e não me arrependo, eu fiz o certo. – repeli asperamente. – Aí, ela me disse ter um problema dentário. Se ela não entendeu, ao menos eu nunca ri dela, não é?

– Acredito em você, amore, de verdade. – disse friamente.

– Acredita? Bom, acreditando ou não, é a verdade.

– Eu sei. Eu conheço você. Mas acho estranho um homem agir assim. Até daqui a pouco, então. Capriche!

– Estranho? Ajudar é estranho?

– Nenhum homem faz isso.

– Nenhuma pessoa ajuda a outra?

– O Renato não faria isso.

– Ele não ajudaria, você quer dizer.

Ela não respondeu apenas deu os ombros como se não concordasse.

– Tudo bem, querida, eu vou até sua casa.

– Dê-me o remédio, Gabriel.

– Tudo bem, triture quatro comprimidos na água ou suco para não aparecer.

– Quanto tempo antes de você chegar?

– Dê dez minutos depois da minha ligação, ok?

– Tudo bem. Até mais.

– Quer dizer que... Deixe para lá, Cíntia.

Ela deu dois passos para fora do apartamento e meu mundo girou. Um turbilhão de sensações e pensamentos percorreu minha mente e corpo: fiquei zonzo, com a visão turva. Não sabia o que fazer ou pensar, muito menos como me controlar. Era uma situação típica de desenho animado, em que um diabinho e um anjinho falavam ao mesmo tempo em meus ouvidos. Não estava mais acostumado a viver fora da minha área de segurança, longe de qualquer certeza e de caminhos conhecidos; eu precisava tomar uma decisão, o problema era que havia muito não fazia mais isso, qualquer fosse o assunto.

Duas horas depois e minha cabeça continuava a girar como nunca. Esperei a dúvida me derrubar pelo cansaço, mas ela não parava de me corroer. Ia até meu quarto e olhava para a cama com frequência, como se esperasse desejar algum sonho novamente. Puxava o telefone do bolso de cinco em cinco minutos, torcendo para receber alguma mensagem da Júlia dizendo: "Desisti de tentar visitar o meu pai no hospital, quero ver você." Minhas certezas se dividiam em blocos, em que cada um me convencia de ir ou não ir. Estava cansado, muito cansado. Sair de casa, às vezes, é um desafio; em muitas ocasiões, gostamos e nos acostumamos tanto com o nosso canto, que pensar em largar nosso espaço soa como enorme desafio. Estava com receio, não poderia falhar em nada, por precaução anotei tudo em um papel, passo a passo como eu deveria proceder naquela noite.

Resolvi ligar para casa da Cíntia, tinha esperança de poder adiar o combinado, afinal, com tantas variáveis, algo poderia ter dado errado:

– Não posso falar agora, amore. – atendeu Cíntia, sussurrando. – Estou com ela aqui, estou te esperando em uma hora, vou dar o remédio agora. – Ao fundo, ouvi a voz de Adriana, chamando pela nova amiga, fiquei gelado, com o coração saindo pela boca.

Alguns minutos depois, fiquei invocado ao perceber toda intimidade entre as duas. Decidi ao menos ir para lá, mesmo sem saber se eu iria ou não executar meu plano. Coloquei um boné, meus óculos de grau na mala e resolvi ganhar tempo enquanto me decidia durante o percurso. Mas, foi só colocar os pés na rua, sentir a brisa noturna no rosto, olhar para as pessoas, e logo me senti motivado: "Eu vou fazer isso, é justo."

Cheguei até a porta da Cíntia. Estava com receio, nervoso, então, liguei para a sua casa, a fim de saber se poderia entrar. Cíntia, animada, deu sinal verde, e eu já a encontrei na porta, com uma camisola azul bebê, nada sexy. Nem precisei pedir para ir ao quarto para encontrar Adriana; Cíntia, apressadamente, me guiou até lá, como se estivesse mais ansiosa do que eu. Então, vi minha ex-namorada, deitada de bruços. Observá-la daquela forma trouxe inevitáveis recordações: quantas e quantas vezes eu a vi dormindo daquela singular maneira. Porém, o mais broxante, foi observar que ela ainda dormia com o mesmo minúsculo shortinho e blusinha rosa bebê, de anos atrás.

Me sentei na cama, estava muito agitado, mas tentava disfarçar. Cíntia permanecia ao meu lado, em pé, sem piscar, com os braços cruzados. Eu sabia que não poderia errar, eu precisava criar um sonho muito bom, aparando todas as arestas possíveis. Sentia uma enorme pressão, mas estava confiante, pois eu sempre consegui me sair bem.

– Não tem uma poltrona, Cíntia? É muito desconfortável ficar sentado na cama.

– Tenho na sala, me ajude a trazê-la.

Segui Cíntia, cuidadoso por conta da escuridão do corredor e da escada, não conhecia muito bem o ambiente, apenas sabia da existência de tapetes no chão que poderiam se dobrar causando um tropeção. Pedi para me deixar levar a poltrona sozinho, era mais leve do que pensava, mas como era muito larga, fez com que eu raspasse a minha mão no batente da porta do quarto de hóspedes, onde estava Adriana.

– Ligue a luz, amore, senão eu vou ficar com sono. – disse Cíntia, um pouco antes de eu me sentar na poltrona.

Balancei levemente a cabeça em sinal de aprovação desempolgada, não fazia nenhuma questão de disfarçar meu desgosto de ter Cíntia me observando, mas ela não se fez de rogada.

– Eu sei Gabriel, você não está gostando.

– Estou com sede, vou buscar um suco, a noite vai ser longa e não quero parar no meio do caminho.

– Tudo bem, está na geladeira.

Me levantei, acendi a luz do quarto e fui até a sala tirar o telefone do gancho (apenas um pouquinho para não ter perigo de a Cíntia perceber). Depois, segui para a cozinha, peguei uma caixa de suco, dois copos e uma colherzinha e a coloquei em meu bolso. Percebi ter outra caixa de suco fechada. Coloquei somente em um copo e joguei na pia o restante. Voltei trazendo com dificuldade os dois copos, e encontrei Cíntia sentada ao pé da cama, onde Adriana estava, olhando em volta de si, como se procurasse algo:

– Vou buscar uma cadeira também. – disse Cíntia, antes de perguntar o que ela fazia.

– Cíntia traga o outro suco, por favor. Só trouxe um e sei que você gosta deste de manga, não é? Eu não gosto muito, vi um de laranja na geladeira e não sabia se poderia abrir... Tem como você trazer para mim? Eu deixo este para você.

– Claro! Vou pegar para você, mas não comece sem mim!

Observei-a enquanto saia do quarto; logo ao desaparecer de vista, me apressei para pegar quatro comprimidos da cartela do remédio, trazido comigo e triturei-os dentro do copo com a colherzinha. Apesar de toda aquela adrenalina, consegui fazer tudo em poucos segundos. Então, resolvi contrariar o pedido de Cíntia para não começar o sonho sem ela. Se houvesse uma ínfima chance de ela suspeitar de estar sendo dopada, se houvesse qualquer percepção das minhas intenções, provavelmente ela iria se zangar ou atiçaria sua curiosidade, a ponto de não conseguir imaginar mais nada.

Primeiro, enrolei Adriana nas cobertas, bem apertada, a fim de ter a sensação de estar amarrada com os braços junto ao corpo:

Vim lhe dizer algo, Adriana, está me ouvindo? (Disse com voz imponente, com a boca bem próxima ao seu ouvido). *Você sabe quem eu sou? Sou alguém que vai lhe mostrar como os ingratos sofrem. Mas antes, olhe lá, está vendo?*

Lembra-se daquela mulher temida por você? Aquela que procurava o Gabriel quando vocês começaram a namorar? Era para ela, não você, tornar-se sua namorada. Sabe por que ele não ficou com ela? Para ele, você tinha mais caráter, parecia ser mais forte e companheira. Mas ele se enganou. Você o enganou. Você é fraca, você nem consegue se mexer (nesse momento aperto seus braços e tampo sua boca levemente) – Cíntia entra no quarto com uma cadeira e meu suco. Ela faz cara de quem iria reclamar, mas daí, percebe algo acontecendo e começa a prestar atenção.

– Tome seu suco, Cíntia, a noite será longa.

Veja o Gabriel (solto seus braços e boca). *Olhe para ele, olhe para ela e observe bem. Veja como são lindos juntos. Olhe a família deles! Sabe quando ocorreu isso, Adriana? Nunca, pois era para ter ocorrido dez anos após o início do namoro de vocês. Eles, juntos, formariam um grande casal e você os matou, matou sua futura família. Agora olhe para baixo, está vendo lá embaixo?* (Levanto o tronco de Adriana da cama e inclino sua cabeça para baixo, apertando um pouco para que ela sinta algum desconforto).

Lá embaixo está você. Bem embaixo! Sabe quem é aquela mulher maltrapilha e toda maltratada, mendigando por uma chance?

E agora? O que vai fazer? Quer acordar? Quer voltar para o mundo? Você pode acordar, Adriana, mas saiba: essas lembranças não ficarão nas possibilidades. Suas escolhas vão perseguir você e isso não tem volta.

– Cíntia traga um cesto de lixo e dois pacotes de arroz. – cochichei.

– Para quê?

– Você irá ver.

Após poucos instantes, ela voltou com o que pedi, mas parecia um pouco decepcionada, como se esperasse um show de mágicas.

– Isso é só o começo, Cíntia. Você deve imaginar os sonhos como algo misterioso, mas é só o começo. – menti um pouco, pois para mim, o maior mistério era saber o porquê de as pessoas se deixarem guiar pela minha voz.

– Não estou decepcionada.

Deixei novamente o tronco de Adriana ereto e com muita dificuldade, coloquei os pacotes de arroz dentro da coberta. Deixei-a encostada na cabeceira da cama – Cíntia adormeceu na cadeira nesse mesmo instante. Agora só faltava esperar o Renato para cumprir a última etapa do meu plano.

Saí um pouco do quarto e coloquei um bilhete na porta de entrada da casa para o Renato. Minha maior preocupação agora era com a letra da Cíntia, por sorte, vi em sua agenda telefônica como ela costumava usar letra de forma e tentei copiá-la.

Escrevi com uma letra pequena e tímida: "Renato, o namorado da Gisele está em casa, precisei sair com ela urgentemente, meu celular também está com problema, acredita? Não está fazendo ou recebendo ligações, me espere aqui com o Eduardo, tudo bem? Por favor, é muito importante." Agora, era só esperar ele chegar, eu havia trocado SMS com ele no celular que eu havia 'pegado emprestado' da Cíntia. Certamente minha mensagem foi convincente, pois ele confirmou presença com enorme rapidez: "Tenho algo muitíssimo importante para lhe contar nesta noite, Renato. Venha com urgência, 22 horas está ótimo. Ah... não ligue em casa, o telefone está em manutenção, acredita? Não deixe de vir!"

Resolvi voltar ao sonho da Adriana. Eu não estava satisfeito com a minha criação até o momento, tinha feito algo tão banal quanto moralista. Olhei minhas anotações e não havia nenhuma ideia melhor, ali então, resolvi sentar por alguns momentos e pensar em algo mais efetivo e criativo, com tudo aquilo acontecendo, não era fácil me concentrar.

O Renato chegaria a qualquer momento, precisava correr, então, levantei o tronco dela pela terceira vez. Os sacos de arroz estavam dentro das cobertas e o corpo dela todo enrolado, como se estivesse numa camisa de força. Coloquei o cesto do lixo bem perto de seu nariz. Por sorte, o cheiro não estava nada agradável:

"Um trem vem vindo! Vem vindo! Droga! Do meu lado esquerdo há outro passando, não dá para fugir! Vou pra direita.

Não, não dá! A mata é muito densa, impossível adentrar! Isso só pode ser um pesadelo! Devo correr, devo correr! Mas o trem está chegando, ele é muito rápido!"

"O Gabriel já passou por isso, eu me lembro! Sim, agora eu entendo! Por que fui fazer aquilo, meu Deus? Eu o vejo dentro do trem que está passando ao meu lado!"

"Gabriel! Gabriel! Gabriel!" Ele não me ouve ou não quer responder?

"Me ajude, como faço pra escapar? Responda! Responda, por favor! Me diga por que seu trem não acaba nunca? Há minutos ele passa, não pode ser tão grande!"

"O outro trem está vindo, não aguento mais correr! Vai me trucidar! Por qual dos trens prefiro ser morta? Não, não vou me jogar debaixo deste, vou esperar o outro me atropelar!" (aperto seus pulmões, depois tampo seu nariz por alguns segundos, conto até três e solto seu corpo na cama e volto a deixá-lo em posição vertical e o solto de uma vez).

Morri! Eu morri... como dói! (aperto seus pulsos, depois as unhas).

Onde estou? Onde estou? Estou com muito medo.

Não são nuvens, nem é escuro, é aquela floresta densa ao lado do trem, como vim parar aqui? Eu morri ou não? (me dei conta de que precisava de alguma planta, então desço as escadas e vou até o quintalzinho da Cíntia, corto um pequeno galho de uma ráfis e subo correndo para continuar o sonho). *Não consigo me mexer,* (me deito novamente em cima dela, e passo o galho da ráfis em diferentes partes da sua cabeça, pescoço e braços). *Não consigo! Não consigo nem enxergar o céu, está tudo fechado, e agora? Isso é terrível!*

"*Adriana! Adriana*" (saio de cima dela). *Eu conheço essa voz, é a voz do Gabriel.*

"*Eu não pude ajudá-la naquela hora, meu trem estava em movimento, e como você percebeu, ele nunca para de passar, mas agora você vai ter de sair daqui e aquele homem vai vir para vê-la.*"

"*Por que seu trem não para de passar?*"

"*Preocupe-se com o homem, você não verá mais nada além dele.*"

"*Dele quem?*"

"*Ah... ele nunca falou comigo, eu nem ao menos cheguei a vê-lo, mas dizem.... Ele chegou, não minta, ok?*" (Espero alguns segundos):

"*Carregue isso, Adriana! Carregue!*" (Digo de forma agressiva, enquanto coloco seu corpo em posição vertical e tento fechar seus dedos em um dos sacos de arroz).

"*Não consegue? Você não consegue nem se carregar, nem andar por si só.* (Reparei que o seu rosto estava vermelho e suas expressões estavam incrivelmente tensas, como se estivesse se contorcendo por dentro). *Você está apodrecendo e não terá mais chance de pedir perdão, pois aqui seu falso moralismo não engana ninguém.* (Coloco o cesto de lixo novamente próximo ao seu nariz).

"*Está sentindo esse cheiro?* (aproximo ainda mais o cesto de lixo próximo ao seu nariz). *É o seu. Você não sabe como está seu rosto? Nunca irá saber.*"

"*Pense como vai agir, mas não pode ser pouca coisa, pense no que vai fazer....* (Nesse momento ouço a campainha, e poucos segundos depois, batidas impacientes na porta, só poderia ser o Renato). *Pense, pense. Ainda tem uma chance, talvez eu*

*nunca mais fale com você, e ficará para sempre aprisionada aqui,
e nunca mais poderá acordar de onde imagina ser um pesadelo."*

Desci correndo até a sala, tirei da mochila o boné, os óculos e os coloquei, abri a porta para o Renato. O sujeito sequer me encarou, e de imediato, desconfiado, mesmo ainda na porta, começou a medir todos os cantos da sala escura, como se procurasse algo específico em um ambiente por ele bem conhecido.

– Olá, você deve ser o Renato.

– Oi. – respondeu pouco amistoso.

– Sou o Eduardo, namorado da prima da Cíntia. Ela vai voltar em alguns minutos e pediu para eu o esperar. – me expliquei para depois estender a mão e cumprimentá-lo. Seu aperto de mão, fraco e rápido, soou altamente desdenhoso. – Ela foi ao mercado.

Ele me olhou com antipatia:

– Quem é você, mesmo? – questionou tomando minha frente, como se a casa fosse dele. Certamente, aquele ambiente ficava ainda mais pesado e feio com sua presença.

– Eduardo. – respondi secamente.

– Ela nunca falou de você para mim.

– Ela se reaproximou da família de uns dias para cá. Quer tomar alguma coisa? – questionei firme.

– Não, obrigado. – Seu obrigado foi quase inaudível.

– Tome alguma coisa, cara..

– Se tiver, pode ser uma cerveja, embora eu duvide que ela tenha comprado. – disse com ironia.

– Se não tiver, pode ser um suco?

– Pode ser, mas prefiro cerveja.

– Vou ver na geladeira. – Fui até a cozinha, e talvez para agradar a nova amiga Adriana, havia duas latas de cerveja na prateleira mais baixa. Triturei rapidamente o remédio no copo, uma dose bem além do normal, já que eu não poderia aguardar muito o seu efeito. Lhe entreguei o copo cheio, trazendo a contragosto, outro para acompanhá-lo. Renato bebeu sem fazer cerimônia, como se quisesse demonstrar ser aquele seu território por onde ele tinha marcado com sua urina.

Definitivamente, Renato era um sujeito extremamente desagradável. Sentado no sofá, com as pernas muito abertas, metade do tronco no encosto, ele fazia barulhos grotescos para beber. Observá-lo, me animou muitíssimo no que pretendia fazer. Liguei a TV, para toda aquela tortura passar mais rápido, e por sorte, após longos cinco minutos, ele adormeceu. Com imensa dificuldade, carreguei aquele ogro escada acima até o quarto. Finalmente, os três estavam juntos e eu poderia fazer meu número mais ousado, até então.

Cheguei próximo ao ouvido de Adriana para terminar o sonho dela, sem que os outros ouvissem:

Não sei se darei mais uma chance a você, mas guarde bem, nada disso veio da sua cabeça, você verá. Não adianta imaginar, ao acordar, ter sido apenas um pesadelo. Agora eu vou partir, há outra pessoa querendo dizer algo para você. (Desenrolei-a, tirei os sacos de arroz de seus braços, afastei o lixo e peguei uma caneta. Escrevi em sua barriga, com uma letra caprichada "Não foi um pesadelo").

Parei por alguns minutos para tomar fôlego e repassar em minha cabeça alguns pormenores e pronomes de tratamento dos quais eu deveria fazer uso. Anotei tópicos do 'ritual' para não me perder e tentei deixar os três o mais próximo possível. Coloquei Cíntia na cama junto de Adriana e empurrei aquele ogro fedido para bem próximo da cama, deitado no chão. Então, comecei a falar para os três em conjunto. Eu iria criar um encontro entre eles e o 'amor perfeito' de cada um deles. Esse amor já existia, eles seriam os 'amantes':

Todos os dias, essa pessoa incrível passa e sorri para mim. Não sei como agir, não sei (espero alguns instantes).

Mas aqui está, estamos juntos! Consegui realizar meu sonho de ter alguém especial! Adorei amar depois de tanto tempo, tanta procura! Essa pessoa é perfeita para mim, perfeita, mesmo com todos seus defeitos, e mesmo sabendo dos meus: tenho carinho, compreensão, acho essa pessoa incrível, tenho tudo que eu sonhei!

Mas espere aí: Eu devo ter alguém assim? Eu mereço?

"Quem está aí atrás?"

"Quem está aí atrás?"

Existe mais alguém! Droga! Droga! Droga! Nada dá certo para mim! Por quê?

"O que você está fazendo sonhador? Pensou que iria chegar pegando meu amor! Saia daqui!"

"Tudo bem, não quero brigar."

(Espero alguns instantes e falo num tom de voz meiga):

"Me desculpe meu amor, eu já tinha outra pessoa, mas eu ainda posso ficar com você! Você está no meu coração, é muito especial!"

"Por que diz isso? Você diz porque seu amorzinho está por perto e se eu sucumbir aos seus encantos vou arrumar briga? Quer me ver brigando por você?"

"Acalme-se. Por que está assim? Vai dizer que nunca agiu de maneira igual? Você não gosta de mim? Não brigaria pelo meu amor?" (Espero alguns instantes).

É verdade, eu mereço ouvir isso. Quero controlar tudo. Quando imagino perder o controle sobre minha vida, tudo fica insuportável. Quero conduzir minha felicidade. Não sei se verdadeiramente amei alguém, mas quando o fiz, sempre criei mágoas, sempre me magoei. E nunca mais vou conseguir me olhar no espelho da mesma forma. Não aguento mais esse peso.

(Faço uma voz imponente) *"Você adora achar que esse peso em suas costas é uma asa erguendo você, um fardo que permite você voar. Mas você quer amar para se abrir para o sofrimento, esperando as mágoas, por isso tanto mágoa. As asas nas suas costas não são um fardo. Elas permitem alçar voos, não trazer dor."*

(Aguardo alguns instantes)

"Por que você chegou atrasado pra aula? Hein?"

"Me desculpe professor, meu pai está doente!"

"É mesmo?"

"Não ouviu que não pode mentir aqui? Você tem um péssimo vício em dramatizar, em tornar tudo um sofrimento! Diga a verdade! Encontrou alguém incrível no caminho e atrasou-se!"

"É verdade. Me desculpe. Estou morrendo de vergonha. Me perdoe."

"Então acha mais nobre ter uma desculpa sofrida do que ter algo bom a dizer?"

"Mas não deu certo, fui passado para trás!"

"Você compete com as outras pessoas para descobrir quem sofre mais, não é? Saia daqui, coitadinho! Pode chorar agora! Aqui ninguém ouve!"

Preciso correr, vou correr! Quero fugir!

(Fico sem falar, enquanto movimento as suas pernas, uma de cada vez, imitando o bater das pernas de uma corrida).

Não sei onde estou, não tenho a menor ideia, mas é um lugar imenso, imenso! (ligo as luzes, abro as janelas e a porta para arejar o ambiente). *Veja quem está aqui! É a pessoa que entrou na minha vida há pouco tempo, mas ela não fala comigo! Por quê? Se há tanto espaço aqui para nós? "Venha até aqui! Por que não conversamos e ficamos um tempo juntos?"* (espero alguns segundos).

"Responda. Responda!"

"O que fiz para você me ignorar? Aonde vai, aonde vai? Responda!" (faço silêncio por mais alguns instantes).

Sumiu, não vejo mais nada.

"Agora pra todo mundo eu gosto de sofrer! (começo a gritar) *é por isso! Sempre complico tudo!"*

Preciso me acalmar... não posso ficar aqui assim, sem ninguém à minha volta. Por que fui contar meus segredos? Essa pessoinha me deixou aqui, sem dó! Não há mais o que fazer, eu não poderia ter confiado, essa pessoa se foi e me deixou aqui, sem nem dizer como sair.

Não há o que comer aqui, não há o que beber, se irei ficar para sempre, talvez ache algo a fazer. Talvez, seguindo aquela luz adiante, eu possa encontrar algo (pego o abajur e coloco perto dos olhos de cada um). *E agora, em quem posso confiar para me guiar? Devo estar no futuro, logo meus pais já partiram, estarei sozinho nesta altura da vida? Talvez eu já tenha morrido, ou pior... Solitário, já na terceira idade? Eu não deveria ter feito o que fiz...* (Nesse instante, cochicho no ouvido da Adriana: *"Com o Gabriel"*, no ouvido do Renato *"Com a Cíntia."*, e no ouvido da Cíntia *"Com o Renato."*). *Não posso confiar nesses novos amigos* (cochicho no ouvido da Adriana: *"Não confie na Cíntia"* no ouvido do Renato *"Não confie em ninguém que não seja a Cíntia."* E finalmente, cochicho no ouvido da Cíntia: *"Não confie na Adriana e nem no Gabriel").*

Como vou sair daqui? Como, ah... Quem vejo adiante? Não estou reconhecendo, mas é incrível, brilhante, deve ser um anjo (coloco o abajur perto dos olhos dos três). *Quem é?* (Cochicho no ouvido do Renato: *"É Cíntia, não aquela com que eu fiquei e a traí."* No ouvido de Cíntia: *"É Renato, uma pessoa autêntica, não aquela que faz joguinhos como o Gabriel ou egoísta como a Adriana."* Com a Adriana, cochichei: *"É o Gabriel, não a Cíntia ou um namorado que não sabe cuidar de ninguém, nem dele mesmo.) Sim, está vindo em minha direção, isso significa perdão? É quem estou pensando? É quem tanto magoei? Sim, só pode ser! A voz está correta!*

"Você não pode sair daqui sem mim, se quiser eu lhe ajudo."

"Me perdoe, por favor."

"Isso não adianta neste lugar, você terá que fazer isso quando acordar entendeu? Quem vê aqui, não sou eu de verdade, é quem eu seria no futuro se você não tivesse estragado tudo."

"Eu juro! Juro! Farei isso."

"Não jure por nada, conheço você, ao acordar e perceber ter sido um sonho, vai achar ser algo da sua imaginação. Mas eu lhe digo: se pensar assim, você poderá não acordar na próxima vez. Me desculpe, mas não posso ajudar quem não é justo."

"Isso é chantagem!"

"Pense como quiser, aqui, todos sabem quem é quem, você apenas ficará onde merece. Sempre fui, apesar dos meus erros, a única pessoa quem você pôde confiar, aqui não há ninguém para fazer julgamentos morais cínicos."

"Você sempre quer ter razão."

" Cale-se, cale-se! Você não sabe de nada. Adeus."

"*Me desculpe! Me desculpe! Por favor! Tem toda razão, eu nunca conseguirei sair daqui sem você, eu não mereço a sua ajuda, me desculpe.*"

"*Não há problema, segure a minha mão* (peguei na mão, uma a uma, e soltei rapidamente– devo frisar o quanto pegar na mão do Renato foi um dos piores momentos da minha vida). *Está vendo aquele jardim? Está vendo? Vamos juntos, até a sua entrada.*"

"*Onde está? Não vejo nada!*"

"*Lá embaixo.*"

"*Não quero descer, não quero! Tenho medo!*"

"*Você precisa descer, lá é seu lugar, não há outra maneira, e eu só posso levar você até a entrada.*"

"*Não há como eu não entrar? Por favor, me ajude!*"

"*Se você acordar, é porque não teve que entrar desta vez, mas um dia, em algum dos seus sonhos, terá de voltar.*"

"*Então isso é um sonho?*"

"*Claro. Ainda não percebeu? Mas não é um sonho qualquer. Ninguém, além de você, é responsável por ele. Seu sonho só faz sentido para você e em nenhum outro lugar há maior perigo.*"

"*Não entendo, me explique!*"

"*Não posso. Você não iria querer que eu explicasse. Agora vou voltar, lembre-se: isso é um sonho, mas é um sonho futuro, então eu vou para onde mereço ficar, até logo ou adeus.*"

(Então cochicho na orelha da Cíntia) "*Por que acha que o Gabriel tanto temia quando você pedia para ver os sonhos? Os sonhos fogem do seu controle, eles mostram quem ele realmente é.*"

(Abraço os três, um por vez. É fácil imaginar minha sensação de ojeriza quando abracei o Renato). Escrevo na barriga da Adriana e do Renato, com letras 'angelicais': "Foi real, não confie no seu novo amor."

Havia terminado outro sonho, mas a preocupação em relação à Cìntia martelava minha cabeça; ela provavelmente iria perceber minha armação. Antes de resolver esse problema, me dei conta que faltava um curto, mas significativo sonho para a Adriana, então, eu a carreguei para o corredor, para os outros não ouvirem: eu tive uma singular ideia, peguei o copo e joguei aos pouquinhos o restante do suco em seu rosto:

"Chove, chove e quem eu vejo por lá? É meu namorado, como eu o amo! Quero tanto protegê-lo, quero tanto que vença na vida! Mas espere um momento. Quem é essa mulher com ele? É a Cíntia. "Por que você está com ela?"

(Falo com voz grossa, tentando me passar por seu namorado). *"Por que só a chuva pode tocar no rosto das mulheres que eu desejo."*

"Como assim? Você pode me tocar."

"Eu não a desejo. Muito menos a Cíntia."

"Então por que está com ela? Ou comigo? Responda seu mentiroso! (coloco gotas de suco abaixo dos seus olhos)*."*

"Não adianta chorar. Eu não a desejo, mas eu a desejaria e amaria se pudesse tocar a Cíntia."

"Mas fui eu quem apresentou você para ela. Fui eu quem... (Fiz um instante de silêncio)*... me sacrifiquei anos, deixei de fazer coisas para mim, para minha família, como pode dizer isso?"*

"Cale a boca, Adriana! Quem é você para dizer algo assim? Você fez muito pior. Como me conheceu mesmo? Não entendeu nada desses sonhos até agora? Pensa que vai acordar e tudo passar? A Cíntia nem me quer, porque não gosta de pessoas como eu (falo com voz de choro), *mas vou continuar com você porque não consigo ninguém melhor. Faça assim: quando você confiar*

no próprio caráter, venha cobrar de alguém (nesse momento, coloco novamente o cesto de lixo próximo ao seu nariz). *Agora aguente e imagine ter sido tudo apenas um sonho ruim."*

Levo Adriana de volta ao quarto, e agora era a vez de trazer a Cíntia ao corredor:

"Saco, Cíntia, acorde, acorde! É o Gabriel! Acorde! (Eu a balanço insistentemente). *Finalmente, acordou! Eu falei o quanto iria ser cansativo, mas não imaginei que você acharia tão chato, a ponto de dormir! Bom, agora, acordada, talvez você possa tentar criar algum sonho para a Adriana. Mas é estranho, pode ser perigoso, não sei se esta é a palavra correta... Vou lhe contar meu maior segredo: quando eu criei um sonho pela primeira vez, não foi para mim, foi para uma namorada. Queria impressioná-la, sabe? Eu não queria lhe contar... mas enquanto eu criava o sonho para ela, eu caí, sem perceber, num sono profundo, e tive um sonho tão real, tão real... Na verdade, eu tenho certeza de que foi real, sabe? Vi meu futuro e para onde eu fui, me disseram: "a pessoa que quiser, um dia, criar um sonho ao seu lado, irá se afastar de você, ter raiva de você, porque os sonhos de cada um levam a caminhos desconhecidos e incontroláveis" Tenho medo que você se afaste de mim, medo de descobrir algo, sabe? Se quiser criar um sonho para Adriana, deixe-a com ciúmes de mim, tudo bem? Boa sorte, espero que dê tudo certo, você sabe, é só falar com ela. Eu já a coloquei naquele estado de transe. Por favor, após criar o sonho, não esqueça disso ao dormir e sonhar, não tenha raiva de mim."*

(Faço silêncio e espero dez minutos)

"Cíntia (falo alto e de forma decidida, com uma toalha em frente à minha boca para alterar minha voz). *Você não se lembra do que fez com a Adriana? Você criou um sonho para ela, não a procure mais, lembre-se do que disse Gabriel, ele quis enganá-la dando uma de coitadinho, pois sempre temeu o dia em que você não iria procurá-lo mais. Confie no sonho, ouça o Renato. Agora, durma e esqueça o Gabriel."*

Nesse momento, fiquei satisfeito, mas soube não ter chances de garantir que a Cíntia não desconfiasse de eu ter criado um sonho para ela. Talvez passasse a me odiar, ou simplesmente se afastasse por causa dos sonhos. Não importa, ela iria sumir da minha vida de qualquer maneira. Também não haveria muito o que fazer para desacreditar as lembranças do Renato, mesmo eu usando boné e óculos, ele havia me visto. Apaguei as mensagens 'trocadas' entre ele e Cíntia, lavei os copos e limpei toda bagunça. Agora, vinha a parte mais chata, levar o Renato para o carro e deixá-lo em algum lugar, próximo da praça onde avistei Cíntia pela primeira vez. Mas antes, passei num supermercado, comprei uma garrafa de pinga e esvaziei grande parte, para deixá-la em sua mão. Apostaria que um pileque, mesmo sem ressaca e qualquer lembrança, o convencesse a não investigar nada, caso contrário, torceria para ele não admitir ter sido enganado, a ponto de ligar para Cíntia. Certamente ele era um ogro orgulhoso.

Agora só me restava fazer o mesmo com meu pai e meu irmão, e com isso, deixaria todas as mágoas para trás.

* Capítulo 11 *

É ela, não eu

Mesmo para arriscar, é preciso sentir certa segurança. Por isso, não posso afirmar ter feito uma 'loucura de amor' para a Júlia. Foi muito estimulante preparar para ela uma surpresa enquanto imaginava sua reação. Ela era uma garota com muito senso de humor, certamente iria gostar do meu 'quite' com várias lembranças: primeiro um boneco bem feio, parecido com um palhaço, segurando duas facas de plástico (que consegui amarrar a duras penas) e vestindo uma minicamiseta estampada com uma girafa, fazendo alusão à altura da Júlia. Também, numa saga homérica, procurei argolas de pescoço, iguais àquelas usadas pelas mulheres da tribo Ndebele da África, para colocar no pescoço do brinquedo. E para fechar com chave de ouro, pedi uma telemensagem das mais bregas possíveis, enviei uma enorme cesta de rosas, ainda com os espinhos, e solicitei a visita de um 'caminhão do amor' em frente ao seu trabalho: nestes dois últimos 'presentes', usei enorme lábia e alguns bons reais a mais, para que a empresa, responsável pelos serviços, procurasse Júlia dias depois, dizendo que eu só fiz aquela encomenda para os seus colegas de trabalho perceberem o quanto era amada por alguém, dessa forma, ela deveria fazer o acerto das contas ou iriam revelar a todos ter sido ela a autora dos presentes para si mesmo. Confesso, eu ri e me diverti horrores enquanto planejava tudo. Senti muita falta do Pedro: certamente ele toparia participar.

Júlia adorou. Riu, chorou, me abraçou e me beijou. Não sei se fiquei mais alegre com o fato de ela ter gostado de todo enredo criado ou por ela ter ficado feliz. Após aquele dia, o nosso relacionamento atingiu um patamar de estabilidade e, finalmente, senti na pele, após muito tempo, como há situações boas e ruins quando estamos com alguém. Sei como isso soa um clichê, mas como já disse anteriormente, quanto mais o tempo passa, mais percebo o quanto esses chavões são verdadeiros e servem para facilitar ou encurtar uma conversa.

Cinco minutos após Júlia segurar a minha mão, com a autoridade de quem era minha namorada 'oficial', já notei o tamanho da liberdade perdida e a comodidade de se ter alguém ao lado. Era como visitar uma velha sensação difícil de ser explicada, mas de uma maneira renovada e limpa de mágoas. Não posso ser mesquinho ou arrogante ao dizer: "não gosto da Júlia ou não nos divertimos juntos", muito pelo contrário, porém pouquíssima coisa mudou entre nós desde o início dos nossos encontros. Ela permanecia com seus momentos de simpatia e de estranheza extremas.

Ao menos, eu tinha uma tácita certeza: muitas das dúvidas que povoavam meus momentos de chata lucidez a respeito da Adriana também apitavam sobre Júlia. Talvez, fosse algo característico do ser humano; quiçá uma neura exclusivamente minha, mas também, há a probabilidade de nós, Adriana, Júlia e eu, termos sérios problemas. Para minha sorte, encantava-me perceber como Júlia sabia levar a vida com a leveza da qual Adriana nunca conduziu ao meu lado.

Levei Júlia para visitar a casa dos meus pais, logo após ter criado sonhos para o meu pai e irmão no mesmo 'esquema' dos feitos em conjunto para Cíntia, Adriana e Renato. No final de semana seguinte ao que ocorreu na casa da Cíntia, inventei uma desculpa para passar duas noites na minha antiga casa. Cheguei bem tarde, quando todos já se preparavam para dormir, e sem muita dificuldade 'logística', criei um sonho para o meu pai na sexta-feira, e outros dois no dia seguinte; para o meu irmão, criei apenas um no primeiro dia. O resultado veio a galope: uma semana depois, minha mãe insistiu com muita veemência no convite de dias atrás para o almoço de domingo, desta vez, deixando claro se tratar de uma 'conversa séria'. Não me veio com uma frase inócua como: "seu pai e irmão irão falar com você." Ao entrar, fui recebido com desculpas, abraços e tudo mais, e quando digo 'tudo mais', era muito, muito mais, mesmo: uma surpreendente oferta de dinheiro pela compensação das minhas perdas. Ressarcimento negado prontamente por mim diante de toda família: burrice? Falso moralismo? Não sei dizer, apenas neguei, ou melhor, fiz questão de negar. Talvez fizesse bem essa minha atitude para me sentir moralmente superior após as desculpas, afinal, não se perde esse trunfo de uma hora para outra. Além disso, não sendo tão duro comigo mesmo, o pedido de perdão veio somente após minha direta 'intervenção'.

Eu e Júlia saímos de lá, após uma tarde de domingo agradável e redentora; minha alegria só aumentou ao perceber o quanto minha família se impressionou ao conhecê-la. Caminhando próximos à minha casa, num final de tarde ameno e florido, sentimos estar vivendo um momento mágico e especial, ou na minha particular visão da vida, instantes 'diferentes'.

– Estou com sede, vamos tomar algo? – sugeriu Júlia.

– Claro. Você paga.

– Hahaha. Tenho cara de Amélia?

– E eu de asno?

– Vai me deixar com sede?

– Acabamos de sair da casa dos meus pais!

– Ah... Fiquei com vergonha.

– Tudo bem, eu pago, você acabou de comer, a conta sairá barata! Mas tem uma condição: você vai ter de responder uma pergunta para mim.

– Lá vem.

– Por que as mulheres só dizem – eu te amo – depois de dar uns fight? – questionei enquanto mudávamos de rumo a fim de seguirmos para um barzinho das redondezas.

– Eu não disse que o amava.

– Não? Você disse sim! Três minutos depois do fight.

– Fight? Que palavra horrível! É muito anos noventa. – riu.

– Qual é a frase certa? Fazer amor?

– Claro!

– Toda aquela esfregação, gemidos e gritos é fazer amor? Que coisa mais falsa!

– Mas também não é fight!

– Parece muito mais com uma briga.

– De onde você tira tanta besteira?

– Só estou falando assim para você não se sentir tão coroa.

– Eu não sou coroa. – fez uma pequena pausa.

– Não é? E aquela foto em que você está numa festa usando uma coroa na cabeça? Todo mundo costuma usar coroinhas de princesa, mas você usou uma enorme, dourada! Certamente todo mundo pensou o mesmo que eu: lá vai uma coroa usando outra coroa.

– Eu coroa? Se enxerga! – disse gargalhando.

– Por que está gargalhando? Detesto pessoas felizes! Eu cortei o rabo do meu cachorro pra ele não demonstrar felicidade perto de mim. – falei alto, em tom de piada.

Ela riu e me olhou de maneira diferente. Seus olhos sorriam, transparecendo estar totalmente encantada:

– Preciso admitir algo.

Me adiantei, pois senti que seria elogiado:

– Você tem celulite? Isso eu percebi, mas não me importo!

– Não seu bobo, eu amo você... Muito.

Fiquei totalmente acanhado. Ouvir uma declaração tão impactante saindo da boca de alguém, não traz, após ser tão magoado, alegria suficiente para suplantar o medo da decepção. Como dizia o Pedro, quando atingimos tal estágio na vida, não deixamos a felicidade entrar sem cuidadoso exame.

Era difícil retribuir tais palavras, não por medo ou qualquer outro sentimento pouco nobre, mais sim, porque meu coração já havia endurecido, a ponto de ter consciência que esse tipo de emoção talvez nunca mais ocupe meu ser de modo pleno e desinteressado. Na melhor das hipóteses, por assim dizer, levaria anos para criar a confiança necessária para deixar levar-me novamente. Mesmo assim, decepcioná-la entristecer-me-ia demasiadamente, e era a última coisa que eu queria.

– Eu também. Eu também. – abracei-a apressadamente, forçando naturalidade para não transformar tal momento em algo épico ou grandioso.

– Por que me ama? – questionou aparentemente insegura.

– Não sei. Talvez por você ter a parte branca do olho mais branca do planeta. Você usa pasta dental nela? – Ela riu.

– Você vai me amar até quando eu for gorda, enrugada e caída?

Não respondi e fiz uma careta irônica.

– Que cara é essa, seu ridículo?

– Nada, nada. Mas gostei do seu otimismo sobre seu atual estado! Amar você, assim, já não é a maior prova?

– Até parece! Só de me ver, você já sente vontade de me agarrar! – respondeu rindo muito.

– Isso é verdade. Mas sobre o seu acabamento eu tenho algumas teorias: quando você ficar ainda mais gorda, terei mais de você para amar. Além disso, quando estiver enrugada e caída, eu também estarei velho, enxergando bem toscamente, então, uma coisa compensa a outra.

– Seu cabelo já caiu e eu não ligo.

– Eu também não ligo para o seu peito caído.

– Grosso! Até parece! Eu estou perfeita, magra, linda, estou na flor da idade e com tudo em pé.

– Tudo bem, tem razão, mas um dia, tudo isso vai cair, ainda mais você tendo tantas partes grandes, não é? Pensando assim, talvez eu devesse procurar uma mulher menor. – falei secando seu corpo.

– Nunca você vai desejar outra!

– Mas se depois de uns dez anos você começar a me detestar?

– Tenho medo de detestar você em dez segundos!

– Desde quando sabe contar até dez?

– Você tem inveja de mim, todos seus parentes viram como sou superinteligente e muito mais alta do que você. Já pensou no nosso casamento, durante a valsa, a noiva linda e alta, e o noivo anão e horroroso?

– Você mais alta do que eu? Só se for quando bebe! E olha, você precisa beber muito pro álcool achar sua cabeça! E quanto à minha suposta feiura, uma pessoa com péssima visão talvez me olhe e me ache feio, mas logo chegará a óbvia conclusão: para ficar com você, devo ter a pegada e isso vale muito mais.

– Tá se achando coitado!

– Será?

– Eu tenho consciência da minha extrema beleza e também sei: você me amou logo ao me conhecer.

– Hahaha. E você, admita, só começou a me amar depois do primeiro *fight*.

– Talvez. Mas você estava dando sopa, todo largado, fiquei com dó.

– Eu estava solteiro por opção, Júlia.

– Opção das mulheres, só se for.

– Hahaha. Agora sério, vai acabar com esse suspense de quinta categoria e me contar como você apareceu na minha casa?

– Não vou lhe contar nunca! – exclamou querendo manter a questão no tom da brincadeira.

– Sério? – respondi fazendo cara de decepcionado. – Como você foge bem do assunto.

– Não fujo. – disse meio séria. – Você terá que descobrir.

– Quanto mistério...

– Você não gosta?

– É legal... Mas uma hora, cansa.

– Vamos ao cinema, estou querendo ver *Sapo na sopa*.

– É aquele nacional, não é? Todo filme nacional é meio pornô, cheio de putaria! – soltei um palavrão para mostrar meu contragosto com aquela atitude de fuga.

– Ai! boca suja! Para alguém careca você fala muita coisa cabeluda.

– Pelo menos eu não fujo do assunto.

– Fujo nada! Eu queria sair um pouco, comer uma pipoca e dar um chocolatinho na sua boquinha!

– Precisarei bater em você para me dizer a verdade? Tamanho não me intimida, a menos que você seja uma bruxa. Eu não duvidaria pelo modo como nos conhecemos.

– Eu, bruxa? E o que faz durante a noite com os outros, anãozinho?

– O que faço não é bruxaria!

– Tudo bem, então venha me encarar! Venha! Quem morrer primeiro perde... – Antes de terminar a frase, o telefone da Júlia tocou, e ela toda estabanada, tentou achar o aparelho em sua imensa bolsa cor caqui. Ao pegar o telefone na mão e olhar para tela, pareceu assustar-se, tropeçou e quase caiu. Já o seu celular não teve a mesma sorte. Peguei-o do chão, por sorte ele não devia ter quebrado.

– Quer água e sabonete, meu amor? Podemos ir até o pronto-socorro. – disse transparecendo meu cinismo. – Sua queda poderia ter sido feia, ainda mais daí de cima. Quer um abraço?

– Estou ótima! – respondeu irritada.

– Você deveria usar mais tênis, eu não ligo, viu? Já sei, quer ficar *fashion* e imensa com seus saltões.

Júlia não respondeu, nem ao menos olhou para mim.

– Sério pequena, você está bem? Firme, forte e valente?

Ela olhou para o seu telefone em minha mão, esticou o braço indicando para eu devolvê-lo..

– Tome, pode pegar. – Ela o apanhou e guardou rapidamente na bolsa, como se fosse uma batata quente.

– Não vai retornar a ligação?

– Depois eu ligo. – respondeu aflita.

– Foi algo grave?

Esperei alguns segundos, mas ela fingiu não me escutar. Na hora imaginei ser alguma notícia ruim sobre o seu pai. Mesmo tendo noção do quanto qualquer assunto familiar é delicado, ela não poderia mais me excluir a ponto de mudar o modo de me tratar, me ignorando-:

– Sempre você vai agir assim, Júlia?

– Me desculpe-me, me desculpe. – respondeu sem me olhar.

– Foi algo com o seu pai?

Novamente ela não respondeu, apenas me olhou com complacência como se fosse esse o motivo. Subitamente, ela apressou o passo e parou diante de mim:

– Me abraça. – pediu com um olhar de cachorro pidão.

– Claro. – Ela não esperou eu dar meio passo e se jogou em cima de mim como se eu fosse partir para sempre. – Aconteceu algo grave?

– Não... nada... – fez silêncio por alguns segundos. – Eu me lembro do último sonho ruim... pesadelo... que você fez eu passar e iquei com ele na cabeça. – disse Júlia ainda junto a mim, nitidamente abalada.

– Por que você gosta de pesadelos, afinal?

– Eu não gosto deles. Você mais que ninguém deveria saber, prefiro tê-los enquanto estou segura. E eu estou agora. – respondeu falando perto do meu ouvido e me apertando forte contra seu corpo.

Por algum motivo, comecei a achar que ela tentava me iludir com tais elogios.

– Ainda não entendo.

– Não?

– Não, nem um pouco.

– Está vendo? Eu queria um sonho ruim, mas não sei se você acha justo eu pedir. Como você não sonha mais, não sei se é certo.

– Como você sabe que eu não sonho mais?

– Porque se você sonhasse, você não me amaria, nem teria insistido para ficar comigo.

– De onde tirou essa ideia? Você está enganada, muito enganada, eu prefiro estar com você, aqui, agora.

– Você diz preferir, mas é diferente de qualquer pessoa, não enxerga, não fala, não pensa como os outros.

– Você não respondeu o que lhe perguntei. Quanto a mim, vou responder sua afirmação de forma direta, mais uma vez: não tente imaginar o que penso ou acho.

– Puxa, não precisa ficar nervoso.

– Me desculpe pequena, mesmo assim, não tente imaginar o que eu penso, por favor.

– Tem razão. Tem razão. – respondeu parecendo insegura. – Mas para eu estar com você, de verdade, não acha que precisa passar pelo que eu passo? – disse me soltando para olhar em meus olhos.

– Os meus sonhos não eram feitos como os seus... pesadelos.

– E como você os criava? Como você cria os meus, afinal?

– Importa?

– Talvez, sim. Não seria bom poder dividir tudo com alguém? Por que não tenta sonhar junto comigo?

– Sonhar? Como assim?

– De todas as maneiras, juntos.

– Já estamos juntos.

– Não. Não mesmo. Não estamos.

Olhei para o lado, depois mirei o chão para ganhar mais tempo. Nunca tinha experimentado sonhar da mesma forma criada para os outros, ainda mais junto com alguém. Tudo era tão inverossímil, como iria conseguir agir de tal maneira? Por um instante, acreditei até fazer sentido, como se aquele pedido significasse uma versão 'light' do 'destino'.

– Por que estamos falando nisso agora, Júlia?

– Eu... queria você comigo, lá também.

– Qual pesadelo você quer dessa vez?

– Não sei. – respondeu cabisbaixa.

– Talvez eu tope tentar de outro jeito, estando lá com você, criando da mesma forma que faço com os outros.

– Tem certeza?

– Não, não tenho certeza. Caso queira alguém com alguma certeza, definitivamente, não sou eu.

– Fico muito feliz! – ficou alegre abruptamente. – Eu tive um sonho... ruim uma vez.... Você poderia fazer... Podemos descobrir juntos... – Júlia atropelava as palavras, parecendo muito confusa. – Que tal começarmos o pesadelo com passarinhos presos numa gaiola e de repente... ficam agitados, acordando a mim ou a nós dois no meio da noite?

– Mas pequena... Eu falei de tentar fazer um sonho da mesma maneira que faço com você para mim mesmo, não criar sua ideia de pesadelo.

– Entendi errado? – Júlia questionou com doçura.

– Não se desculpe; pensando bem, criar para mim os mesmos sonhos... ruins como os seus, talvez funcione. Me desculpe se a interrompi. Continue a me contar o pesadelo desejado por você, pequena.

– Sabe, Gabriel, eu notei algo em você. – disse num tom cerimonial, mudando de assunto. – Você fala com cada pessoa de uma maneira diferente.

– Como assim?

– Você me trata de pequena, com a sua amiga Cíntia diz 'amore', quando chama um amigo diz 'man', outro de 'jovem'.

– Legal ter reparado, mas andou me espionando, não é?

– ... Eu não sei se namoro alguém que...

– Alguém o quê?

– Você assume vários papéis. Você sabe dizer quem é você?

– Ai, ai, ai...

– Você sabe? – insistiu.

– Quem sou eu? Mas que pergunta aranha! – fiquei pensativo. – Me desculpe, sabe... o que resta é quem deseja... talvez eu seja isso, e o meu desejo agora é dividir um sonho com você.

– Você foge das questões complicando.

– Eu respondi sim.

– Não sei, Gabriel, não sei. Não quero passar a vida tentando imaginar o que você sonha de verdade... No entanto, você entra na minha cabeça, tentando adivinhar meus sentimentos. Não quero sofrer.

– Eu não a entendo. Não entendi... Foi você quem pediu para fazermos juntos e descobrirmos sei lá o que juntos. Não sei se iremos descobrir ou perder algo, mas acreditei não valer mais a pena viajar sozinho nessa ou em qualquer outra.

Ela pensou em responder algo, pois esboçou abrir a boca uma ou duas vezes, seus pensamentos pareciam traí-la, então, continuou a falar do pesadelo:

– Mas serão sonhos ruins, não é?

– Me desculpe pequena, mas esse seu desejo é meio doentio. Confie em mim, vamos viajar juntos por sonhos normais.

– Eu não quero, Gabriel.

– Mas você nunca teve nenhum, ainda mais ao meu lado. Que tal dividirmos?

– Talvez, mas eu quero você sentindo primeiramente o mesmo que eu.

– Medo?

Ela abaixou a cabeça.

– Tudo bem pequena, como era seu sonho ruim, mesmo?

– Posso contar?

– Tudo bem.

– Nesse sonho ruim, os passarinhos se agitam no meio da madrugada, sentimos algo estranho, pois como muitos dizem, os animais são mais sensíveis para coisas ruins. O quarto está escuro e eles estão num corredor ao lado, separados por uma porta fechada. Levantamo-nos para investigar, mas antes de abri-la, ouvimos um barulho suave, parecido com um raspão na parede, talvez seja apenas o vento. Quando um de nós abre a porta, você é preso numa gaiola minúscula, pressinto haver uma pessoa observando-o do lado de fora dela, mas não a vemos claramente, sentimos seu bafo, seu calor, mas não conseguimos fazer nada, nem imaginar quem ou como é essa figura, tornando tudo terrível. Eu estou do lado de fora, tentando libertá-lo, mas com medo desse ser enigmático. Já você, mesmo preso, se contorce de medo por eu estar sozinha.

– Não vou me esquecer. Não vou me esquecer, Júlia. Vou criar algo a mais para nós.

– Me desculpe, mas não quero! Você não pode mudar nada.

– Nossa! Como você é mandona! Queria que você se ouvisse agora pra ver como está querendo me dominar!

– Não gostou? – me olhou levantando a sobrancelha cinicamente. – Não vou ajudá-lo a sentir-se melhor com meu domínio, eu me lembro do seu conselho, Gabriel: – Qualquer problema, se vire.

– Eu não diria isso, eu olharia para você, bem no fundo dos seus olhos, colocaria a mão no seu ombro e falaria: – Qualquer problema que você tiver, qualquer um mesmo, pode crer: vai ter de se virar.

– É verdade, você sempre gosta de criar um clima. – ela dizia enquanto chegávamos ao barzinho.

– Vou ao banheiro meu amor, fique com minha bolsa? – Antes de sair, Júlia guardou o telefone nela, e por algum motivo me senti tentado a ver quem havia ligado momentos atrás. Tão logo ela entrou no banheiro, procurei a última ligação não atendida em seu aparelho. Então, meu sangue gelou, meu coração quase saiu pela boca, estava escrito 'Adriana'. Imediatamente olhei o número para ver se não era apenas uma coincidência, mas não era. Me senti mal, fiquei zonzo, com a vista escurecida, não sabia o que pensar, não sabia o que dizer, estava perdido, não poderia disfarçar, nem imaginar algo bonito a comentar. Minha vontade naquela hora era procurar Júlia no banheiro e perguntar o porquê daquilo. Estava explicado como, de repente, ela havia ficado mal-humorada.

Três minutos depois ela estava voltando, e avistar sua figura linda, parecia iluminar qualquer ambiente. Isso me ajudou a restabelecer um pouco do equilíbrio. Resolvi não dizer nada, apenas mostrei o telefone dela em minha mão.

– O que você quer que eu diga? – perguntei num tom resignado, trocando imediatamente um leve sorriso por uma cara séria.

– Como assim? Então eu devo imaginar sua explicação também?

– Eu não quero mentir para você.

– Eu não estou pedindo para mentir.

– Você vai ficar com muita raiva.

– Júlia, pare de ficar imaginando o que vou pensar ou deixar de pensar. Diga logo.

– Eu conheço a Adriana.

– Sério? Isso eu percebi, mas e daí? – Ela se calou. – E daí Júlia, fale. – Esbravejei a ponto de as pessoas nas mesas próximas olharem.

– Não grite, por favor!

– Tudo bem, sente aí. – respirei fundo e tentei não dar o braço a torcer demonstrando meu ressentimento pela Adriana.

– Ela é só uma conhecida. – gaguejou.

– É mentira! Você não sabe mentir!

– E você, sabe?

Não me dignei a responder sua insinuação, apenas olhei feio a ponto dela voltar atrás:

– Uns três anos atrás, ela passou no concurso e entrou na empresa onde eu trabalhava. Logo nos tornamos grandes amigas, nós fomos trocando confidências e...

– Ela falou de mim. – interrompi.

– Isso... Então ela começou a falar do que vocês passavam, sabe? Antes de vocês terminarem. E quanto mais ela falava, mais eu ficava encantada... Ela o criticava e eu via o quanto ela era uma pessoa... não sei... não era para alguém como você... Era muita ingratidão! Você merecia alguém especial e eu passei a pensar nisso... Em você... Imaginar nós dois. Fiquei totalmente encantada por alguém que eu sequer conhecia. Daí, aconteceu, você sabe, atropelei aquela menina e fui desabafar com quem pensei ser minha amiga, mas Adriana, mesmo vendo toda minha aflição, ao invés de me apoiar, ironizou meu jeito, afirmando tudo ter acontecido porque eu era como você, vivia brincando com algo sério. Eu fiquei muito magoada e lhe perguntei: – Com o que ele brinca que faz com que ele se pareça tanto comigo? – De algum modo, comprei sua briga. Em vez de falar algo infantil ou sem graça de você, ela me contou com ressentimento o quanto você sorria enquanto dormia, como se tivesse brincando com alguém. Ela sentia raiva e dor de cotovelo, como se até no sono você fosse animado, menos com ela. E de pensar que na primeira vez que nos vimos, você já se dispôs a me ajudar sem nunca me julgar...

– Eu não sorrio no sono, Júlia.

– Como você sabe?

– Essa história é muito esdrúxula, Júlia, você veio atrás de mim pelo que ela lhe falava?

– Acredite, foram meses em que todos os dias ela me mostrava suas fotos, me contava tudo, em detalhes.

Balancei a cabeça positivamente. Parecia plausível.

– Espere um pouco, a Adriana não viu você no velório do Pedro, ao meu lado?

– Sim, ela viu.

– E?

– Quando você me pediu para ir ao velório, eu imaginei encontrá-la por lá, me lembrei de ela ter comentado desse seu amigo. Então, liguei para ela e imediatamente Adriana me disse onde estava, menti estar por perto e eu me propus chegar até lá em pouco tempo para dar uma força.

– Mas eu não vi vocês duas juntas.

– Eu pedi para encontrá-la do lado de fora e a cumprimentei sem você ver, depois lhe perguntei quem era você e fui encontrá-lo para dar meus pêsames. Como sai rápido, nem você e nem ela desconfiaram de nada.

– Por que se deu a tanto trabalho só para não me dizer a verdade? – questionei irritado.

– Me perdoe... eu não estava preparada para falar, você tinha acabado de me conhecer, iria me achar uma louca... Mas eu já o amava, puxa vida! Eu não poderia faltar, não poderia deixar de estar lá com você naquele momento.

– Que maravilha! Continue o que você estava falando, ainda não sei como você chegou até mim.

– Para ela, você sorrir durante o sono não era algo estranho ou curioso, parecia um crime. – riu balançando a cabeça negativamente. – Sinceramente, não sei o que ela imaginou, mas Adriana sempre voltava neste mesmo assunto, ela desconfiava. – Júlia me encarou com orgulho, como se o fato de ela saber o motivo e a amiga não, fosse uma vitória pessoal. – Ela também comentava, sem nunca lhe dar méritos, das coisas que você fazia por ela e sua família. Então, logo após o acidente, naqueles momentos terríveis, eu comecei a imaginar: – se alguém consegue ter tantos problemas e sorrir, mesmo que seja apenas durante os sonhos, eu poderia me livrar desse trauma, se estivesse junto dessa pessoa. – Eu ficava cada dia mais encanada com essa ideia, cada dia mais encantada com você, imaginando conhecê-lo... A Adriana era muito ruim, me desculpe, mas você deu uma sorte imensa de não estar mais com ela.

– Ela é mesmo uma bruxa.

– Você me perdoa?

– Tudo bem, mas você levou dois anos para me procurar?

– Não... Sim... Ela saiu do trabalho há poucos meses, daí que a procurei pra falar do atropelamento e por algum motivo, ela começou a me comparar com você.

– Não sei, Júlia. Não consigo acreditar, não faz sentido.

– Acredite, por favor.

– ...Mas você continua amiga dela?

– Mais ou menos.

– Como assim? É ou não é?

– Não! Eu sumi, não nos falamos mais.

– Por quê?

– Tenho receio de ela descobrir que estou com você.

– Uma hora ou outra, terá de falar com ela.

– Eu sei. – respondeu cabisbaixa.

– Tudo bem, Júlia. – respondi sem me convencer. – Mas foi deplorável você dizer que eu deveria saber como você chegou até minha casa! Ridículo, eu fiquei imaginando centenas de coisas.

– Mas eu não menti nisso.

– Ai, ai, ai, Júlia, pare!

– Eu não menti, eu juro! Eu procurei seu endereço pela lista de assinantes.

– Então, mentiu! Por que não admite? – Ela concordou com a cabeça. – Tudo bem, não vou esquentar com isso, mas não foi nada romântico como havia dado a entender.

– Mas valeu a pena. Não me arrependi um segundo.

– Tudo bem, Júlia, tudo bem. Mas não minta mais para mim. Porque se eu descobrir qualquer outra mentira, acabou. – sentenciei sem engolir toda essa história.

– Tá bom... – acatou num tom submisso. – Preciso lhe perguntar algo. – Falou séria.

– Diga.

– Você já sonhou com tudo?

– Como assim? – estranhei a questão.

– Você ficava satisfeito com seus sonhos quando os criava para si?

– Por que pergunta isso?

– Eu quero saber, só por curiosidade.

– Não é só curiosidade.

– Porque se fez tudo o que queria, você está comigo só por não sonhar mais.

– Nada a ver.... De onde tirou essa ideia?

– Não. Não. Deveria levar a sério. Como alguém pode atingir sua expectativa?

– Uma coisa não tem nada a ver com a outra.

– Tem sim, Gabriel!

– Por que isso agora, Júlia?

– Eu não quero sofrer, nem o enganar, eu não quero errar.

– Tudo bem. – parei para tomar fôlego – Criei quase todos os sonhos que desejei, agora aceitei sonhar junto com alguém especial.

– Como assim, quase?

– Nossa... vai ignorar minha declaração?

– Me desculpe, feio, mas eu queria entendê-lo.

– Se você estivesse no meu lugar, conseguiria sonhar qualquer sonho?

– Sim, claro, por isso é um sonho.

– Está enganada.... – respondi de maneira melancólica. – Mas eu entendo, todos pensariam assim. É triste admitir que até os sonhos têm limite.

– Mas qual poderia ser o limite deles, Gabriel?

– Eu sei o meu.

Ela fez cara de curiosa e antes de perguntar, completei:

– Tudo bem.... Vou lhe falar, espero que entenda, Júlia... Nunca contei para ninguém, leve a sério, por favor, não me decepcione.

– Eu não vou decepcioná-lo. Juro.

– Sempre imaginei um sonho, só a idéia de pensar nele me fascina. Com o tempo, percebi como minha mente poderia fazer de tudo, exceto esse... Só conseguiria sonhar se eu conseguisse alcançá-lo. Dá para você me entender?

– Sim. – respondeu num tom vacilante.

– Como nunca fui capaz de criá-lo, todos os outros perderam a graça, ficaram repetitivos. – fiz uma pausa para imprimir um tom mais sério: – Não vou fazer charme, e como já comecei a dizer, agora vou terminar. Eu queria muito descobrir como é após a morte, sabe? Como é sentir, cheirar, e não só ver... Por esse desejo e tantos outros fatos desagradáveis, o término com a bruxa da Adriana, por exemplo, parei de sonhar.

– Parou de sonhar?

– Sim.

– Eu não entendo, Gabriel, me desculpe.

– Mas por que você desconfia dessa minha impossibilidade de sonhar?

– Eu não disse isso.

– Disse sim.

– Mas nem os sonhos normais, sabe... iguais aos que todos têm? – questionou fugindo da minha dúvida.

– Não sei. Nunca mais lembrei ou tive a sensação de ter tido algum.

– Mas há tantas coisas boas para se imaginar, não é possível não ter mais desejo de criar nenhum sonho.

– Por que diz isso se só gosta de pesadelos?

– Não estamos falando de mim.

– Não estamos falando de nós? – ela não respondeu. – Tudo bem. – recuei a contragosto. – A maioria dos sonhos não tem sentido porque não os planejamos e nem sempre nos lembramos deles. Agora, imagine um sonho planejado e com lembranças. Não é muito diferente de estar acordado.

– Mas, se eu bem entendi, a maneira como faz para mim é diferente da que fazia para si mesmo.

– Sim.

– Como era para você?

– Não importa, Júlia.

– Tudo isso é tão estranho. – parou um pouco. – Esse seu desejo de conhecer como é a morte, e se for tão ruim quanto um sonho ruim?

– Não vejo ligação entre nós por causa disso, pequena.

– Mas eu não disse nada nesse sentido.

– Para você era bom, Júlia?

– O quê?

– Os sonhos... ruins.

– Sim, bem impressionantes.

– Quando acordava pela manhã, a sensação não era apenas de um sonho?

– Por que pergunta isso, para você era assim?

– Não, não era. Mas talvez alguém possa pensar dessa maneira. Os sonhos e a forma de encará-los devem ser diferentes, dependendo da pessoa.

– Feio, deixe me dizer: se você tentar sonhar da mesma forma que faz com os outros, junto comigo, quem sabe consiga realizar esse seu sonho.

– Você não entendeu. E como seria? Um monte de gente de branco flutuando? O problema não é a mecânica do negócio, para ser plausível, gostaria de descobrir como é, você sabe, estar morto. Um bom sonho não pode ser de qualquer jeito. Agir de qualquer maneira não impressiona quem vivenciou milhares de sonhos como eu.

– Você não se impressionaria então, sonhando ao meu lado?

– Já falamos sobre isso. Eu estaria ao seu lado, pequena, isso por si só já é incrível.

– Podemos tentar fazer seu sonho.

– Impossível, Júlia.

– Eu saberia como. – disse com uma estranha segurança.

– Como assim, saberia?

– Obrigada por confiar em mim, Gabriel. – respondeu mudando de assunto. – Eu sei como deve ser frustrante admitir essa impossibilidade, esse seu segredo. Mas eu escutei bem... eu adorei saber, a partir de agora...

– Não vai dizer para ninguém, certo? – interrompi.

– Dizer o quê?

– Como assim, o quê? Acabei de dizer.

– Não entendo – ela fez uma cara bem cínica.

– Do meu sonho!

– Sonho?

– Ah... Entendi. Você já se esqueceu. – ri envergonhado.

– Você é um bocó, mesmo! – ela riu e me abraçou.

– E seu pai está bem, Júlia?

Voltei a entrar num hospital pouco tempo depois de assistir a morte do meu amigo. Isso porque também voltei a 'sequestrar' um telefone, desta vez foi o da Júlia. Eu queria descobrir onde o seu pai estava internado. Então, fui até lá procurá-lo.

Não achava justo ela sofrer por querer ajudá-lo. Ele morreria em pouco tempo, portanto era válido um esforço para as feridas não perseguirem eternamente minha namorada.

– Senhor Nelson?

Apesar de aparentar ser jovem para um pai de uma moça, ele não se assemelhava em absolutamente nada com a Júlia. Era miúdo, extremamente branco e sem expressão. A causa de sua aparência poderia ser devido à doença.

– Sim, quem é você? – respondeu, deitado no leito, com uma voz firme, apesar de sua aparência débil.

– Sou Gabriel, namorado da sua filha Júlia.

Ele permaneceu em silêncio.

– Certamente o senhor deseja saber a razão de vir até aqui. – falei encarando-o com olhar decidido.

– Obviamente, para falar sobre *ela*. – disse com alta dose de rancor na voz.

– *Ela*, não. Sua filha.

– Que seja.

– Desculpe me intrometer em assuntos de família...

– Então, não se intrometa. – interrompeu, enquanto tentava se levantar da cama.

– Me desculpe, mas vou....

– Não que... – ele tentou me interromper, porém comecei a falar mais alto, cobrindo sua voz:

– Talvez vocês tenham problemas que eu desconheça e não possa falar nada, mas ao menos, deixe-a permanecer ao seu lado neste momento, com certeza ela ficaria mais feliz.

– Você disse bem, há coisas que certamente desconhece, meu filho. Me desculpe, vejo que está bem-intencionado, mas saia, estou muito cansado.

– Mas...

– Vá embora. – me interrompeu com voz firme, embora meio baixa.

– Acalme-se, por favor, leve na esportiva, puxa vida.

– Já levei tanta coisa na esportiva na minha vida, garoto, você não tem ideia. Eu deveria ter centenas de medalhas por isso, mas não é assim que funciona. Se quer fazer o bem, vá embora, antes que eu chame o enfermeiro.

– Ela está sofrendo.

– E eu? O que você sabe? Ela sempre se intromete em tudo, sempre dramatiza histórias, me deixe parar por aqui, você deve estar iludido, não é o primeiro homem que ela persegue igual uma louca.

– Não, não, eu sei quem ela é.

– Sabe? Há quanto tempo a conhece? Onde vocês se conheceram?

– Você está falando mal da sua própria filha?

– Como você é ingênuo. Não tenho bronca da minha filha. Ela é meu sangue, sempre irei amá-la, mas eu a conheço bem, por isso mesmo eu peço, não queira se envolver nisso, se preocupe com sua vida e seu namoro.

– Vamos ser claros, senhor Nelson: o senhor irá morrer, vai partir deixando sua filha magoada? Sem ao menos se despedir?

Ele, finalmente, pareceu tocado e não quis me encarar.

– Tudo bem, eu falo com ela, mas não venha mais aqui e não me cobre um prazo.

– O senhor não pode demorar, me desculpe, mas essa é a realidade.

– Eu não tenho duas palavras, fique tranquilo. – Nelson pareceu relaxar e começou a falar mais baixo, quase de maneira carinhosa: – Você parece ser um bom garoto, então, deve me entender.

– Tudo bem. Deus o abençoe. Tchau.

Eu já havia me virado para sair do quarto quando ele perguntou:

– Você irá se casar com ela?

– Com sua filha, o senhor quer dizer?

– Sim, sim, com a minha filha. Vai?

– Provavelmente.

– Ter filhos?

– É o caminho natural.

– Você será um pai melhor do que eu fui, garoto.

– Obrigado.

– Não me agradeça. Eu digo isso porque certamente terá filhos melhores do que os meus.

– Não acredito nisso.

Ele calou-se, me olhando com tristeza:

– O que realmente o senhor causou a ela? Hein?

Ele não respondeu, apenas abaixou a cabeça, aparentando estar envergonhado.

– Eu tenho uma teoria melhor, *senhor Nelson*: o senhor deve ter feito algo terrível, nojento, e agora, não suporta receber amor por acreditar que não o merece.

* Capítulo 12 *

A morte ou alguma metáfora?

Nesta altura da vida, após belos tombos, alguns pensamentos deveriam passar com mais frequência pela minha cabeça: Júlia, como Adriana, tem um pai doente, elas são ou foram amigas, sendo que esta teve e a aquela tem a mim, Gabriel, um homem em comum em suas vidas. Seriam elas tão parecidas quanto detestaria admitir? É assustador não me intimidar com tal pensamento, e mais ainda, constatar o quanto me alegra ouvir a Júlia pedir e descrever sonhos (ruins) tão bem, se parecendo tanto comigo, em alguns aspectos.

Procuramos, ao longo da vida, pessoas com preferências semelhantes às nossas, mesmo quando essas características possam se virar contra nós em algum momento. Certamente, dessa ciência vem a maior dor na hora da culpa. Mais uma vez, eu poderia estar mergulhando num poço sem fundo, sem me preocupar em olhar para baixo. Mas minha intuição dizia outra coisa; Júlia procura me olhar nos olhos, mesmo quando está embaraçada, e desde quando nos encontramos pela primeira vez, eu a desejo e ela é quem eu quero. Na verdade, sinto algo bem mais profundo, como se eu percebesse antes mesmo de conhecê-la, o quanto ela se encaixa em mim.

Com relação à Adriana, esta veio até minha casa, logo na manhã seguinte do sonho. Nem sei ao certo como descrever essa visita. Mas tive certeza de quem tem culpa é facilmente sugestionável. O jeito como ela me procurou, transtornada, quase aos prantos, implorando para ser ouvida, me fez sentir, por alguns brevíssimos instantes, certo remorso. Para ela pedir perdão parecia ser uma questão de vida ou morte. Por um momento, me lembrei do Pedro, e imaginei ter enlouquecido a garota. Na verdade, não sei bem se ela está muito sã desde então, pois me enviou pedidos de desculpas através de todos os aplicativos e meios de comunicação imagináveis. No dia em que ela esteve aqui, sua transparência me inquietou. Adriana falou de forma detalhada, aterrorizada e embaraçosa dos sonhos, a ponto de quase pedir perdão até por existir. Admito ter ficado incomodado com a sua reação, não tanto pelo efeito em si, mas pelo fato de os sonhos terem realmente suplantado meus anos de dedicação, amor e carinho.

Mas quem sou eu para afirmar se alguém é ou não é bom? Já deu para perceber, não acredito muito nesses rótulos, ainda mais agora, quando peso, com a cabeça fria, os últimos acontecimentos da minha vida: talvez, eu tenha exercido um poder de sedução grande em Cíntia e Júlia, pelo meu 'dom' ser considerado algo grandioso e inatingível. Por isso mesmo, nesse ponto, devo dar o braço para torcer à Adriana, porque ela nunca soube de nada enquanto namorou comigo, contentando-se apenas com a minha 'persona'. Mesmo com essa constatação, nós não fizemos as pazes, não a ajudei a ter paz de espírito, quem sou eu para absolvê-la? Ela deverá buscar sua redenção sozinha. Apesar de tê-la perdoado, eu gostei muito de vê-la sentir na pele o que é ser alvo de tanta humilhação. Cheguei à conclusão: nada vai mudar esse sentimento dentro de mim.

Porém, o melhor dessa história com a Adriana foi ela ter obrigado o irmão a me procurar. O mais deprimente foi constatar que cheguei a detestar um sujeito tão sem personalidade e culhões. Pensei até em prestar-lhe um favor: criar para ele um sonho, no qual era o sujeito mais coitado do Universo, talvez assim, finalmente, ele se sentisse realizado. Também não sei se Adriana ainda está com aquele seu namorado, torço, sinceramente para estar, pois um combina perfeitamente com o outro. Ambos são vítimas, típicos miseráveis. Não me surpreenderia, contudo, se um dia ele a trocasse pelo seu próprio irmão. Pensar nisso me faz imaginar Adriana utilizando, após esse fora, aquelas típicas frases de efeito, 'estilo dor de cotovelo', no perfil do Facebook, do Orkut ou nas atualizações do MSN.

E quanto à Cíntia? Essa, literalmente, sumiu do mapa, nem ao menos ligou. Tive curiosidade, após uma semana do seu desaparecimento, em saber se ela tinha levado a sério meu convite de desconfiar da minha pessoa ou havia sucumbido depois de algum mal súbito. Liguei e ela, antes de dizer qualquer palavra, desligou o telefone na minha cara. Não sei dizer se foi pela sugestão do sonho ou por ter percebido o que eu havia feito. Mesmo com um pequeno temor, eu a procurei uma semana depois, e fui recebido grosseiramente em sua casa por aquele troglodita do Renato. Foi divertidíssimo, principalmente por ver sua cara de estranhamento ao imaginar que talvez, ao reconhecer o meu rosto, tivesse percebido que tudo pelo qual passou naquele dia, não tivesse sido um sonho.

Cíntia, apesar de sempre me parecer uma manipuladora, tinha suas qualidades e quem sabe, encontremo-nos novamente algum dia. Mas confesso, ser ignorado daquela forma, fez coçar uma vontade imensa de descobrir a verdadeira motivação dessa sua atitude.

Foi ótimo ter feito as pazes com meu pai e irmão. Agora, nós nos visitamos frequentemente, e tudo ficou mais alegre graças aos típicos almoços de domingo em família. Engraçado como esse tipo de prazer se perde na memória com o tempo. Tive certeza do quanto a criação dos sonhos ajudou não só a mim, mas a toda família. Todos passaram a conviver e dialogar mais, o que nunca acontecia, nem quando morávamos juntos. Era costume cada um se trancar no seu próprio quarto. Minha mãe, nitidamente, ficou mais disposta e alegre e passei a divertir todos os meus sobrinhos com minhas histórias.

Quanto a mim e Júlia, o que dizer? Estou bem, feliz, sendo cuidado e amado como nunca antes. Ela é uma excelente namorada e não sou cretino a ponto de colocar defeitos em alguém com as qualidades que sempre quis encontrar numa mulher: É bem-humorada, charmosa, tem lindos cabelos compridos e naturais, e um jeito de agir todo especial. Sempre me vejo sorrindo quando penso nela. Por isso mesmo, cheguei à seguinte conclusão: talvez eu pudesse me contentar, me limitando a dividir sonhos com Júlia. Iniciaríamos por essa sua estranha fixação por pesadelos, mas faria de tudo para ela trocar de ideia com o tempo (espero não ser eu a mudar).

Nunca senti, durante todos os anos dos meus sonhos solitários, nenhuma necessidade ou vontade de dividir meu segredo com ninguém, nunca havia desejado entrar na cabeça de nenhuma outra pessoa, depois de tudo que narrei nesta história, é importante relembrar esse fato. Com relação ao sonho inatingível confessado à Júlia, ela se portou como eu sempre 'sonhei'. Demonstrou ter ouvido aquele tipo de segredo que corrói uma alma. Ela sempre me pede para eu ligar, logo quando me deito na cama, como se adivinhasse ser essa a hora mais difícil para mim. Júlia sempre se lembra de comentar o quanto valoriza a confiança depositada nela. Certa vez, voltou a afirmar a extrema dificuldade em entender meu desejo, mas confirmou estar sempre ao meu lado. Todos devemos aceitar: nada substitui ser bem tratado para nos sentirmos amados, ainda hoje, enquanto eu dava minha aula, recebi por e-mail um belo poema de presente de Júlia, desde então já o reli dezenas de vezes:

"Eu não vivi um conto de fadas ou um belo sonho. Não foi algo tão qualquer.

Nem tive alguma experiência mística, quase tocando o céu.

O que eu vi e senti foi você, numa sintonia quase cruel.

E foi sem nenhuma ausência ou cerimônia, um segundo sequer. Simplesmente no plural: eu e você.

Nesse imenso e raro mundo, singular do que apenas é. Nosso simples mundo

E quando aquele ou todo segundo que nos parou, uma das tantas lembranças, nosso oceano sempre irá atravessar.

Pois o que tivemos, não somos ou fomos: simplesmente temos. De instante soubemos.

E o que é pra ser, tocamos. O que foi apenas pertencemos, aos mistérios que guardamos e não entendemos".

Por este motivo cheguei à causa da minha desistência em procurar os grandes sonhos. Ser inteligente, belo, popular ou poderoso, geralmente, sucumbe quando somos amados da maneira 'certa', pois no final das contas, 'tudo é vaidade', como bem dizia o velho sábio. Agora, me contento em dividir despretensiosos sonhos ruins, quiçá, logo conseguirei sonhos bons com minha namorada. Talvez, o desejo pequeno seja necessário, talvez, essas pequenas fantasias caibam mais na minha realidade, pois garantem que eu esteja sempre levemente insatisfeito querendo algo mais, e, em pequena medida, satisfeito por chegar ao meu objetivo com maior facilidade.

Agora eu serei o companheiro dos pequenos sonhos e, desta vez, acredito que Júlia tenha força de caráter para me amar, mesmo com tantos fantasmas rondando vez por outra minha cabeça. Por isso mesmo, resolvi experimentar em mim o artifício utilizado de criar sonhos para os outros, mas como não sei se dará certo ou como irei me portar, farei um teste sozinho, sem a Júlia.

Gravo minha voz como guia do meu 'sonho ruim' para quando eu adormecer, substituir a tal da força da repetição do pensamento e do planejamento utilizada por mim antes do meu 'bloqueio'. O uso de remédios para dormir alivia a falta de capacidade de relaxar e me concentrar como antigamente. Como eu já disse, para mim, os sonhos eram naturais. Planejava-os durante o dia, algumas vezes eu os escrevia e lia em voz alta, visualizava-os repetidas vezes, no limite da minha imaginação consciente, e o milagre acontecia: sonhava e tinha lembranças detalhadas deles ao acordar.

Mas tudo tem seu dia, ou melhor, sua noite para terminar, e o fim, muitas vezes, ocorre quando imaginamos passar apenas por mais uma mudança. Avisei a Júlia que queria ficar sozinho, mas ela já tinha uma cópia da chave do meu apartamento e prometeu ir lá, dali a algumas horas. Ela sabia que eu queria realizar o seu pesadelo, descrito naquela noite; expliquei-lhe o quanto seria importante fazer um 'teste' antes de seguirmos juntos nesse caminho. Talvez tenha feito esse pedido por perfeccionismo, talvez tenha sido por medo.

Mesmo há alguns anos, quando eu ainda tinha tantos sonhos a cultivar, algumas vezes, minha imaginação ficava deserta. Na época eu não admitia, mas agora, sinto o baque do enorme peso trazido pela responsabilidade de estar num sonho. Tenho uma obrigação: ir para um quarto vazio, e sozinho tentar testar o que foi descrito pela Júlia, um 'sonho ruim' que não dependerá exclusivamente da minha imaginação. Por ironia ou pelo tal do 'sentido da vida', talvez, compartilhar alguns sonhos, por menores que sejam, os tornem realmente importantes para nós. De qualquer forma, não poderia decepcionar Júlia, estava extremamente ansioso e inseguro.

Resolvi beber. Eu realmente nunca bebi na vida. Não por princípios ou qualquer ordem moralista, mas por detestar o gosto. Entretanto, me lembrei dos filmes em que se servia *whisky*, ao final do dia, para aliviar as tensões. Detestei, mas tomei mais de dois copos; o negócio era ruim e subia rápido, me senti muito mal, e pior, tinha tomado cinco comprimidos do Clonezapan de uma só vez. Havia pedido à Júlia para comprar para mim e vi que ela havia deixado a caixa sobre a mesa da sala e curiosamente estava aberta. Fiquei preocupado ao imaginar ela usando esse tipo de remédio sozinha.

Liguei o som com a gravação da minha voz que iria me guiar pelo sonho, apertei o 'pause' e me preparei para desativá-lo, ao primeiro sinal de sonolência. Já sentia dúvidas se fazia aquilo só pela Júlia. Não estava animado, apenas curioso com a expectativa de ter mais uma sensação 'diferente'. O silêncio perdurou por alguns segundos, olhei no espelho pela última vez e senti um enorme e indescritível estranhamento de ver aquela figura, eu não me reconheci, era como se minha existência não se resumisse à minha própria aparência. Enquanto eu me movia para deitar na cama, uma questão aparentemente sem sentido veio à minha mente:

'Os olhos são a janela da alma'. Faz todo sentido. Mas, acima de tudo, os olhos guiam nossos pensamentos e nossos outros sentidos a ponto de, muitas vezes, olharmos para o nosso corpo e sentirmos um estranhamento enorme, como se não entendêssemos o que uma coisa tem a ver com a outra. Ao longo da vida, temos infinitos pensamentos e em todos eles, nossa mente pode viajar livremente e imaginar qualquer coisa em qualquer lugar. Constatar que um dia tudo isso irá acabar, soa imensamente estranho e apavorante e talvez seja essa a razão de a morte tanto nos assustar. Os sonhos também muito nos intrigam, pois assim como na morte, somos levados para algum lugar que aparentemente não conhecemos e controlamos.

Tão complicado quanto imaginar a morte, é pensar como iremos encará-la quando ela estiver à nossa porta. Nós imaginamos ser mais civilizado levar um tiro do que morrer a dentadas ou pedradas, como ocorria com nossos antepassados. Mas se pensarmos bem, a 'morte contemporânea' torna tudo imensamente impessoal e banal, como se nossa vida estivesse por um gatilho, impedindo-nos de imaginar uma luta pela permanência de nossa existência. Pensar nisso também diminui qualquer instinto de sobrevivência, pois todas as garantias da modernidade tiram do nosso pensamento muito da responsabilidade por nos mantermos na Terra. Dificilmente planejamos ser da nossa alçada a decisão de continuar a viver.

Este pensamento permaneceu em mim quando tudo pareceu mudar: não vi luz, não vi sombras. Eu me senti como alguém boiando num mar tranquilo e silencioso, com a cabeça formigando e sonolenta. Era uma sensação incrível, indescritível. Por um instante, menos de um segundo, parecia estar tendo os últimos pensamentos sobre a minha vida: "Estará Júlia criando um sonho para mim? Não fazia sentido, pois ela nunca soube como eu os realizo. Poderia ela ter se enganado e misturado os remédios? Há outra possibilidade: mesmo com essa sensação nunca tida antes, poderia estar tendo um sonho 'normal' e ao amanhecer, provavelmente, terei esquecido de tudo?"

Mas minha razão e todos os pensamentos logo partiram, senti algo irresistível, uma força brotando no peito que não pode ser descrita como alegria ou leveza, era algo muito diferente, como uma luz saindo do coração e irrigando todo o meu corpo. Minha noite finalmente havia caído, ela tomou a minha mão e me levou para um crepúsculo desconhecido. Considerei finalmente estar no sonho sempre imaginado e soube o porquê: estava fechado meu ciclo de vida, havia visto a morte, e ela não tinha nada de escura e negra. Também não tinha nada a ver com aquelas imagens fantasmagóricas descritas pelos tais 'teóricos espirituais', era muito mais uma série de sensações do que qualquer outro sentimento. Daí eu *soube*: não por uma voz, nem por um pensamento, apenas tive uma certeza absoluta, livre de qualquer questionamento: "Estou à frente da porta, diante da ribalta, eu ainda não a abri, apenas senti, nada enxerguei, cheirei ou apalpei, antes, terei de decidir: "Quero ir para não mais voltar?" Passei por essa questão e decidi seguir, então, logo eu me vi num mundo nunca idealizado, onde os meus princípios sobre qualquer coisa não mais se aplicavam.

Agora sei a razão de ninguém ter voltado da tal da 'morte' para contar como é, agora sei do porquê dos meus sentimentos e sensações em tantos momentos da minha vida: a morte completa a vida, mesmo enquanto *há vida*; assim como sentimos a morte enquanto vivemos, mesmo sem entendê-la, sentimos a vida quando morremos.

"Como não havia percebido antes? Agora aqui, não irei buscar qualquer sentido. Agora aqui, nada do que ficou ressoa em mim, não faz diferença, agora *nada mais faz diferença*.." A tal da morte não existe mais, não importa. Eu percebi com muita nitidez como tudo o que me atormentava ecoava e se dissipava para fora de mim, eu não estava diante do meu fim, muito menos do começo. Eu sempre soube, apenas não havia percebido, e fico feliz por nunca ter temido qualquer sonho, seja bom ou ruim, meu ou dos outros, eu sempre quis enxergá-los e tocá-los.

Talvez eu precisasse apenas de alguém para me ditar um sonho. Nem por isso vou cair na tentação de dizer que toda esta história foi uma de minhas criações, pois não foi somente isso. Acho difícil dizer realmente o que se passa agora, ou o que irá ser daqui em diante, pois tenho total ciência de como este sonho não está mais em minhas mãos, não posso mais controlar por onde ele irá seguir ou quem irá guiá-lo. Também não temo acordar, mesmo sabendo de uma possível vontade, assim como qualquer pessoa desejando voltar a um sonho quando este foi tão impactante. O medo da morte nunca me impediu de dormir e sonhar, muito pelo contrário, e agora, pouco temo acordar, talvez pela fé de pertencer a este lugar, uma fé libertadora de todos meus fantasmas pinçados em tantas das minhas ilusões. Nunca considerei minha vida uma desculpa, seja para algo sublime ou doloroso, por isso eu a levei a sério até o fim e espero que a decisão de não voltar realmente tenha passado por minhas mãos, porque agora, tudo é diferente, eu não percebia como caminhava por um gelo fino, acima da minha mortalidade, e hoje, ele pareceu se abrir para mim, tornando irrelevante qualquer vaidade.

Fim